# Ler, escrever e resolver problemas

L614    Ler, escrever e resolver problemas: habilidades básicas para aprender
           matemática / Organizado por Kátia Stocco Smole e Maria Ignez Diniz.
         – Porto Alegre : Artmed, 2001.
           204 p. : il. ; 25 cm.

           ISBN 978-85-7307-761-2

           1. Educação matemática. I. Smole, Kátia Stocco. II. Diniz, Maria Ignez.
        III. Título

           CDU  372-7

Catalogação na publicação: Mônica Ballejo Canto – CRB 10/1023

Kátia Stocco Smole
Maria Ignez Diniz
organizadoras

# Ler, escrever e resolver problemas
Habilidades básicas para aprender matemática

artmed®

2001

© ARTMED EDITORA S.A., 2001

Capa
*T@ti studio*

Preparação do original
*Elisângela Rosa dos Santos*

Leitura Final
*Luciana Haesbaert Balbueno*

Supervisão editorial
*Mônica Ballejo Canto*

Projeto gráfico
Editoração eletrônica

**artmed®**
EDITO**g**RÁFICA

Reservados todos os direitos de publicação, em língua portuguesa, à
ARTMED® EDITORA S.A.
Av. Jerônimo de Ornelas, 670 - Santana
90040-340 Porto Alegre RS
Fone (51) 3027-7000 Fax (51) 3027-7070

É proibida a duplicação ou reprodução deste volume, no todo ou em parte, sob quaisquer formas ou por quaisquer meios (eletrônico, mecânico, gravação, fotocópia, distribuição na Web e outros), sem permissão expressa da Editora.

SÃO PAULO
Av. Embaixador Macedo Soares, 10.735 - Pavilhão 5 - Cond. Espace Center
Vila Anastácio  05095-035  São Paulo  SP
Fone (11) 3665-1100 Fax (11) 3667-1333

SAC 0800 703-3444

**IMPRESSO NO BRASIL**
*PRINTED IN BRAZIL*

# Autoras

**Kátia Cristina Stocco Smole**
Coordenadora do grupo Mathema de formação e pesquisa
Mestre em Educação, área de Ciências e Matemática, pela FEUSP
Doutora em Educação, área de Ciências e Matemática, pela FEUSP
Consultora de Matemática dos Parâmetros Curriculares Ensino Médio
Pesquisadora do projeto Formação de professores das séries iniciais FAPESP/IME USP

**Maria Ignez de Souza Vieira Diniz**
Coordenadora do grupo Mathema de formação e pesquisa
Profa. Dra. do Instituto de Matemática e Estatística da USP
Profa. Dra. da Faculdade de Educação da USP
Consultora de Matemática dos Parâmetros Curriculares do Ensino Médio
Coordenadora de pesquisa do projeto Formação de professores das séries iniciais FAPESP/IME USP

**Cláudia Tenório Cavalcanti**
Pesquisadora do grupo Mathema de formação e pesquisa
Pedagoga pela FEUSP
Professora de 1ª a 4ª séries da rede particular
Pesquisadora do projeto Formação de professores das séries iniciais FAPESP/IME USP

**Cristiane Henriques Chica**
Pesquisadora do Grupo Mathema de formação e pesquisa
Bacharel e licenciada em Matemática pela PUCSP
Professora de 1ª a 4ª séries da rede particular
Professora de matemática da rede particular

**Estela Milani**
Pesquisadora do grupo Mathema de formação e pesquisa
Licenciada em Matemática pela UNESP de São José do Rio Preto
Professora de matemática da rede pública particular

**Patrícia Teresinha Candido**
Pesquisadora do grupo Mathema de formação e pesquisa
Bacharel e licenciada em Matemática pela PUCSP
Professora de Educação Infantil da rede particular
Assessora do projeto Formação de professores das séries iniciais FAPESP/IME USP

**Renata Stancanelli**
Pesquisadora do grupo Mathema de formação e pesquisa
Bacharel e licenciada em Matemática pela PUCSP
Mestranda em Educação pela PUCSP
Professora de 1ª a 4ª séries da rede particular
Professora de Matemática da rede particular

# Agradecimentos

À Professora Norma Kerches Rogeri pela valiosa contribuição que fez lendo cuidadosamente os originais.

Queremos agradecer às professoras e à coordenação das escolas que desenvolveram também este trabalho junto às crianças de Educação Infantil e do Ensino Fundamental e que colaboraram conosco através das produções das crianças que se encontram ao longo de todo o livro.

São eles:

Colégio Assunção, Colégio Emilie de Villeneuve, Colégio Magno, Colégio Marista Nossa Senhora da Glória, Colégio Santo Estevam, EMEF Dr. Hugo Ribeiro de Almeida, EMEF Dr. João Pedro de Carvalho Neto em São Paulo; Instituto Salesiano Dom Bosco de Americana; Colégio Integrado de São João da Boa Vista e Colégio Marista de Brasília.

# Sumário

*Introdução* .................................................................................................. 11

**1** Comunicação em matemática .............................................................. 15
PATRÍCIA T. CÂNDIDO

**2** Textos em matemática: por que não? ................................................. 29
KÁTIA C.S. SMOLE

**3** Ler e aprender matemática .................................................................. 69
KÁTIA C.S. SMOLE E MARIA IGNEZ DINIZ

**4** Resolução de problemas e comunicação ............................................ 87
MARIA IGNEZ DINIZ

**5** Os problemas convencionais nos livros didáticos ............................. 99
MARIA IGNEZ DINIZ

**6** Conhecendo diferentes tipos de problemas ..................................... 103
RENATA STANCANELLI

**7** Diferentes formas de resolver problemas ........................................ 121
CLÁUDIA T. CAVALCANTI

**8** Por que formular problemas? ............................................................................. 151
CRISTIANE H. CHICA

**9** A informática e a comunicação matemática ...................................................... 175
ESTELA MILANI

Referências Bibliográficas ........................................................................................ 201

# Introdução

Em um tempo no qual tanto se tem discutido sobre o lugar e o significado das competências e habilidades na escola básica, este livro tem como proposta apresentar as reflexões de um grupo de professoras pesquisadoras sobre essa questão no ensino e sua relação com a aprendizagem de matemática.

Todas as discussões atuais sobre competências resultam de uma forte pressão social sobre a escola para que a formação de nossos alunos cuide do desenvolvimento de um número considerável de habilidades de pensamento indo muito além dos conhecimentos específicos e dos procedimentos.

Apesar de ser agora explícita e amplamente discutida, a questão da formação de alunos competentes não é um sonho recente da escola e de nossa sociedade. A escola sempre solicitou que os alunos fossem capazes de relacionar adequadamente várias informações, conhecimentos e habilidades para enfrentar e resolver situações-problema, sem, no entanto, trabalhar consciente e sistematicamente para alcançar esta meta.

Dentre as diversas competências envolvidas no aprendizado de matemática escolhemos para estudo a da comunicação e a da resolução de problemas. A primeira delas diz respeito à capacidade de utilização das linguagens para apreender significados, transformá-los e combiná-los para construir novas aprendizagens que, por sua vez, podem se configurar em diferentes formas de expressão e novos questionamentos sobre esses mesmos significados. A competência da resolução de problemas envolve a compreensão de uma situação que exige resolução, a identificação de seus dados, a mobilização de conhecimentos, a construção de uma estratégia ou um conjunto de procedimentos, a organização e a perseverança na busca da resolução, a análise constante do processo de resolução e da validade da resposta e, se for o caso, a formulação de outras situações-problema.

Com relação a estas grandes e complexas competências elegemos as habilidades escolares de ler, escrever e resolver problemas em matemática como aquelas que compõem e alimentam as competências no sentido de seu aperfeiçoamento. Estas habilidades, apesar de serem tão básicas para aprender qualquer coisa, têm sido tratadas de forma isolada ou são pouco consideradas, especialmente no que diz respeito à aprendizagem de matemática.

A utilização dos recursos da comunicação nas aulas de matemática justifica-se por vários motivos. O primeiro e mais importante deles é que ao comunicar idéias e maneiras de agir, o aluno mergulha num processo metacognitivo. Isto é, ele precisa refletir sobre o que fez ou pensou, construir esquemas mais elaborados de pensamento, organizar mentalmente pensamentos e ações, para aprender de novo e com maior qualidade e profundidade.

Um segundo motivo é porque sabemos que as habilidades relacionadas à comunicação, como ler, escrever, desenhar e as habilidades relacionadas à matemática podem desenvolver-se uma auxiliando a outra, uma como alternativa de acesso à outra, em complementaridade ou como rotas diferentes à aprendizagem.

Abolir a prática que tem contribuído para o isolamento da matemática dentro das estruturas curriculares é o terceiro motivo deste livro, pois sabemos que o conhecimento não é compartimentado em disciplinas, apesar de serem elas que organizam o ensino e permitem olhares mais específicos e aprofundados sobre a realidade. De fato, em termos de aprendizagem, a separação artificial das disciplinas tem impedido que as relações naturais entre significados importantes de conceitos e procedimentos sejam percebidas pelos alunos, porque simplesmente não há espaço para o estabelecimento dessas relações nas rígidas programações das disciplinas.

Nesse sentido, este trabalho vem analisar como o desenvolvimento da resolução de problemas, como habilidade fortemente ligada à aprendizagem de matemática, pode complementar-se e fortalecer-se quando se aproxima da aprendizagem da leitura e da escrita através dos recursos da comunicação.

Por último, e não menos importante, queremos observar que em qualquer estrutura curricular, de forma inquestionável, estão as habilidades de leitura, escrita e de resolução de problemas como alvos centrais a serem desenvolvidos pelos alunos na escola. Buscamos, neste livro, descrever as conseqüências de nossas pesquisas, que podem permitir o desenvolvimento de tais habilidades. Ao assumirmos que é responsabilidade do ensino de matemática que os alunos se comuniquem usando a linguagem específica da matemática em conjunto com todas as demais formas de linguagem, criamos um ambiente planejado e, claramente, interdisciplinar, que possibilita esse desenvolvimento em nossos alunos.

Desde 1988, este grupo de pesquisadoras vem trabalhando junto a professores e alunos de diversas escolas públicas e particulares, desenvolvendo o que podemos chamar de pesquisa em ação, com o objetivo de tornar realidade na prática docente os fundamentos de diferentes teorias de ensino e aprendizagem.

A construção deste trabalho vem consolidar-se através desta publicação com a expectativa de auxiliar outros profissionais da educação na reflexão sobre sua prática e na construção de modelos de ensino mais adequados ao desenvolvimento de nossas crianças e jovens e à aprendizagem de matemática. As reflexões que permeiam todo o livro são fruto de nossa pesquisa como equipe, assim como as produções de alunos e as propostas de atividades são aquelas que temos realizado em várias escolas com as quais temos trabalhado ao longo destes anos.

Embora se destinem prioritariamente ao segmento de 1ª a 5ª séries do ensino fundamental, as bases teóricas e muitas das sugestões de atividades e práticas podem servir de apoio ao trabalho com as demais séries escolares.

Apesar deste trabalho ser o fruto da pesquisa de todo um grupo, o livro organiza-se por capítulos sob a responsabilidade do membro da equipe que mais se aprofundou no tema, partindo de discussões mais gerais e teóricas que fundamentam e organizam nossa prática junto à escola, para a seguir deter-se em questões mais ligadas ao ensino, sempre entremeadas de exemplos e produções de alunos.

Assim, enquanto o Capítulo 1 apresenta os recursos da comunicação e os cuidados para seu uso em sala de aula, o Capítulo 2 é a essência desta obra, pois mostra o entrelaçamento entre a matemática, a produção de textos e a utilização de diferentes linguagens, permitindo que o modelo de ensino possa ser vislumbrado através de exemplos.

A leitura em matemática é o foco do Capítulo 3, uma vez que esta área do conhecimento apresenta linguagem e estruturas textuais próprias que podem constituir-se em empecilhos à aprendizagem. Aqui se percebe claramente a fragilidade da falsa barreira que os modelos tradicionais de ensino têm imposto na separação entre matemática e língua e como pode tornar-se interessante o processo de conquista da linguagem matemática.

O Capítulo 4 apresenta nosso posicionamento frente à Resolução de Problemas, abrindo uma nova perspectiva de compreensão sobre este tema e indo além de aspectos puramente metodológicos ou didáticos. A Resolução de Problemas como perspectiva mestra da aquisição do conhecimento e do pensar matemático, ganha força na aliança com os recursos de comunicação e permite o desencadeamento de novas e mais elaboradas aprendizagens tanto na matemática quanto na leitura e escrita.

Os Capítulos 5 e 6 constroem uma análise sobre os diferentes tipos de problemas que podem ser usados nas aulas de matemática. Destacam-se os problemas convencionais sob um olhar mais investigativo e os não-convencionais como formas de promover o desenvolvimento do pensamento crítico e a não-consolidação de crenças inadequadas quanto ao que são problemas e do que significa resolvê-los.

A seguir, o Capítulo 7, faz uma incursão sobre as mais diferentes formas as quais os alunos podem utilizar para resolver problemas, legitimando recursos que as crianças utilizam informalmente e que a escola não costuma valorizar, ao mesmo tempo que impede o pensar mais autônomo. Avançar a partir das estratégias pessoais de resolução e o trabalho com o erro são também pontos de destaque neste capítulo.

Dentro da Resolução de Problemas, a autonomia para criar textos em matemática se consolida com a formulação de problemas. O Capítulo 8, uma espécie de fecho dos textos anteriores, mostra como uma proposta coerente e bem-planejada de intervenções no ensino de matemática pode gerar alunos leitores e escritores em matemática. Além disso, mostra como é possível avaliar o controle que os alunos adquirem sobre a linguagem e sua capacidade de resolução através dos textos de seus próprios problemas.

Ao final, dada a importância dos recursos da informática, o Capítulo 9 analisa as possibilidades de exploração deste recurso, mostrando algumas formas de uso criativo do computador como aliado para a aprendizagem em leitura, escrita e resolução de problemas.

Esperamos que este livro possa, de fato, contribuir para o aperfeiçoamento da prática docente e que traga novas luzes sobre o ensino de matemática de modo a promover a real aprendizagem de nossos alunos.

Kátia Stocco Smole e Maria Ignez Diniz

capítulo

# Comunicação em Matemática

Patrícia T. Cândido

Introduzir os recursos de comunicação nas aulas de matemática das séries iniciais pode concretizar a aprendizagem em uma perspectiva mais significativa para o aluno e favorecer o acompanhamento desse processo por parte do professor. Analisar o papel da oralidade, das representações pictóricas e da escrita como recursos de ensino permite vislumbrar uma nova dimensão para a prática escolar em sintonia com as pesquisas sobre a aquisição do conhecimento e da aprendizagem.

1

A palavra comunicação esteve durante muito tempo ligada a áreas curriculares que não incluíam a matemática. Hoje, porém, há um grande interesse pela comunicação em matemática que não é, diga-se de passagem, gratuito.

Pesquisas recentes afirmam que, em todos os níveis, os estudantes devem aprender a se comunicar matematicamente e que os professores devem estimular o espírito de questionamento e levar os seus alunos a pensarem e comunicarem idéias.

A predominância do silêncio, no sentido de ausência de comunicação, ainda é comum nas aulas de matemática. O excesso de cálculos mecânicos, a ênfase em procedimentos e a linguagem usada para ensinar matemática são alguns dos fatores que tornam a comunicação pouco freqüente ou quase inexistente.

No entanto, em matemática, a comunicação tem um papel fundamental para ajudar os alunos a construírem um vínculo entre suas noções informais e intuitivas e a linguagem abstrata e simbólica da matemática. Se os alunos forem encorajados a se comunicar matematicamente com seus colegas, com o professor ou com os pais, eles terão oportunidade para explorar, organizar e conectar seus pensamentos, novos conhecimentos e diferentes pontos de vista sobre um mesmo assunto.

Assim, aprender matemática exige comunicação, pois é através dos recursos de comunicação que as informações, os conceitos e as representações são veiculados entre as pessoas.

Como a aprendizagem pode ser entendida como a possibilidade de fazer conexões e associações entre diversos significados de cada nova idéia, ela depende, então, da multiplicidade de relações que o aluno estabelece entre esses diferentes significados. Nesse sentido, a comunicação é um recurso que auxilia a criança a estabelecer as conexões entre suas concepções espontâneas e o que está aprendendo de novo, promovendo, assim, uma aprendizagem significativa.

Em nossa concepção de trabalho, para que a aprendizagem ocorra ela deve ser significativa e relevante, sendo vista como compreensão de significados, possibilitando relações com experiências anteriores, vivências pessoais e outros conhecimentos; dando espaço para a formulação de problemas de algum modo desafiantes, que incentivem o aluno a aprender mais; modificando comportamentos e permitindo a utilização do que é aprendido em diferentes situações escolares ou não.

Falar em aprendizagem significativa é assumir o fato de que aprender possui um caráter dinâmico, o que requer ações de ensino direcionadas para que os alunos aprofundem e ampliem os significados que elaboram mediante suas participações nas atividades de ensino e aprendizagem. Nessa concepção, o ensino é um conjunto de atividades sistemáticas, cuidadosamente planejadas, nas quais o professor e o aluno compartilham parcelas cada vez maiores de significados com relação aos conteúdos do currículo escolar, ou seja, o professor guia suas ações para que o aluno participe em tarefas e atividades que o façam aproximar-se cada vez mais daquilo que a escola tem para lhe ensinar.

Uma proposta de trabalho em matemática que vise à aprendizagem significativa deve encorajar a exploração de uma grande variedade de idéias matemáticas não apenas numéricas, mas também aquelas relativas à geometria, às medidas e às noções de estatística de forma que os alunos desenvolvam com prazer e conservem uma curiosidade acerca da matemática, adquirindo diferentes formas de perceber a realidade. Nessa proposta, as crianças descrevem suas observações, justificam suas soluções ou processos de solução e registram seus pensamentos.

Para tanto, incorporam-se os contextos do cotidiano, as experiências e a linguagem natural da criança no desenvolvimento das noções matemáticas, sem, no entanto, esquecer que a escola pode possibilitar que o aluno vá além do que parece saber, tentando entender como ele pensa, que conhecimentos traz de sua experiência de mundo, e fazer as interferências necessárias para levar cada aluno a ampliar progressivamente suas noções matemáticas.

Nessa perspectiva de ensino e aprendizagem promover a comunicação em sala de aula é dar aos alunos uma possibilidade de organizar, explorar e esclarecer seus pensamentos. O nível ou o grau de compreensão de um conceito ou idéia está intimamente relacionado à comunicação eficiente desse conceito ou idéia. A compreensão é acentuada pela comunicação, do mesmo modo que a comunicação é realçada pela compreensão.

Portanto, quanto mais as crianças têm oportunidades de refletir sobre um determinado assunto – falando, escrevendo ou representando –, mais elas o compreendem. Assim como a comunicação será cada vez mais acentuada, objetiva e elaborada à medida que a criança compreender melhor o que está comunicando.

Em sala de aula, atividades que requeiram do aluno a comunicação ajudam-no a esclarecer, refinar e organizar seus pensamentos, fazendo com que se aproprie tanto de conhecimentos específicos como de habilidades essenciais para aprender qualquer conteúdo em qualquer tempo.

Enquanto o aluno adquire os procedimentos de comunicação e os conhecimentos matemáticos, é natural que se desenvolva a linguagem matemática. Trocando experiências em grupo, comunicando suas descobertas e dúvidas, ouvindo, lendo e analisando as idéias dos outros, o aluno interioriza os conceitos e os significados envolvidos nessa linguagem e relaciona-os com suas próprias idéias.

O propósito central deste livro é justamente propor um cenário de representações para que a comunicação possa acontecer nas aulas de matemática da forma mais abrangente possível. Basicamente, o cenário que propomos é composto por três recursos de comunicação: a oralidade, as representações pictóricas e a escrita.

## A ORALIDADE EM MATEMÁTICA

Quer por sua característica de linguagem científica, quer pela natureza da ciência matemática, seu recurso básico de comunicação é a escrita. Por isso, ela toma emprestadas da língua materna (Machado, 1995) a oralidade e as significações das palavras que servem de suporte para a troca de informações. Nesse sentido, podemos atribuir à linguagem materna dois papéis em relação à matemática.

Por um lado, a língua materna é aquela na qual são lidos os enunciados, na qual são feitos os comentários e a qual permite interpretar o que se ouve ou lê de modo preciso ou aproximado. Por outro, a língua materna é parcialmente aplicada no trabalho matemático, já que os elos de raciocínio matemático apóiam-se na língua, em sua organização sintática e em seu poder dedutivo.

Parece-nos que a tarefa dos professores em relação à linguagem matemática deve desdobrar-se em duas direções. Em primeiro lugar, na direção do trabalho sobre os processos de escrita e representação, sobre a elaboração dos símbolos, sobre o esclarecimento quanto às regras que tornam certas formas de escrita legítimas e outras inadequadas. Em segundo, em direção ao trabalho sobre o desenvolvimento de habilidades de raciocínio que, para as crianças, se inicia com o apoio da linguagem oral e vai, com o tempo, incorporando textos e representações mais elaborados.

Na escola, a oralidade é o recurso de comunicação mais acessível, que todos os alunos podem utilizar, seja em matemática ou em qualquer outra área do conhecimento. Ela é um recurso de comunicação simples, ágil e direto que permite revisões praticamente instantâneas, podendo ser truncada e reiniciada assim que se percebe uma falha ou inadequação. Independentemente da idade e da série escolar, a oralidade é o único recurso quando a escrita e as representações gráficas ainda não são dominadas ou não permitem demonstrar toda a complexidade do que foi pensado.

Oportunidades para os alunos falarem nas aulas faz com que eles sejam capazes de conectar sua linguagem, seu conhecimento e suas experiências pessoais com a linguagem da classe e da área do conhecimento que se está trabalhando.

Quando se trata de matemática, sempre que pedimos a uma criança ou a um grupo para dizer o que fizeram e por que o fizeram, ou quando solicitamos que verbalizem os procedimentos que adotaram, justificando-os, ou comentem o que escreveram, representaram ou esquematizaram, relatando as etapas de sua pesquisa, estamos permitindo que modifiquem conhecimentos prévios e construam novos significados para as idéias matemáticas. Dessa forma, simultaneamente, os alunos refletem sobre os conceitos e os procedimentos envolvidos na atividade proposta, apropriam-se deles, revisam o que não entenderam, ampliam o que compreenderam e, ainda, explicitam suas dúvidas e dificuldades.

Na essência, o diálogo na classe capacita os alunos a falarem de modo significativo, conhecerem outras experiências, testarem novas idéias, conhecerem o que eles realmente sabem e o que mais precisam aprender.

A comunicação oral favorece a percepção das diferenças, a convivência dos alunos entre si e o exercício de escutar um ao outro em uma aprendizagem coletiva, possibilitando às crianças terem mais confiança em si mesmas, sentirem-se mais acolhidas e sem medo de se expor publicamente.

## REPRESENTAÇÕES PICTÓRICAS EM MATEMÁTICA

Em geral, no ensino de matemática, o recurso da expressão pictórica fica restrito a esquemas que auxiliam a compreensão de alguns conceitos e operações. Como exemplo disso, podemos observar o uso de círculos e outras formas para apoiar o significado das frações:

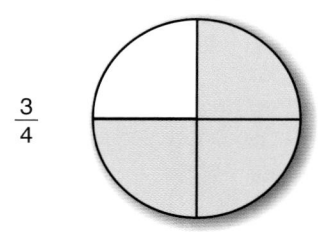

$\frac{3}{4}$

ou, ainda, o uso de retângulos quadriculados para dar suporte à idéia de multiplicação:

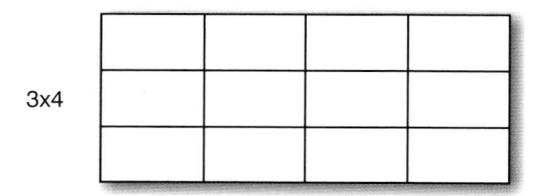

3x4

Nossa proposta é ampliar a utilização desse recurso de comunicação, relacionando o matemático e o pictórico através do desenho como uma forma de comunicação.

O desenho é pensamento visual e pode adaptar-se a qualquer natureza do conhecimento, seja ele científico, artístico, poético ou funcional. Desse modo, assumiremos que o desenho serve de linguagem tanto para a arte quanto para a ciência.

Além disso, observamos que as crianças, desde pequenas, interessam-se pela expressão através do desenho. Elas desenham por prazer, por diversão. É como se o desenho fosse um jogo para elas.

Nesse jogo de desenhar, a criança encontra um recurso importante para a comunicação e a expressão de sentimentos, vontades e idéias. O desenho emerge como uma linguagem para a criança, assim como o são o gesto ou a fala, e é a sua primeira escrita.

Para crianças que ainda não escrevem, que não conseguem expressar-se oralmente, ou que já escrevem, mas ainda não dominam a linguagem matemática, o desenho pode ser uma alternativa para que elas comuniquem o que pensam.

Em matemática, como no caso da oralidade, sempre que se pede a uma criança ou a um grupo para registrarem através do desenho o que foi realizado permite-se uma maior reflexão dos alunos sobre a atividade. Assim, o desenho surge como uma possibilidade de a criança iniciar a construção de uma significação para as novas idéias e conceitos com os quais terá contato ao longo da escolaridade. Esse fato pode ser observado no exemplo a seguir, em que alunos que ainda não dominam a técnica da divisão, mas conseguem elaborar um certo esquema que resolve a operação exigida no problema, enquanto percebem um dos significados dessa operação.

Roberto distribuiu 9 lápis em 3 estojos.  Quantos lápis ficarão em cada estojo?

O desenho pode ser proposto pelo professor após a realização de uma atividade como forma de os alunos registrarem o que fizeram, refletirem sobre suas ações e mostrarem para o professor se observaram, aprenderam e assimilaram os aspectos mais relevantes que foram estabelecidos como objetivos de determinada tarefa.

Após a realização de um jogo ou brincadeira, por exemplo, as crianças desenham os participantes, as cartas, quem ganhou, o espaço no qual o jogo aconteceu e até mesmo como a criança participou.

Jogo Nunca Dez

Boliche onde cada garrafa derrubada vale dois pontos.

Nas aulas de matemática, a representação pictórica pode aparecer de diversas formas, como desenho para resolver um problema, representar uma atividade feita ou ilustrar um texto. À medida que se desenvolve o trabalho com matemática, o repertório de recursos pictóricos do aluno pode ser ampliado, desde que o professor tenha o hábito de incluir em suas aulas outros tipos de representação, como gráficos, tabelas, esquemas e figuras geométricas.

A familiaridade do aluno com representações mais elaboradas revela-se nos seus registros, muitas vezes mesclados com desenhos e outras vezes com textos.

Diferentes resoluções para o problema: Na semana passada, Dona Gema fez 15 doces e distribuiu igualmente para 5 crianças. Quantos doces cada criança recebeu?
Desenhos, esquemas e símbolos matemáticos complementam-se apoiando o pensamento da criança e dando maior significado às idéias envolvidas.

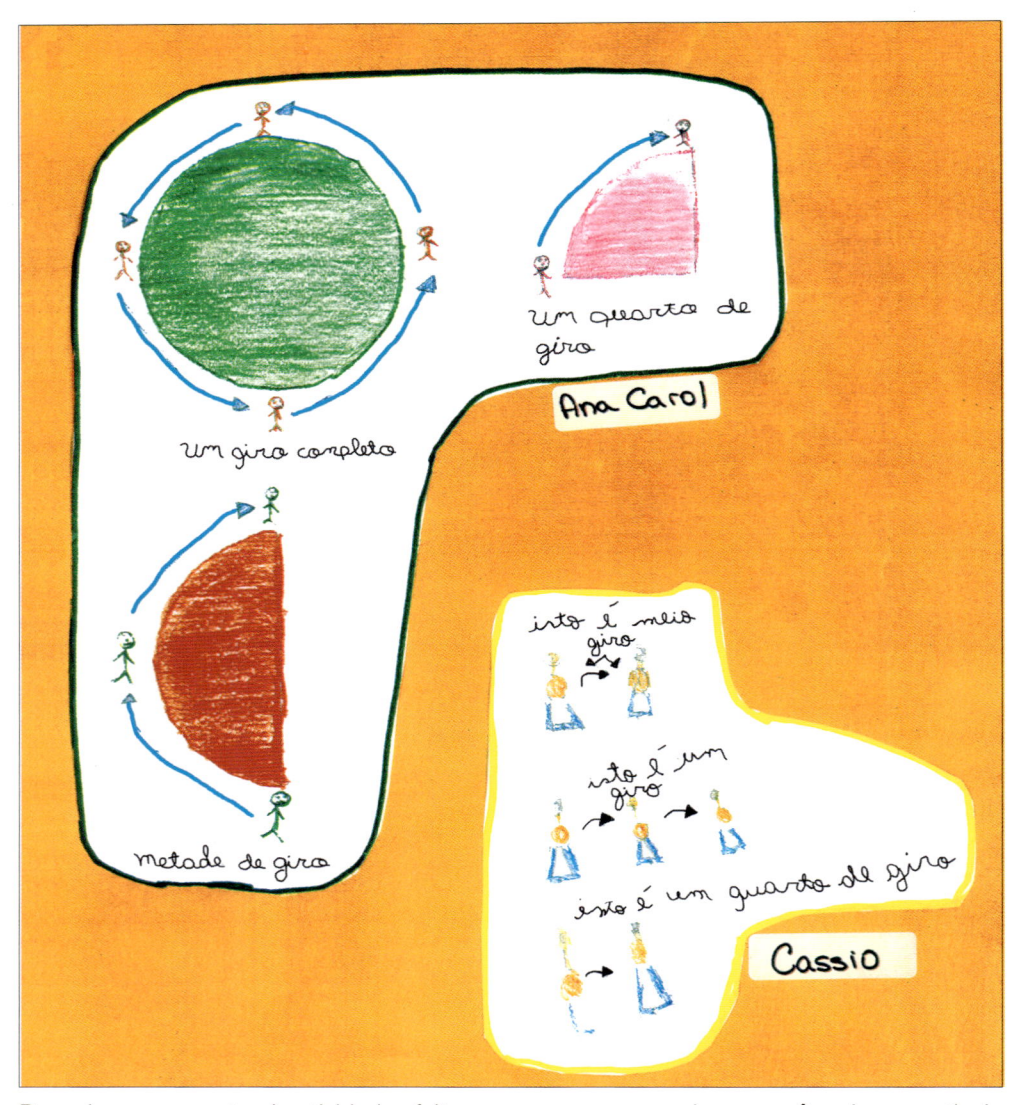

Desenhos representando atividades feitas com o corpo para descrever ângulos a partir de movimentos de giro. É interessante observar que os registros assemelham-se às representações formais de ângulos em uma circunferência.

Esses registros servem ao professor como pistas de como cada aluno percebeu o que fez, como ele expressa suas reflexões pessoais e que interferências poderão ser feitas em outras situações para ampliar o conhecimento matemático envolvido em uma dada atividade.

No entanto, como em qualquer outra expressão de linguagem, para evoluir a criança tem que praticar o trabalho pictórico para dominar sua expressão, ou seja, quanto mais oportunidades de desenhar ela tiver, mais chances terá de se aperfeiçoar nesse tipo de representação. Incentivar e acompanhar tal desenvolvimento exige que ele seja aceito com naturalidade como meio de comunicação entre os alunos e entre o aluno e o professor e que se tenha acompanhamento contínuo das produções de cada aluno em um ambiente de sala de aula planejado para isso conforme veremos no final deste capítulo.

## ESCREVER NAS AULAS DE MATEMÁTICA

A escrita é o enquadramento da realidade. Segundo Pierre Lévy (1993), "A escrita, por exemplo, serviu por um lado para sistematizar, para gradear ou enquadrar a palavra efêmera". O ato de escrever não possui a mesma rapidez e maleabilidade da oralidade, pois quando escrevemos não é possível ir para tantos lados como no oral, a ordem da escrita determina a coerência e a lógica do texto, a correção não é imediata. Escrever depende de um planejamento que não é necessariamente escrito, mas auxilia a escrita. A escrita junta-se ao oral e ao desenho para ser usada como mais um recurso de representação das idéias dos alunos.

No entanto, ela é um recurso que possui duas características distintas dos demais. A primeira delas é que a escrita auxilia o resgate da memória, uma vez que muitas discussões orais poderiam ficar perdidas sem o registro em forma de texto. A História, como disciplina, originou-se graças a este recurso – escrita de recuperação da memória. Por exemplo, quando o aluno precisa escrever sobre uma atividade, uma descoberta ou uma idéia, ele pode retornar a essa anotação quando e quantas vezes achar necessário. A segunda característica do registro escrito é a possibilidade da comunicação à distância no espaço e no tempo e, assim, de troca de informações e descobertas com pessoas que, muitas vezes, nem conhecemos. Enquanto a oralidade e o desenho restringem-se àquelas pessoas que estavam presentes no momento da atividade, ou que tiveram acesso ao autor de um desenho para elucidar incompreensões de interpretação, o texto escrito amplia o número de leitores para a produção feita. Dessa maneira, escrever permite que, além do próprio aluno, seus pais, colegas de outras classes e até mesmo outras pessoas possam ter acesso ao que foi pensado e vivido.

Trabalhar essas diferentes funções da escrita em sala de aula leva a criança a procurar descobrir a importância da língua escrita e de seus múltiplos usos, ao mesmo tempo que as idéias matemáticas são aprendidas.

Segundo vimos no item sobre a oralidade, o único recurso de comunicação da linguagem matemática é o escrito, ou seja, a escrita não constitui para a matemática um segundo código, mas um código único. Os símbolos de matemática, como as letras ou os caracteres em outras linguagens, formam a linguagem escrita de matemática.

Pensada desse modo, a escrita matemática seria uma forma mais sofisticada da escrita, uma vez que a idéia implícita na elaboração e na sistematização da linguagem matemática é que ela seja mais concisa e precisa que a linguagem usual no sentido de eliminar qualquer possibilidade de dubiedade em sua interpretação.

No entanto, exprimir-se com rigor em matemática não é algo tão simples. Ao exigirmos dos alunos uma linguagem que consideramos adequada e precisa, corremos o risco de impedir que alguns deles tenham acesso ao sentido dos enunciados matemáticos, o qual se constrói a partir de uma linguagem aproximada, em um trabalho em que o importante é articular significações, relacionar idéias e etapas de raciocínio.

Temos observado que escrever em matemática ajuda a aprendizagem dos alunos de muitas maneiras, encorajando a reflexão, clareando as idéias e agindo como um catalisador para as discussões em grupo. Também ajuda o aluno a aprender o que está sendo estudado.

Com o intuito de que ele compreenda conceitos em matemática, devemos dar-lhe a possibilidade de estabelecer uma rede de significados para os conceitos matemáticos. Como a escrita permite um contexto natural para envolver os alunos no estabelecimento de conexões entre diferentes noções, entre suas concepções espontâneas e novas aprendizagens, a produção de textos pode ser um poderoso auxiliar para eles na elaboração de sua rede de significados para uma mesma noção.

Para as crianças que já participaram de discussões orais, ou que puderam registrar através do desenho suas percepções e descobertas, podemos propor um texto coletivo, em grupo ou em dupla que represente de alguma maneira a atividade realizada: no caso de resolução de problemas, as respostas encontradas; no trabalho geométrico, as semelhanças ou as propriedades das formas estudadas; em uma atividade numérica, escrever sobre o que foi aprendido ou que dificuldades foram encontradas. Escrever em cada uma dessas e de outras situações nas aulas de matemática favorece a compreensão de conceitos e procedimentos matemáticos ao mesmo tempo que aproxima a aprendizagem da matemática e a aprendizagem da língua materna.

A escrita, como os demais recursos de comunicação, também sofre evolução à medida que o professor apresenta a seus alunos diversos modelos de textos, com a preocupação de escrever o melhor possível para que seus alunos tenham pistas a seguir quando tentarem comunicar-se o mais eficientemente possível.

A escrita nas aulas de matemática pode aproximar-se ainda mais da aprendizagem da língua materna através da proposição de textos mais elaborados nas aulas de matemática. Exemplos disso são escrever um problema no formato de um poema, elaborar uma história de ficção envolvendo figuras geométricas, organizar um dicionário de termos matemáticos, produzir um resumo dos conceitos matemáticos em uma determinada atividade ou, ainda, escrever bilhetes ou cartas entre colegas e classes sobre o que foi aprendido e o que querem aprender sobre um tema ou idéia matemática.

Tal diversidade favorece que os alunos possam diferenciar um texto de outro com maior facilidade e ampliar seu repertório com textos mais literários ou mais específicos, como é o caso dos problemas convencionais e das escritas simbólicas.

Por meio da constante interferência do professor e do planejamento das atividades, temos percebido que o contato com esses três recursos de comunicação revela-se nas produções das crianças de maneira cada vez mais elaborada. Os alunos acabam utilizando mais de um recurso para descrever suas idéias e, com o tempo, acrescentam as representações matemáticas, o que nos faz perceber um desenvolvimento sensível de formas mais elaboradas de representação. Cada um desses recursos vai criando um novo estilo de expressão e, além disso, vai transformando o anterior. Assim, a possibilidade de escrever o que se desenhava complementa e enriquece a representação pictórica e as discussões orais.

Um exemplo disso é o que podemos observar no texto do aluno que introduz o conceito de circunferência e o uso de compasso:

Registro da atividade "Compasso com barbante".

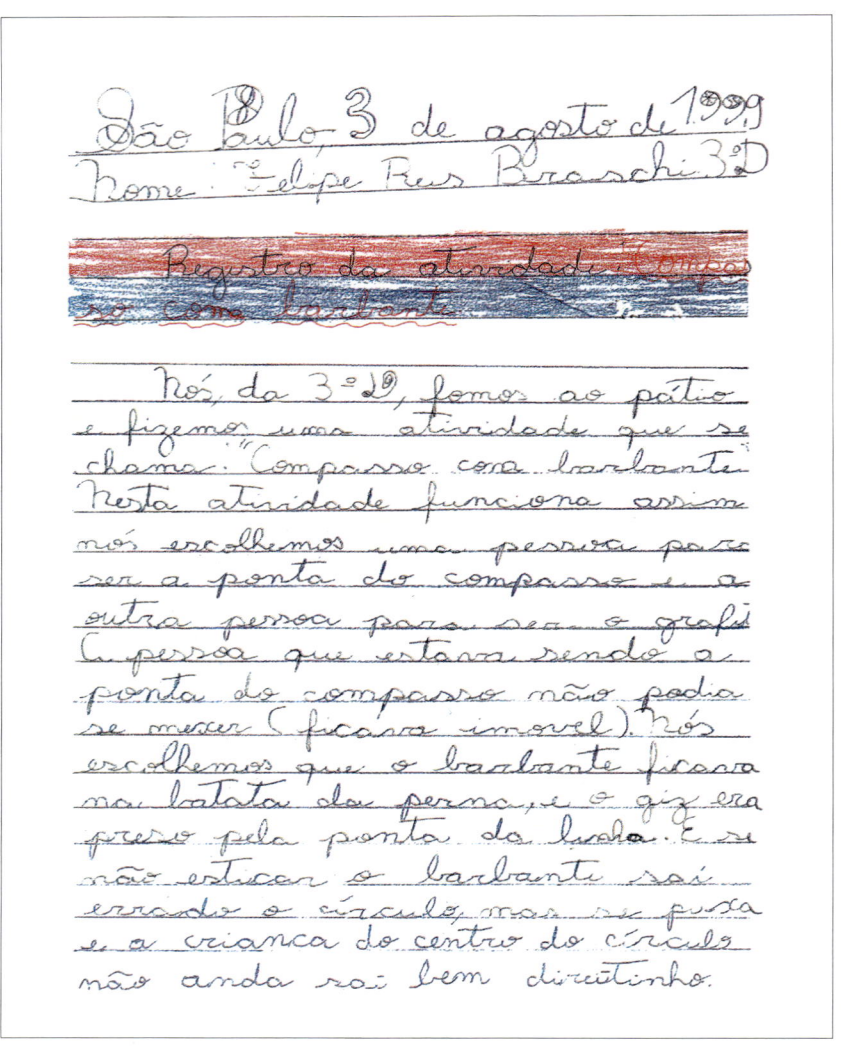

Nós da 3ª D, fomos ao pátio e fizemos uma atividade que se chama "Compasso com barbante". Nesta atividade funciona assim, nós escolhemos uma pessoa para ser a ponta do compasso e a outra pessoa para ser o grafite. A pessoa que estava sendo a ponta do compasso não podia se mover (ficava imóvel). Nós escolhemos que o barbante ficava na batata da perna, e o giz era preso pela ponta da linha. E se não esticar o barbante sai errado o círculo, mas se puxa e a criança do centro do círculo não anda sai bem direitinho.

## O AMBIENTE DA SALA DE AULA

O trabalho em classe tem uma importância fundamental no desenvolvimento da proposta que apresentamos aqui, pois é nesse espaço que acontecem encontros, trocas de experiências, discussões e interações entre as crianças e o professor. Também é nele que o professor observa seus alunos, suas conquistas e suas dificuldades.

Podemos até mesmo afirmar que, sem a interação social, a lógica da criança não se desenvolve plenamente, porque é nas situações interpessoais que ela sente-se obrigada a ser coerente. Sozinha, a criança poderá dizer e fazer o que quiser pelo prazer do momento, mas em grupo, diante de outras pessoas, sentirá a necessidade de pensar naquilo que irá dizer e fazer para que possa ser compreendida.

Algumas formas de se favorecer a interação social são o trabalho em grupo, a roda e a produção de painéis. Em situações como essas, os alunos estão o tempo todo em interação com seus colegas e, nesse sentido, as discussões orais em sala, permitem que o aluno fale sobre suas descobertas, mostre o seu trabalho e entenda algum conceito através da explicação, da leitura ou observação do trabalho de outro colega da classe.

Em grupo há possibilidades de se descobrir preferências, negociar soluções, diluir as dificuldades. Nesse processo, são evidenciados diferentes modos de pensamento sobre as idéias surgidas nas discussões, o que permite o desenvolvimento de habilidades de raciocínio, como investigação, inferência, reflexão e argumentação.

O trabalho em grupo, a roda e os painéis geram um ambiente que se caracteriza pela proposição, investigação e exploração de diferentes idéias por parte dos alunos, bem como pela interação entre os alunos, a socialização de procedimentos encontrados para solucionar uma questão e a troca de informações.

Esse ambiente permite que as discussões orais, o desenho e o texto possam evoluir como qualquer outra forma de expressão, desde que sejam utilizados com freqüência e aceitos com naturalidade como possibilidades de comunicação entre os alunos e entre aluno e professor. Para que isso aconteça, ao planejar as atividades, é preciso observar que processos de comunicação serão usados e como serão socializadas as diferentes produções dos alunos.

Dissemos anteriormente que, através de situações de comunicação, o professor pode obter informações importantes sobre conhecimentos prévios e incompreensões dos alunos. Tal conhecimento orienta o trabalho do professor, que pode, então, planejar atividades apropriadas para superar dificuldades encontradas e atender a necessidades individuais. Portanto, o modo de organização da sala é essencial para a efetivação desse processo.

A roda e a organização de murais e painéis com as produções dos alunos, sejam elas desenhos ou textos escritos, auxiliam o professor a socializar os trabalhos realizados para levantar as dúvidas de cada aluno sobre um determinado assunto, mostrar o processo de busca da solução e expor as diferentes respostas.

Quanto ao professor, este terá uma valiosa ferramenta para analisar as concepções das crianças e suas incompreensões. O seu trabalho, nessa perspectiva, não consiste em resolver problemas ou tomar decisões sozinho. Ele anima e mantém a rede de conversas e coordena as ações, propondo discussões, elaborando diferentes perguntas e cuidando para que haja espaço para todos falarem, ou seja, que aqueles que têm o hábito de sempre falar dêem oportunidade para os que se sentem mais intimidados falarem, e estes se sintam cada vez mais seguros em se expor.

O ambiente de sala de aula possibilita o desenvolvimento dos próprios recursos de comunicação. Assim, no trabalho em grupo e na roda há maior solicitação de aperfeiçoamento da oralidade, ao passo que no painel solicita-se o aprimoramento da comunicação pictórica ou escrita.

Ao longo deste livro, pretendemos que o professor encontre diferentes propostas de como organizar o seu ambiente de sala de aula de modo que os recursos de comunicação possam favorecer os processos de ensino e de aprendizagem.

## REFERÊNCIAS BIBLIOGRÁFICAS

FREIRE, M. O que é um grupo? In: *A paixão de aprender.* 2.ed. Petrópolis: Vozes, 1993. p. 59-68.

LERMA, I.S. Comunicacion, lenguaje y matematicas. In: *Teoria y practica en educacion matematica.* Sevila: Linares, Sánchez y Garcia, 1990.

LÉVY, P. *As tecnologias da inteligência.* Rio de Janeiro: Editora 34, 1993.

MACHADO, N.J. *Matemática e língua materna.* São Paulo: Cortez, 1995.

MILLER, L.D. *Making the Connection with Language.* NCTM, Arithmetic Teacher, v.40 n. 6, fev. 1993, p. 311-316.

SMOLE, K.C.S. *A matemática na educação infantil: a teoria das inteligências múltiplas na prática escolar.* Porto Alegre: Artes Médicas (Artmed), 1996.

capítulo

# Textos em Matemática: Por Que Não?

Kátia C. S. Smole

**2**

A produção de textos nas aulas de matemática cumpre um papel importante para a aprendizagem do aluno e favorece a avaliação dessa aprendizagem em processo.

Organizar o trabalho em matemática de modo a garantir a aproximação dessa área do conhecimento e da língua materna, além de ser uma proposta interdisciplinar, favorece a valorização de diferentes habilidades que compõem a realidade complexa de qualquer sala de aula.

Um grupo de alunos da 3ª série havia acabado de fazer uma atividade sobre frações e percebido que as frações com numerador *um* ficam menores à medida que o denominador aumenta. A professora da classe pediu que escrevessem sobre o que haviam aprendido com a atividade. Então, eles produziram o seguinte texto:

> *No dicionário, fração é uma parte do todo. Como um papel que é fracionado para formar uma dobradura.*

> $\dfrac{1}{10}$ → *O número de baixo é o número de partes em que foi dividido o todo. O número de cima é a quantidade de partes que foi tirado.*

> *Um quarto é a metade de um meio; um oitavo é a metade de um quarto, portanto, dois quartos é igual a um meio e dois oitavos é igual a um quarto, quatro oitavos é igual a dois quartos que é um meio.*

> *Quanto maior a quantidade de partes, menor o tamanho delas.*

> *Um quinto é o dobro de um décimo, então um décimo é menor que um quinto. Para termos um quinto, precisamos de dois décimos.*

> *Um sexto é metade de um terço, é preciso de dois sextos para ter um terço.*

Esse pequeno texto serve para exemplificar o valor da escrita nas aulas de matemática. Primeiro, foi dada aos alunos a oportunidade de repensarem sobre o que fizeram, registrarem suas reflexões, percepções e descobertas sobre frações de um modo próprio. Segundo, puderam rever e aprofundar os conceitos envolvidos nas ações realizadas e, ao produzirem um texto baseado nos conhecimentos abordados durante a aula, tiveram chance de se tornar melhores leitores de textos referentes à matemática, percebendo com mais clareza como articular em um texto noções e conceitos matemáticos.

Finalmente, essa produção escrita deu à professora não apenas uma boa idéia do que o grupo aprendeu naquela aula, mas também a percepção de como os alunos expressavam suas idéias e quais dificuldades eles apresentavam nesse momento do trabalho.

Neste capítulo, pretendemos mostrar a importância da produção de textos em matemática e como incorporar essa prática em nossas aulas. No entanto, sabemos que não é natural que os professores encarem a produção de textos como algo integrante do currículo de matemática ou, pelo menos, não do mesmo modo que em outras áreas do conhecimento. Apesar da utilização da produção de textos em matemática não ser familiar aos professores, ela é um componente essencial no ensino-aprendizagem dessa disciplina. Para compreendermos melhor tal afirmação, vejamos um outro exemplo.

Ao terminar a exploração de uma atividade com o material dourado, uma professora de 1ª série pediu que os alunos escrevessem sobre o que aprenderam:

> *Eu aprendi que a unidade é um cubo pequeno e a dezena é uma coisa coberta de 10 unidades, a centena é um quadrado de 10 unidades, a centena é um quadrado coberto de dezenas e o milhar é um quadrado com 10 centenas.* **João Gustavo**

> *Eu aprendi que a unidade serve para contar de um em um.*
> *Eu aprendi que a dezena serve para contar de dez em dez.*
> *Eu aprendi que a centena serve para contar de cem em cem.*
> *Eu aprendi que a milhar serve para contar de mil em mil.* **Aline**

> *A unidade é um cubinho bem pequeno, não tão pequeno. Ela é um pouco maior e super legal trabalhar.*

> *A unidade faz parte da dezena e da centena e milhar. Ela é um cubozinho não é mole, ela é dura. Ela é assim* ☐

> *A dezena é um pouquinho complicada mas não tanto assim, todos nós trabalhamos quase todos os dias mas é super legal ela é assim* ☐ **Caio**

Observando os três textos, é possível perceber como crianças diferentes têm percepções diversas sobre a mesma atividade. O texto de João Gustavo mostra aspectos da estrutura do material dourado e algumas das relações que ele fez entre as peças. Aline demonstra ter se apropriado do uso da unidade, dezena, centena e milhar como recurso para contagem. Caio fala de algumas de suas dificuldades e, como provavelmente não conseguiu superá-las, na hora de escrever preferiu descrever as características físicas das peças.

Sabemos que, se os alunos são encorajados a se comunicar matematicamente com seus colegas, com o professor ou com os pais, eles têm oportunidade para explorar, organizar e conectar seus pensamentos, novos conhecimentos e diferentes pontos de vista sobre um mesmo assunto. A produção de textos é uma maneira de promover a comunicação em nossas aulas.

Escrever pode ajudar os alunos a aprimorarem percepções, conhecimentos e reflexões pessoais. Além disso, ao produzir textos em matemática, tal como ocorre em outras áreas do conhecimento, o aluno tem oportunidades de usar habilidades de ler, ouvir, observar, questionar, interpretar e avaliar seus próprios caminhos, as ações que realizou, no que poderia ser melhor. É como se pudesse refletir sobre o próprio pensamento e ter, nesse momento, uma consciência maior sobre aquilo que realizou e aprendeu.

Sabemos também que o nível de compreensão de um conceito ou idéia está intimamente relacionado à capacidade de comunicá-lo, uma vez que quanto mais compreende um conceito, melhor o aluno pode se expressar sobre ele.

A compreensão do modo como pensamos está associada à capacidade de estabelecermos relações entre diferentes significados e representações de uma mesma noção. Por essa ótica, auxiliar o aluno a compreender conceitos em matemática pode ser encarado como possibilitar-lhe a elaboração de uma rede de significados (Machado, 1995) para os conceitos matemáticos. Como a escrita permite um contexto natural para envolver os alunos em estabelecer conexões entre diferentes noções, entre suas concepções espontâneas e novas aprendizagens, a produção de textos pode ser um poderoso auxiliar para os alunos no estabelecimento de vários significados para uma mesma noção.

Para o professor, a produção de textos em matemática auxilia a direcionar a comunicação entre todos os alunos da classe; a obter dados sobre os erros, as incompreensões, os hábitos e as crenças dos alunos; a perceber concepções de vários alunos sobre uma mesma idéia e obter evidências e indícios sobre o conhecimento dos alunos.

No texto sobre frações que apresentamos no início deste capítulo, a professora pôde saber não apenas se os alunos haviam compreendido noções importantes relacionadas às frações, como o significado do numerador, do denominador e a escrita numérica de uma fração, mas também constatou, surpresa, que o grupo havia percebido a idéia de frações equivalentes, a qual ela ainda não estava pensando em abordar com a classe. Lendo os textos produzidos, precisou refazer seu planejamento inicial ao constatar que a maioria dos alunos havia se encantado com o fato de dois sextos ser igual a um terço.

Ainda para reforçar quanto o trabalho do professor pode beneficiar-se com a escrita dos alunos, retornaremos ao exemplo da 1ª série. Se não pedisse para seus alunos escreverem sobre a atividade com material dourado, talvez a professora da classe acreditasse que todos eles haviam estabelecido as relações que esperava em seu planejamento. Assim, mais tarde poderia ser surpreendida se Caio, ou mesmo João, apresentassem dúvidas referentes ao sistema de numeração decimal.

No entanto, lendo os escritos de seus alunos, ela pôde identificar incompreensões e equívocos, bem como tomar atitudes imediatas e adequadas de intervenção de replanejamento para que os obstáculos encontrados pelos alunos fossem superados.

## PRODUZIR TEXTOS PARA QUEM?

Há um consenso entre os educadores de que é imprescindível que todos os alunos saiam da escola como pessoas que escrevem, isto é, precisam valer-se da escrita de maneira adequada, tranqüila e autônoma toda vez que isso for necessário, inclusive em matemática.

Para que isso ocorra, é preciso que os textos elaborados não sirvam apenas para os alunos mostrarem que sabem ou não escrever. É preciso que a escrita seja trabalhada na escola tal como existe na sociedade e não se configure em um exercício mecânico e artificial, desprovido de sentido.

Assim, a produção dos textos nas aulas de matemática deve ter sempre um destinatário, o qual pode ser uma outra pessoa ou mesmo quem escreveu o texto quando este foi elaborado para não esquecer algo ou para organizar algum tema estudado.

Conhecido ou desconhecido, é preciso que haja um leitor em potencial dos escritos que serão produzidos. Diversas pesquisas comprovam que, quando o texto das crianças têm um destino que não se limita ao professor ou aos pais, a preocupação com o modo de escrever, a precisão da linguagem, os detalhes e a seleção das informações passam a fazer parte das preocupações dos alunos que, aos poucos, esmeram-se na escrita e na reescrita de seus registros. (Kaufman e Rodriguez, 1996; Solé, 1998).

Além disso, ao buscar interlocutores para os textos de seus alunos e incentivar a comunicação, o professor cria uma atmosfera de interesse e cooperação. Nenhum texto é feito por fazer e todos podem tornar-se uma busca do aprimoramento da escrita.

Há várias maneiras de introduzir o destinatário das escritas dos alunos. Uma delas é permitir que eles compartilhem oralmente o que escreveram. Essa experiência dá a eles uma oportunidade de serem novamente expostos ao que escreveram e perceberem se quem ouve o texto compreende a mensagem e interpreta segundo a intenção original de quem escreveu. A leitura oral do texto também serve como possibilidade de perceber mudanças necessárias, como explicitar melhor uma idéia, rever a ordem de parágrafos ou eliminar palavras repetidas.

Outra possibilidade é propor que, algumas vezes, os alunos produzam textos em grupos, como aconteceu com o texto sobre frações, pois desse modo todos se beneficiam com as trocas ocorridas, interagem e discutem o melhor modo de registrar as noções e as vivências, como escrever determinadas palavras, etc.

Propor aos alunos que troquem entre si, com outra classe ou mesmo que escrevam cartas e bilhetes para um leitor escolhido por eles é outra alternativa para fazer com que se sintam responsáveis por suas produções. Vejamos, por exemplo, a carta a seguir, produzida por um aluno de 3ª série para explicar aos pais o que sabia sobre o cubo. Inicialmente escrita à mão, a carta passou por uma primeira reescrita e depois foi digitada para ser enviada aos pais.

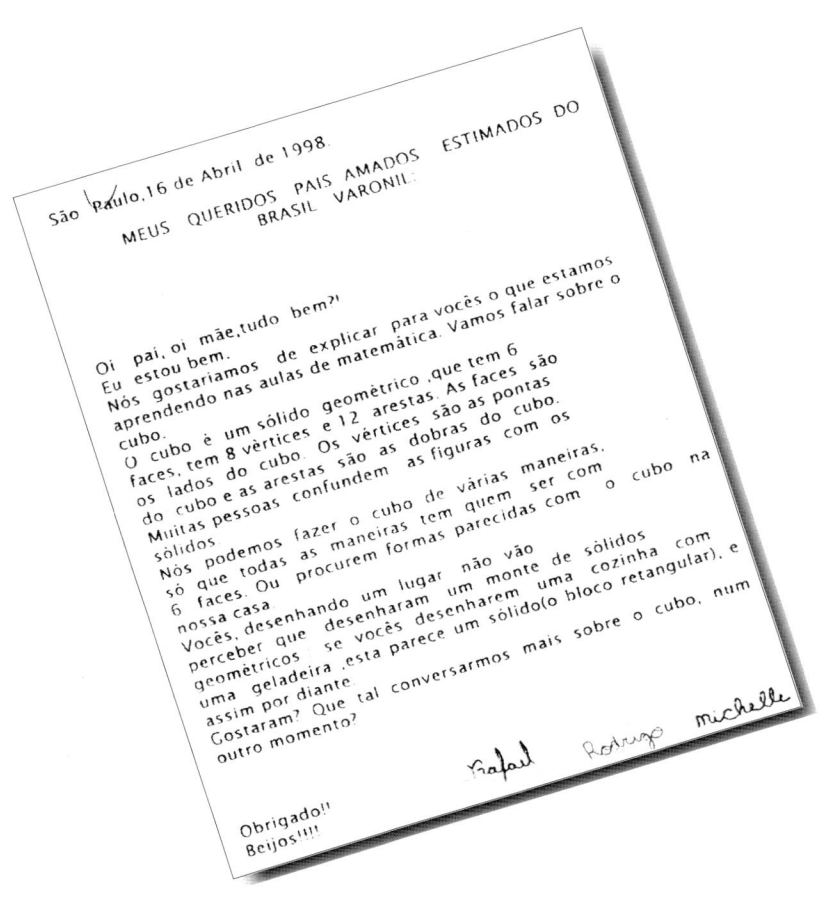

*Meus queridos pais amados estimados do Brasil varonil*

*Oi pai, oi mãe, tudo bem?!*

*Eu estou bem.*

*Nós gostaríamos de explicar para vocês o que estamos aprendendo nas aulas de matemática. Vamos falar sobre o cubo.*

*O cubo é um sólido geométrico que tem 6 faces, tem 8 vértices e 12 arestas. As faces são os lados do cubo e as arestas as dobras do cubo.*

*Muitas pessoas confundem as figuras com os sólidos.*

*Nós podemos fazer o cubo de várias maneiras, só que todas as maneiras tem que ser com 6 faces. Ou procurem formas parecidas com o cubo na nossa casa.*

*Vocês, desenhando um lugar não vão perceber que desenharam um monte de sólidos geométricos: se vocês desenharem a cozinha com uma geladeira, esta parece um sólido (o bloco retangular), e assim por diante.*

*Gostaram? Que tal conversarmos mais sobre o cubo, num outro momento?*

*Obrigado!!*
*Beijos!!!!*

Como nem sempre o leitor do texto produzido será conhecido, o professor pode buscar outras situações que exijam a preocupação com a exatidão das produções, a clareza e a legibilidade, buscando comunicar-se cada vez melhor. Escrever para o jornal da escola, seja ele impresso ou mural, é uma dessas situações.

Os textos para o jornal podem ser uma pequena nota, como estes produzidos por alunos de uma 4ª série para explicar o que sabiam sobre decimais.

**Decimal**

*Os números decimais são números menores que 1 inteiro.*

*Se vai aumentando zero a esquerda do decimal no papel, vai diminuindo o valor dele. Essa diminuição não acaba, é infinita.*

*Ex.: 3,3; 3,03; 3,003; 3,0003 e assim vai.* **Renato**

*Os zeros a esquerda não valem nada e os zeros a direita valem. Se tiver 1 zero a direita antes da vírgula fica centésimos ex.: 0,01 centésimos e se tiver 2 zeros fica milésimo ex.: 0,001 milésimos a assim por diante.* **Renata**

Um anúncio classificado, como este produzido por alunos de uma 2ª série durante a realização de um projeto envolvendo matemática e literatura infantil:

> ACUDAM! ACUDAM!
> A GIRAFA BENEDITA ESTÁ PRESA NOS GALHOS DE UMA ÁRVORE VENHAM ATÉ A DÉCIMA ÁRVORE E VIRE A DIREITA AMANHÃ AS 02:00 DATAR DE.
>
> NÃO FALTEM A GIRAFA BENEDITA PRECISA DE VOCÊS.

Ou uma notícia maior, para registrar uma descoberta, uma atividade realizada ou expressar opinião, conforme é mostrado a seguir:

## matemática em ação

### Cálculos lógicos para o cotidiano

Na aula de matemática, aprendemos sobre as técnicas de medidas: centímetros, áreas, perímetros, metros, etc., tendo como tarefa descobrir a área que a sala de aula ocupa.

Primeiro, cada um deu sua opinião, tentando calcular de cabeça a largura e o comprimento; multiplicando esses valores, encontramos a área. Fizemos uma votação para ver quem estava estimando melhor o comprimento e a maioria votou em 8 metros, que acabou ganhando.

Depois, fomos realmente medir o comprimento da sala de aula, para chegarmos à medida correta. Medimos um piso da classe que era de 20cm, então, concluímos que 5 deles dariam 1m. Se haviam 42 pisos, o comprimento era de 8,40 mesmo.

Descoberto o comprimento, fomos medir a largura; contamos novamente os pisos e vimos que havia 52 pisos. Multiplicamos 20cm por 52 (pisos) e encontramos 6,40 de largura.

Agora ficou fácil: multiplicamos o comprimento (8,40) pela largura (6,40) e finalmente encontramos a área, que deu, mais ou menos, 55,16m.

Depois de tantas descobertas, fomos relembrar o que eram vértices (pontas da figura geométrica), arestas (que são as dobras) e as faces (parte plana da figura). Em seguida, desenhamos as caixas do modo que vimos, mudando-as de posição. Depois, desmontamos várias caixas para observar o modelo, ou seja, como ela era montada e percebemos que as abas não podem ser colocadas em qualquer lugar ou, para que a caixa possa fechar corretamente, existem posições certas para elas; e que as caixas retangulares ou quadradas, não importando o tamanho, possuem: 8 vértices, 6 faces e 12 arestas.

Gostamos dessa aula, pois ajudou-nos com cálculos lógicos para o nosso cotidiano.

*Talita, Lizie, Amanda, Maria Gabriela e Mariana*
*5ª série B*

### Cubos coloridos: um jeito novo de aprender

Desenvolvemos com as 5ªs séries A e B atividades diferenciadas com "cubos coloridos", que temos na Matemoteca, onde os alunos aprenderam alguns tópicos da matemática, tais como potências, medidas, áreas e volume.

A partir destes trabalhos, os alunos montaram belos relatórios.
À essa turma "massa", parabéns!

*Ana Célia Medeiros Jacomeli*
*Professora de Matemática*

---

Há, ainda, a possibilidade de produzir textos para colocar em uma página da internet, caso a escola tenha uma. O uso da internet possibilita aos alunos compreenderem a força da comunicação não apenas local, mas ao redor do mundo, bem como auxilia na aprendizagem de recursos para a elaboração de uma página eletrônica, com o uso de editores de textos, a captura e a inserção de imagens e a precisão das informações. No Capítulo 9, ampliaremos um pouco mais essa discussão.

## QUANDO PROPOR REGISTROS ESCRITOS

É possível produzir textos sobre matemática nas mais variadas situações. Às vezes, ao final de uma aula, outras ao iniciar um novo tema, ao final de uma unidade didática, enfim, não há um único momento para usar os textos. Na verdade, o objetivo da produção do texto é que determina quando ele será solicitado ao aluno.

Geralmente, sugerimos que os textos sejam propostos aos alunos ao iniciar um novo tema, após uma atividade e ao término de um assunto. Analisemos a função de cada proposta.

## Escrever ao Iniciar um Novo Tema

Nesse caso, a produção tem como objetivo investigar o que o aluno já sabe, ou o que conhece sobre um determinado tema, conceito ou idéia matemática para, partindo de seus conhecimentos prévios, poder organizar as ações docentes de modo a retomar incompreensões, imprecisões ou idéias distorcidas referentes ao assunto em questão e, ao mesmo tempo, avaliar que avanços podem ser feitos.

O texto abaixo foi produzido por Janaina e Ana Luiza, alunas da 3ª série. A proposta da professora era que os alunos escrevessem uma carta para uma 2ª série, contando tudo o que sabiam sobre o cubo:

*Caros alunos(as) e professora da 2ª série C. Estamos escrevendo para mostrar tudo o que nós sabemos sobre o cubo. Uma das 1ªs coisas é: 1 – O cubo é um sólido geométrico. 2 – Ele é formado por seis quadrados. 3 – As faces são os lados, as arestas são as linhas e os vértices são as pontas. 4 – Os cubos tem 6 faces, e também tem 12 arestas e tem 8 vértices. 5 – A planificação é aberta e o sólido é fechado.*

*Isso é o que Janaina e Ana Luiza sabem.*

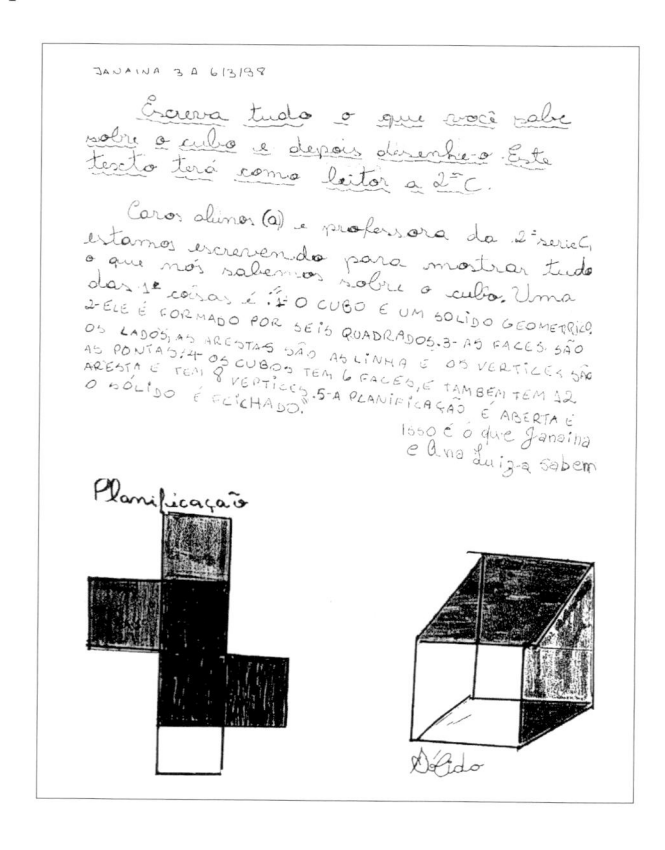

Ler, Escrever e Resolver Problemas | 37

O texto estava acompanhado da ilustração, que complementa a carta e mostra claramente a distinção entre o sólido e sua representação plana:

Ao ler a carta produzida pelas alunas, a professora tomou conhecimento de que as duas entendiam suficientemente sobre o cubo para permitir que elas avançassem no estudo dessa e de outras figuras geométricas, mas percebeu que havia algumas imprecisões, como chamar as faces de lados. Contudo, no momento, isso era irrelevante e, com o tempo, viria a ser superado.

Em uma 4ª série, antes de iniciar o estudo de porcentagem e frações, os alunos foram solicitados a escrever o que conheciam sobre esses temas:

### Porcentagem

*A metade é igual a 50%, 1/4 é igual a 25% e 100% significa o inteiro. Por tanto para calcular 50% você divide o total por 2, para calcular 25% divida o total por 4.* **Paulo**

### Fração e Porcentagem

*A fração e a porcentagem são quase a mesma coisa, só que a porcentagem é sempre dividida por cem, já a fração é dividida por qualquer número. Ex.: na fração tem vários jeitos de representar metade 1/2; 2/4; 3/6.*

*Mas na porcentagem só um 50%.* **Lígia**

### Porcentagem

*Para conseguir o número da porcentagem (ex.: 15 quantos por cento são de 105) você precisa dividir 105 por 100 = 1,05 que quer dizer 1%. Depois você faz 15 X 1,05 no final que fica 14,285%.* **Daniel**

Ao ler os textos, é possível perceber que todos os alunos têm algum conhecimento prévio de porcentagem e até já fazem relações entre 1/2 e 50% ou 1/4 e 25%, mas também há confusões.

Essas informações devem ser usadas pelo professor para planejar seu trabalho sem ignorar o que as crianças já sabem, ou seja, seus conhecimentos prévios, e fazê-las superar imprecisões e ampliar seu conhecimento sobre o conceito em questão.

## Escrever após uma Atividade

Nessa proposta, os alunos são encorajados a escrever sobre o que fizeram, aprenderam ou perceberam durante a realização de uma dada atividade, a qual pode ser um jogo, um problema ou outra tarefa qualquer.

Ao explicitar dúvidas e outras impressões, os alunos permitem ao professor perceber em quais aspectos da atividade apresentam mais incompreensões, em que pontos avançaram, se o que era essencial foi compreendido e que intervenções precisará fazer.

A produção do texto pode ser individual, coletiva ou em grupo, dependendo do que o professor deseja saber sobre cada aluno, a classe ou alguns alunos em especial.

Vejamos a produção individual de um aluno de 3ª série após ter realizado uma atividade sobre medidas:

### Medidas de Comprimento

*Hoje nós estávamos na roda e a Marizilda falou:*

*– Vamos medir esta carteira!*

*E aí ela chamou o André e a Maria Jimena para medir a carteira e aí a Marizilda pegou um barbante e o André falou:*

*– Este barbante está muito grande. Aí não tem um metro aí tem mais. Aí a Marizilda pegou um pedaço menor, bom conclusão a mesa media 60 cm.*

*Conclusão:*

*1 metro = 10 decímetros*
*1 decímetro = 10 centímetros*
*1 metro = 100 centímetros*

Ao escrever, o aluno relatou parte da atividade e destacou as relações que foram estabelecidas entre as unidades de medida, mostrando à professora que isso havia sido importante para ele durante a realização da tarefa.

Muitas vezes, o texto produzido ao final de uma atividade também serve para levar o aluno a ter consciência de seus avanços e necessidades de modo que ele vá percebendo o que fez, o que sabe, que dúvidas tem e como pode superá-las por si mesmo. É o que podemos observar lendo o texto abaixo, produzido por uma aluna de 3ª série após ter participado de um jogo que envolvia a multiplicação:

### Batalha de Tabuada

*O jogo Batalha de tabuada é super legal, porque nós brincamos mas aprendemos ao mesmo tempo.*

*Esse jogo se brinca assim: Primeiro embaralha as cartas e distribuí 5 cartas para você e 5 para o seu amigo o A significa 1 e o 2, 3, 4, 5, 6, 7, 8, 9 e o 10 significa o mesmo número. (regras). Com as cartas viradas para baixo nós falamos (já) e virávamos as cartas. Se eu tirasse por exemplo, 8 e a minha dupla 5, tínhamos que falar o resultado da conta 8 x 5 = 40 e quem falasse o resultado primeiro ganhava o jogo, ganhava ponto e ficava com a carta. Quem conseguisse ter o maior número de cartas ganhava o jogo.*

*Eu adorei jogar com a Ana Luiza primeiro em todas eu ganhei segundo, ela é uma pessoa legal porque ela não é aquela pessoa que se perde, quer ir de novo e ela é bem legal e bem simpática comigo.*

*Eu acho que não tive dificuldade nenhuma porque eu estudei as tabuadas e eu acho que fui muito bem porque eu ganhei todas.*

*Eu tive várias facilidades, eu achei esse jogo muito fácil e legal.*

*Para jogar esse jogo tem que estudar bastante a tabuada, e eu vou estudar mais do que antes. E prestar atenção.*

Para a professora, fica claro que a criança gostou de jogar, manteve boas relações com sua adversária de jogo e compreendeu bem as regras do jogo, uma vez que consegue reproduzi-las no texto. Para a aluna, fica a certeza de suas poucas dificuldades e a percepção da importância de estudar mais para melhorar seu desempenho em uma próxima vez.

## Escrever ao término de um assunto

Nesse caso, o texto é proposto no momento em que o professor considera que o que está estudando com sua classe pode ser finalizado. É uma etapa de sistematização das noções e assemelha-se à produção de uma síntese, de um resumo ou mesmo de um parecer sobre o tema desenvolvido, no qual aparecem as idéias centrais do que foi estudado e compreendido.

Ao produzir esses textos, os alunos devem ir percebendo o caráter de fechamento que eles têm e a importância de apresentar informações precisas, de incluir as idéias centrais, de torná-los representativos em relação ao que o assunto abordado apresenta e ao que merece registro mais minucioso.

Ao finalizar o trabalho com o tema porcentagens, a professora de uma 4ª série pediu para que seus alunos escrevessem em duplas tudo o que sabiam sobre o tema:

**Porcentagem**

*A porcentagem é o jeito de calcular números decimais. No jornal e em notícias, é comum achar a porcentagem porque fazem entrevistas com muitas pessoas, e em vez de falar o número, fazem a divisão para achar a porcentagem.*

*Como fazer a porcentagem:*

*– Bom você entrevistou 200 pessoas cada pessoa é 1%*

*– A entrevista era para saber quem vai ganhar a corrida de fórmula 1*

*– 20 pessoas acham o Rubens Barrichello isso equivale a 10%; 60 pessoas acham o Mika Haknem isso é 30%; o Villeneuve obteve 10 votos quer dizer 5%; 110 pessoas pediam o Shumaker isso dá 55% e o total sempre da 100% se não der você fez errado e deve refazer*

*Como dividir:*

*– É simples basta fazer a conta por dez e você acha 10%*

*– Para achar 10% divide por dez e você acha 10%*

*– Para achar 50% ou seja a metade divide por 2*

*– Para achar 1% divida o número em 100*

*– Para achar 5% divide o 10% em 2*

*Comentários*

*É simples usar a porcentagem é só usar a tabela acima quando tiver dúvida.*
**João e Luiz**

João e Luiz apresentaram no texto sinais de que compreenderam bem o que foi estudado e até destacaram a tabela que organizaram com procedimentos práticos para calcular as porcentagens. No entanto, é possível perceber algumas confusões e imprecisões que, certamente, foram superadas com a interferência do professor.

Como vimos, há diversos momentos nos quais é possível solicitar aos alunos que escrevam na aulas de matemática; porém, isso não deve significar que em todas as aulas e para qualquer atividade os alunos devem produzir textos. Geralmente, sugerimos que sejam feitos no máximo um ou dois textos na semana e que se planeje com antecedência em que momento tal solicitação será feita. É claro que, se, em uma aula na qual não havia planejado que os alunos escrevessem, o professor considerar que aconteceram percepções importantes ou que os alunos elaboraram conclusões interessantes, isso pode estimular que eles registrem suas conclusões com um texto, mesmo que breve. Contudo, é preciso atenção para que os alunos não desanimem com o excesso que às vezes ocorre quando nós percebemos o quanto é importante a escrita e vamos do extremo de não escrever nunca para o de querer produzir textos em todas as aulas.

Perceber as diferentes funções da escrita também em matemática não deve significar para os alunos perderem o prazer de inventar e de, ao produzirem um texto, compreender seu funcionamento, sentir a alegria de vê-lo bem-acabado e lido por outras pessoas.

Para não cometer exageros, é preciso planejar uma rotina de comunicação que seja organizada, diversificada, freqüente e, sobretudo, que torne a aula de matemática viva, na qual o ritmo de trabalho e o tempo sejam bem-aproveitados e levem os alunos a avançar cada vez mais em seus conhecimentos.

## ESCREVER PARA EVOLUIR: FAZENDO INTERVENÇÕES

Os exemplos que utilizamos até aqui podem passar a falsa impressão de que todos os alunos acham simples a elaboração de textos, ou que desde o início do trabalho os textos produzidos são completos, precisos e escritos corretamente. Entretanto, não é assim. A escrita adequada é uma meta à qual não é possível chegar a não ser por aproximações sucessivas, através de um processo contínuo, lento e trabalhoso.

A escrita em matemática também é marcada por um processo cheio de idas e vindas, no qual os cuidados do professor são determinantes tanto com as propostas iniciais quanto com as intervenções que fará para que os alunos progridam e escrevam textos cada vez mais complexos.

Um primeiro cuidado é o de valorizar a escrita. Sabemos que nem toda escola baseia seu trabalho de alfabetização na produção de textos ou que, muitas vezes, o próprio professor não tem por hábito fazer registros pessoais e escrever com freqüência. Quando é assim, geralmente notaremos que as produções dos alunos são muito simples, por vezes se resumindo a frases. Observe a produção de dois alunos de 3ª série quando solicitados a escrever sobre números decimais, após terem estudado esse tema por algum tempo:

> *Eu sei transformar frações em números.* **Pedro**
>
> *Eu sei que números decimais são números inexatos menores que 1 inteiro.* **Maira**

Temos notado que essa escrita breve, cheia de imprecisões, mostrando até incompreensão nos conceitos trabalhados, ocorre muito freqüentemente se o professor não valoriza a escrita, não faz disso algo em que realmente acredita e investe. Nesse caso, textos como os de Pedro e Maira aparecem várias vezes e tendem a não passar de frases desconexas e, até mesmo, incorretas.

No entanto, mesmo em um ambiente estimulador, os alunos por vezes apresentam seus primeiros textos com imprecisões ou pouca elaboração. Nesse caso, a interferência freqüente do professor é necessária, e ser paciente é um dos princípios básicos desse trabalho. Há alunos que não estão acostumados a escrever nas aulas de matemática e que inicialmente estranham a solicitação desse tipo de atividades. Há outros que ainda não dominam a escrita e que nem por isso devem deixar de produzir textos.

No caso de alunos não-escritores, sugerimos duas maneiras de estimular que escrevam: a produção de textos espontânea e a coletiva. A escrita espontânea é aquela na qual as crianças expressam livremente o que sabem sobre um assunto, ainda que não dominem completamente a escrita convencional. Muitas vezes, esse tipo de escrita pode ser surpreendente. Vejamos exemplos de textos produzidos por crianças de uma sala de Educação Infantil quando faziam uma atividade de geometria na qual deviam comparar três retângulos de cores e tamanhos diferentes:

[Imagens de textos manuscritos produzidos pelas crianças, datados de 04 SET 1996 e 05 SET 1996]

Observe que, para compreender o que seus alunos haviam escrito, a professora sentou com eles e perguntou diretamente o que queriam dizer. A oralidade complementou a imprecisão da escrita e permitiu à professora perceber que seus alunos não conseguiram escrever, mas perceberam diferenças e semelhanças entre os retângulos.

Quando uma criança faz um texto desse tipo, realiza não apenas ações efetivas de escrita, mas também – através da interação com seus pares e com o professor – tem oportunidade de expressar suas hipóteses, colocá-las à prova, alterar ou não o que escreve, enfim, refletir sobre o que produziu e fazer modificações progressivas conforme julgar necessário.

Vejamos outro exemplo de uma escrita espontânea produzida por uma aluna de 1ª série após um jogo de dados:

A criança leu o texto assim: A gente jogou o jogo das sete cobras. E foi muito legal. Mas o meu amigo me roubou e eu fiquei muito chateada e então acabou, fim.

Nesse texto, Jéssica não se deteve em fatos matemáticos, mas mostrou um problema de relação entre as crianças que ainda não havia sido percebido pela professora: o roubo. Ler esse texto permitiu que fossem realizadas discussões sobre o jogo, suas regras, o que significa roubar, etc.

Do ponto de vista do adulto, os textos anteriores podem não estar corretos, mas são produções que mostram como os alunos conceitualizam a escrita e expressam sua compreensão da atividade nesse momento. Cabe ao professor buscar estratégias de intervenção para que eles evoluam e nunca tolher o processo, criando um ambiente no qual a supervalorização do erro acabe por desestimular o ato de escrever.

Uma das intervenções possíveis de serem feitas quando trabalhamos com escrita espontânea é selecionar um dos textos produzidos pelos alunos e colocar no quadro ou no retroprojetor. Feito isso, conduzimos uma conversa com a classe sobre o texto, formulando perguntas para que as crianças troquem informações, inclusive com o autor do texto, ou corrijam aspectos quantitativos e qualitativos da escrita para que todo o grupo opine sobre as possíveis correções. Por exemplo, no texto sobre o jogo de dados, a professora poderia questionar:

- Como escrevemos gente? E chateada?
- Como é o jogo? Como se faz para ganhar?
- O que usamos para jogar?
- Que tal escrevermos juntos algumas regras importantes?
- Jéssica, como você percebeu que seu amigo roubou no jogo? Você gostaria de escrever isso no texto?

Ao lado do texto original, o professor escreve a nova versão discutida com a classe, pede que comparem as duas e, posteriormente, solicita que verifiquem seus próprios textos para ver se gostariam de corrigir problemas semelhantes aos analisados no texto reformulado. Procedendo desse modo em uma aula de matemática, o professor realiza simultaneamente uma atividade de alfabetização.

Uma outra possibilidade de proporcionar aos alunos um contato inicial com a produção de textos em matemática e de intervir para que evoluam em seus escritos é utilizar escritas coletivas. Elas são feitas com todos os alunos e o professor coordena e dirige o trabalho, atuando em colaboração com a classe. O professor, fazendo o papel de escriba, coloca no quadro as idéias das crianças, especialmente se elas ainda não estão em condições de grafar seus textos de maneira convencional, a fim de permitir-lhes comunicar-se com maior precisão e de aprender com alguém que domina o processo. No momento dessa produção, o professor pode incentivar os alunos a se aprofundarem em suas reflexões e auxiliá-los a desenvolverem processos de leitura e escrita, por exemplo, questionando:

- Como vamos escrever essa idéia aqui?
- Que palavra vocês querem que eu escreva agora? Como se escreve essa palavra? Com que letra ela começa?

Essas questões têm como função levar os alunos a participarem ativamente na tentativa de compreender como se processa a escrita das palavras e como se organiza o texto. Muitas vezes, a situação requer que o próprio professor escreva uma palavra ou frase para que os alunos obtenham informações suficientes para tentarem sozinhos em outra oportunidade. Observe uma escrita coletiva de crianças de 1ª série para registrar e organizar dados de uma pesquisa estatística sobre números de sapato da classe:

```
                ATIVIDADES
1-NA PESQUISA DA NOSSA CLASSE
SOBRE NÚMEROS DE SAPATOS TIVEMOS
ESTES RESULTADOS:
SAPATO 27 - UM ALUNA
SAPATO 29 - TRÊS PESSOAS
SAPATO 30 - SEIS PESSOAS
SAPATO 31 - TRÊS PESSOAS
SAPATO 32 - TRÊS PESSOAS
SAPATO 33 - UMA PESSOAS
```

**Atividades**

*1. Na pesquisa da nossa classe sobre números de sapatos tivemos estes resultados:*

*Sapato 27 – um aluna*

*Sapato 29 – três pessoas*

*Sapato 30 – seis pessoas*

*Sapato 31 – três pessoas*

*Sapato 32 – três pessoas*

*Sapato 33 – uma pessoa*

Essa escrita coletiva também permitiu que os alunos construíssem com maior facilidade um gráfico para representar a pesquisa feita.

A escrita coletiva dirigida (Kaufman e Rodriguez, 1996) auxilia os alunos em processo de letramento a contarem com certos modelos estáveis de escrita e pode constituir-se em um modo de eles perceberem a ordem da distribuição espacial da escrita, as diferenças entre o que se diz e o que se escreve, como organizamos palavras, frases e idéias em um texto, fornecendo, assim, mais uma fonte de informação que poderão utilizar em novos escritos de acordo com suas possibilidades e necessidades.

Aos poucos, os alunos ficam críticos com suas produções e não se conformam com algo que soa mal, que não entendem ou que se repete muito. A necessidade de expressar algo para ser entendido por outro guia a busca de solução aos problemas de escrita que forem surgindo.

Quando o texto coletivo fica pronto, sugerimos que as crianças o copiem em seus cadernos ou que tenham uma cópia que possa ser lida por eles em outro momento para que assimilem, progressivamente, informações tanto de caráter formal – tipo de letra, direção da escrita, modo de disposição das letras no papel – quanto de caráter conceitual – como representar graficamente aquilo que falamos e o significado das palavras.

À medida que progridem e tornam-se melhores usuários da linguagem escrita, os alunos são capazes de escrever textos mais extensos, com maior quantidade de informações e, por que não, com mais precisão. Mesmo assim, com alunos alfabetizados e que já dominam um pouco mais a leitura e a escrita, é importante criar situações de contato, exploração e reflexão sobre a produção de textos que lhes permitam melhorar seu aprendizado em leitura, escrita e matemática.

Algumas das sugestões que apresentamos anteriormente, como organizar grupos para fazer as primeiras solicitações de textos nas aulas de matemática e criar a figura de um leitor, certamente já se constituem em modos de levar os alunos a sentirem necessidade de revisar sua escrita antes de a considerarem concluída.

Na produção em grupo, as interações entre os participantes permitem que até mesmo questões relativas à escrita de palavras, à organização e à coerência das idéias sejam resolvidas, ou no mínimo discutidas, sem que o professor necessariamente precise intervir a todo momento e, sem dúvida, a criação da figura de um leitor, conforme sugerimos anteriormente, faz aparecer progressivamente a necessidade de maior clareza, precisão e comunicabilidade no texto.

Ainda assim, a organização de um texto em seus aspectos lingüísticos e a precisão e o aprofundamento das informações matemáticas nele contidas exigem que os alunos adquiram o hábito de revisar sua escrita. Para isso, o professor deve incluir sistematicamente momentos de análise da produção dos alunos, buscando auxiliá-los a superar ou visualizar erros como recurso para evoluir.

A reformulação de um texto deve ser de tal modo, que não esgote em um único dia a discussão de todos os problemas que o professor identifica nas escritas produzidas por seus alunos. Em cada intervenção, ele seleciona aspectos que julga importantes para sua classe em um determinado momento.

É possível que o que mais o preocupe em uma etapa do trabalho seja o mau uso, ou mesmo o não uso, de parágrafos e da pontuação pelos alunos. Nesse caso, uma das interferências que pode fazer é selecionar um texto que seja representativo dos problemas da classe, isto é, que apresente pelo menos um problema significativo para a turma como um todo, e reescrevê-lo corretamente. O professor reproduz os dois textos, o original e a sua reescrita, de modo que possam ser visualizados com facilidade pela classe e estimula os alunos a, a partir da leitura de ambos, assinalarem as semelhanças e as diferenças entre eles, problematizando com o grupo porque aparecem aqueles sinais, o que será que eles representam, a importância de utilizá-los, etc.

Em outro momento, a redundância das informações, as idéias truncadas ou as informações incompletas podem ser a preocupação. Para intervir de modo a auxiliar na superação desses problemas, o professor pode novamente selecionar um texto da classe e reproduzi-lo para que todos juntos analisem as revisões necessárias. Ele propõe questões à classe em função dos aspectos a serem reestruturados, anotando as respostas no quadro.

Pode, por exemplo, encaminhar a discussão para completar informações que estejam faltando: o quê, quem, aonde, quando. Se o problema for a expansão de idéias, questiona por quê, como, de que modo é possível explicar melhor.

Concluída a discussão, o professor rescreve no quadro, juntamente com a classe, o texto ou o trecho reformulado, incorporando as alterações discutidas, e pede aos alunos para compararem o texto original com a reformulação. E, como anteriormente, solicita-lhes que verifiquem em seus próprios textos se há problemas da mesma natureza e que os corrijam se for necessário.

De qualquer modo, a função desse tipo de reformulação é explicitar para os alunos a importância das informações obtidas para alcançar a clareza, a compreensão e o aperfeiçoamento do texto.

Fazer essas discussões com a classe, além da oralidade e das contribuições que cada um traz para o grupo, permite ao professor analisar o que seus alunos sabem ou não, além do que foi escrito por eles inicialmente.

Trocar os textos produzidos entre os alunos é outro recurso que permite intervenções interessantes para revisar e conduzir uma reformulação necessária. Para utilizar esse tipo de intervenção, é necessário que os alunos tenham produzido textos em duplas ou individualmente e, ao final, o professor ou o escritor escolhe um colega para realizar a troca. Ao novo leitor do texto cabe identificar o que não entendeu, sugerir mudanças se desejar e apontar tudo o que julgue necessário para o aprimoramento do texto lido. A função dessa técnica não é a da correção em si mesma, mas a de criar a figura de um crítico, um parecerista para o texto escrito, e permitir a troca de argumentos e justificativas que se originam no momento em que todos expõem suas observações, suas dúvidas e suas correções. É preciso deixar claro que essa técnica só é possível com crianças que já escrevem e lêem com alguma fluência para que os trabalhos lidos possam ser compreendidos por todos os leitores.

É possível, ainda, fazer alguns lembretes em relação à própria escrita que podem ser combinados entre o professor e seus alunos a fim de orientar o trabalho de escrever. Alguns exemplos são pensar em escrever claramente, evitar escrever as palavras de forma errada, consultar o dicionário sempre que tiver dúvidas, não escrever muito junto, procurar reler o texto ao final e verificar se esqueceu de dizer alguma coisa importante, entre outros lembretes que podem auxiliá-los a escrever bem.

As opções de intervenção são muitas, e vale dizer que é o professor quem deve preocupar-se em incluir sistematicamente momentos de análise da produção dos alunos para que eles superem ou visualizem erros e inadequações de escrita.

Os procedimentos para reformulação dependem especificamente do que se deseja reformular e, no caso dos textos de matemática, além dos aspectos lingüísticos é preciso assegurar também a fidelidade das informações referentes a noções, conceitos e procedimentos apresentados na escrita.

## AS INFORMAÇÕES MATEMÁTICAS TAMBÉM SÃO IMPORTANTES

Temos consciência de que a maioria das intervenções que sugerimos até aqui dizem respeito quase que exclusivamente à reformulação de um texto em seus aspectos lingüísticos. Foi uma opção consciente que fizemos por acreditarmos que desenvolver habilidades de leitura e escrita deve ser tarefa de todos os professores em qualquer área do conhecimento.

No entanto, pensamos ser necessário falar sobre as intervenções que o professor pode fazer nos textos de seus alunos também no que diz respeito às informações matemáticas, para que estes se apropriem do vocabulário específico, utilizem-no, evoluam na compreensão dos significados das noções e dos conceitos matemáticos e possam perceber a importância de expressá-los com precisão.

Uma das maneiras mais simples de garantir uma boa qualidade matemática do texto produzido pelos alunos é, novamente, promover a escrita ou a reformulação coletiva. Nesse caso, o professor auxilia não apenas na organização do texto, mas também na utilização do vocabulário matemático, na expressão das noções envolvidas e na garantia de que nenhum aspecto relevante do que foi estudado seja esquecido.

Essa escrita coletiva pode ser feita a partir de uma atividade, como mostra o exemplo a seguir, realizado em uma 3ª série para registrar as observações dos alunos sobre medidas de massa:

**Registro coletivo**

*Hoje aprendemos uma outra unidade de medida chamada quilograma*

*Quando queremos medir nosso peso, usamos uma balança. Apesar de falarmos em peso, na verdade a balança mede a quantia de massa de nosso corpo. O mesmo ocorre com qualquer objeto que for pesado em uma balança, medimos a sua massa e utilizamos como unidade o quilograma e o grama.*

*Costumamos medir a massa de um corpo, por exemplo:*

*Nas feiras, quando compramos batata;*
*Nos açougues, quando compramos carne;*
*Nas padarias, quando compramos presunto;*
*Nos supermercados, quando compramos feijão.*

*Para registrarmos as unidades utilizamos as abreviações*

*kg quilograma – quilo*
*g – grama*

*Que interessante, quando queremos medir a massa de um corpo muito pesado utilizamos a tonelada.*

*Eu aprendi que de 1.000 gramas forma-se 1 kg e de 1.000 kg forma-se uma tonelada.*

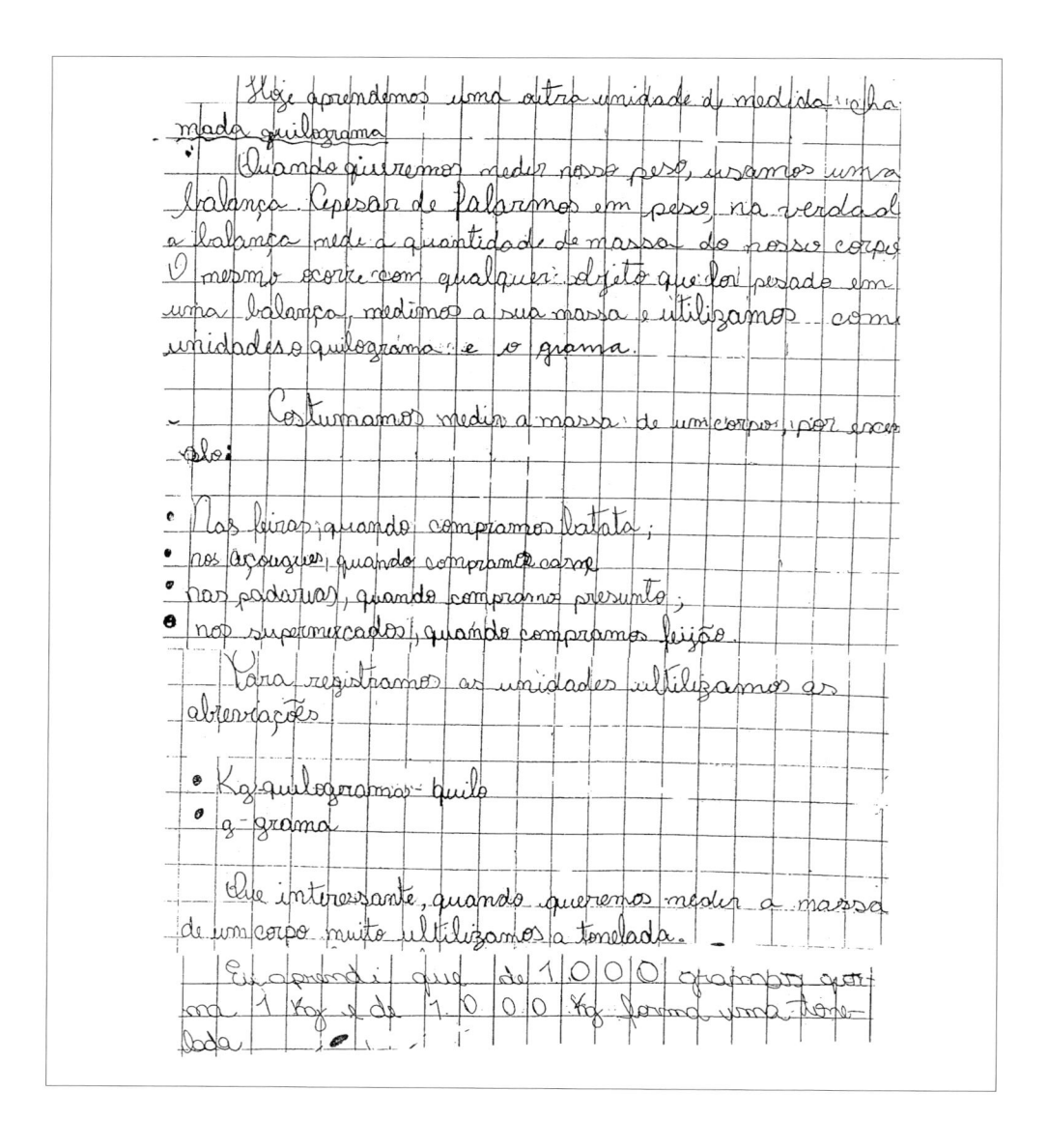

Outra possibilidade é realizar a escrita coletiva a partir de textos produzidos pelos alunos individualmente ou em duplas.

Após ter pedido aos alunos que escrevessem em duplas sobre porcentagem, a professora da 4ª série leu os textos e percebeu que seus alunos haviam compreendido as principais noções sobre o tema estudado. Porém, verificou que as idéias estavam fragmentadas, distribuídas em vários textos, e que algumas duplas tinham registrado relações importantes que precisavam ser compartilhadas com toda a classe.

De posse dessas informações, ela considerou que a síntese sobre o assunto não estava satisfatoriamente contemplada em nenhum texto isoladamente e propôs um texto coletivo que organizasse todas as informações com contribuições de todas as duplas. Essa estratégia permitiu que a versão final redigida por toda a classe esclarecesse dúvidas e contivesse as principais noções sobre porcentagem de modo coerente e preciso, podendo ser utilizadas pelos alunos sempre que necessário. Vejamos a seguir dois trechos do texto final, observando que neles aparece um trecho do texto de João e Luiz, o qual mostramos anteriormente:

### Como achar porcentagem

*Antes de mais nada você precisa saber que o inteiro é igual a 100%.*

*Exemplos:*

*Se você tiver R$ 500,00 e gastar tudo, quer dizer que você gastou 100% de seu dinheiro.*

*Se você usar a metade do dinheiro, gastou 50%.*

*Se você gastar 9 décimos, gastou 90%.*

*O inteiro não precisa ser somente utilizado em dinheiro, pode ser: pessoas, carros, objetos...*

*Veja um exemplo:*

*Supondo que fosse feita uma entrevista com 200 pessoas para saber qual é o piloto de fórmula 1 preferido pelo público na temporada de 1998.*

*Se 20 pessoas escolhessem o Rubens B. isso equivaleria a 10%.*

*200 pessoas equivale a 100%*

*200 ÷ 10 = 20*

*20 equivale a 10%*

### Cálculos básicos

*Para calcularmos porcentagem rapidamente é simples, basta fazer contas de dividir utilizando o inteiro.*

*Estas são algumas possibilidades:*

*10% você divide 100% por 10*

*50% ou seja, metade, basta dividir por 2*

*1% divida o número por 100*

*5% divida 10% por 2*

*25% ou seja, um quarto, basta dividir 100% por 4 ou 50% por 2*

*Para calcular outras porcentagens você poderá utilizar os cálculos básicos, como:*

*9% ache 10% e 1% e subtraia um do outro (10% - 1% = 9%)*

*9% ache 1% e multiplique por 9*

Outra possibilidade para garantir que os alunos expressem no texto o maior número possível de informações matemáticas com precisão é organizar com eles um roteiro prévio, oral ou escrito, do que deve ser colocado no texto, as principais idéias, a ordem em que elas foram discutidas e outros aspectos que o professor e os alunos julgarem essenciais e que possam garantir a qualidade da escrita.

Assim, se forem escrever sobre um jogo, o professor poderá preparar a escrita com a classe, fazendo um relato oral para relembrarem o que realizaram: quem são os jogadores, quantas pessoas há no grupo, quais as regras do jogo, como se faz para ganhar, qual o material utilizado, etc. Normalmente, nesse tipo de texto as informações matemáticas aparecem nas regras e na forma de ganhar e sua precisão fica mais garantida com a conversa anterior à escrita.

Se preferir, o professor pode organizar uma lista ou uma rede de idéias relacionadas ao assunto estudado para depois utilizar esse roteiro na elaboração do texto que sistematiza as idéias do grupo de alunos. Um exemplo disso pode ser observado nos textos de uma classe de alfabetização que havia estudado polígonos através de mosaicos:

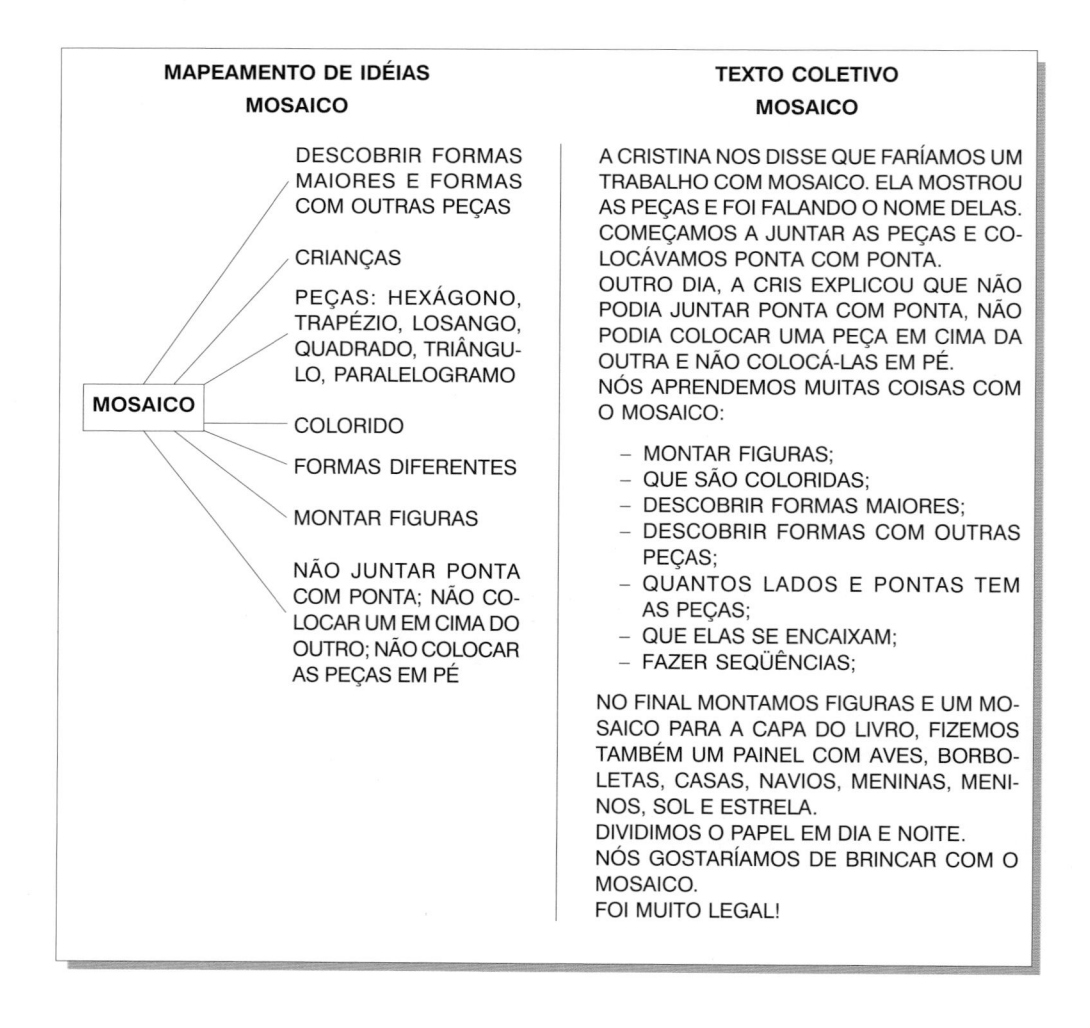

**MAPEAMENTO DE IDÉIAS**
**MOSAICO**

MOSAICO
- DESCOBRIR FORMAS MAIORES E FORMAS COM OUTRAS PEÇAS
- CRIANÇAS
- PEÇAS: HEXÁGONO, TRAPÉZIO, LOSANGO, QUADRADO, TRIÂNGULO, PARALELOGRAMO
- COLORIDO
- FORMAS DIFERENTES
- MONTAR FIGURAS
- NÃO JUNTAR PONTA COM PONTA; NÃO COLOCAR UM EM CIMA DO OUTRO; NÃO COLOCAR AS PEÇAS EM PÉ

**TEXTO COLETIVO**
**MOSAICO**

A CRISTINA NOS DISSE QUE FARÍAMOS UM TRABALHO COM MOSAICO. ELA MOSTROU AS PEÇAS E FOI FALANDO O NOME DELAS. COMEÇAMOS A JUNTAR AS PEÇAS E COLOCÁVAMOS PONTA COM PONTA.
OUTRO DIA, A CRIS EXPLICOU QUE NÃO PODIA JUNTAR PONTA COM PONTA, NÃO PODIA COLOCAR UMA PEÇA EM CIMA DA OUTRA E NÃO COLOCÁ-LAS EM PÉ.
NÓS APRENDEMOS MUITAS COISAS COM O MOSAICO:

- MONTAR FIGURAS;
- QUE SÃO COLORIDAS;
- DESCOBRIR FORMAS MAIORES;
- DESCOBRIR FORMAS COM OUTRAS PEÇAS;
- QUANTOS LADOS E PONTAS TEM AS PEÇAS;
- QUE ELAS SE ENCAIXAM;
- FAZER SEQÜÊNCIAS;

NO FINAL MONTAMOS FIGURAS E UM MOSAICO PARA A CAPA DO LIVRO, FIZEMOS TAMBÉM UM PAINEL COM AVES, BORBOLETAS, CASAS, NAVIOS, MENINAS, MENINOS, SOL E ESTRELA.
DIVIDIMOS O PAPEL EM DIA E NOITE.
NÓS GOSTARÍAMOS DE BRINCAR COM O MOSAICO.
FOI MUITO LEGAL!

Ler, Escrever e Resolver Problemas

Essas intervenções, que podem ser feitas tanto em produções individuais quanto em duplas, em grupos ou coletivamente, devem ser articuladas com outras mais livres, que sirvam para os alunos expressarem por si mesmos aquilo que lembram e que lhes parece mais significativo. Nesse caso, se aparecerem imprecisões matemáticas há outras formas de lidar com elas.

Quando a professora da 3ª série pediu a seus alunos que escrevessem em duplas cartas para uma outra classe, falando sobre o cubo, percebeu que, mesmo conhecendo bem esse sólido geométrico, havia algumas imprecisões nas informações matemáticas contidas nas cartas dos alunos, quer conceituais, quer de uso do vocabulário específico da geometria. Então, ela listou as frases dos alunos que julgou essenciais a serem revistas e organizou-as em uma folha que reproduziu para os alunos. Depois, analisou e reescreveu cada frase com a classe toda:

Parte da atividade tinha como comando: Sublinhe com lápis colorido, o que em cada frase está incorreto matematicamente. Justifique o erro reescrevendo corretamente este trecho do texto de seu colega.

Feito isso, pediu que as duplas revissem suas cartas e reformulassem as frases que julgassem necessárias para tornar o texto mais claro e preciso antes de enviá-lo para a 2ª série. Vejamos a reformulação que Janaina e Ana Luiza fizeram em sua carta, mostrada anteriormente neste capítulo:

**Revendo o texto**

*O cubo*

*Caros alunos e professora da 2ª C, estamos escrevendo para mostrar tudo o que nós sabemos sobre o cubo.*

*Uma das 1ª coisas é: 1 – O cubo é um sólido geométrico. 2 – Ele é formado por seis quadrados. 3 – As faces são os lados, as arestas são as linhas e os vértices são as pontas. 4 – Os cubos tem 6 faces e também 12 arestas e tem 8 vértices. 5 – A planificação é aberta e o sólido é fechado. 6 – O cubo é um prisma diferente dos outros ele tem lados iguais, ele é bem diferente da pirâmide, porque a pirâmide tem lados feito de triângulos e em baixo pode ser: quadrado, retângulo, paralelogramo e até mesmo triângulos. 7 – Com triângulos no lado de baixo a pirâmide chama-se tetraedro.*

Do ponto de vista conceitual, havia pouco a ser alterado pela dupla na carta inicial. No entanto, a discussão fez com que elas acrescentassem novas informações que obtiveram na discussão coletiva e julgaram importantes mencionar em seu texto. Tal acréscimo, para o professor, é um indício de que ocorreu nova aprendizagem para essa dupla.

Intervenções diretas, quando se faz a leitura de um texto com a classe ou observações para cada aluno, também são úteis. O texto a seguir foi produzido por Núbia, da 2ª série, após realizar um jogo para iniciar a memorização das tabuadas:

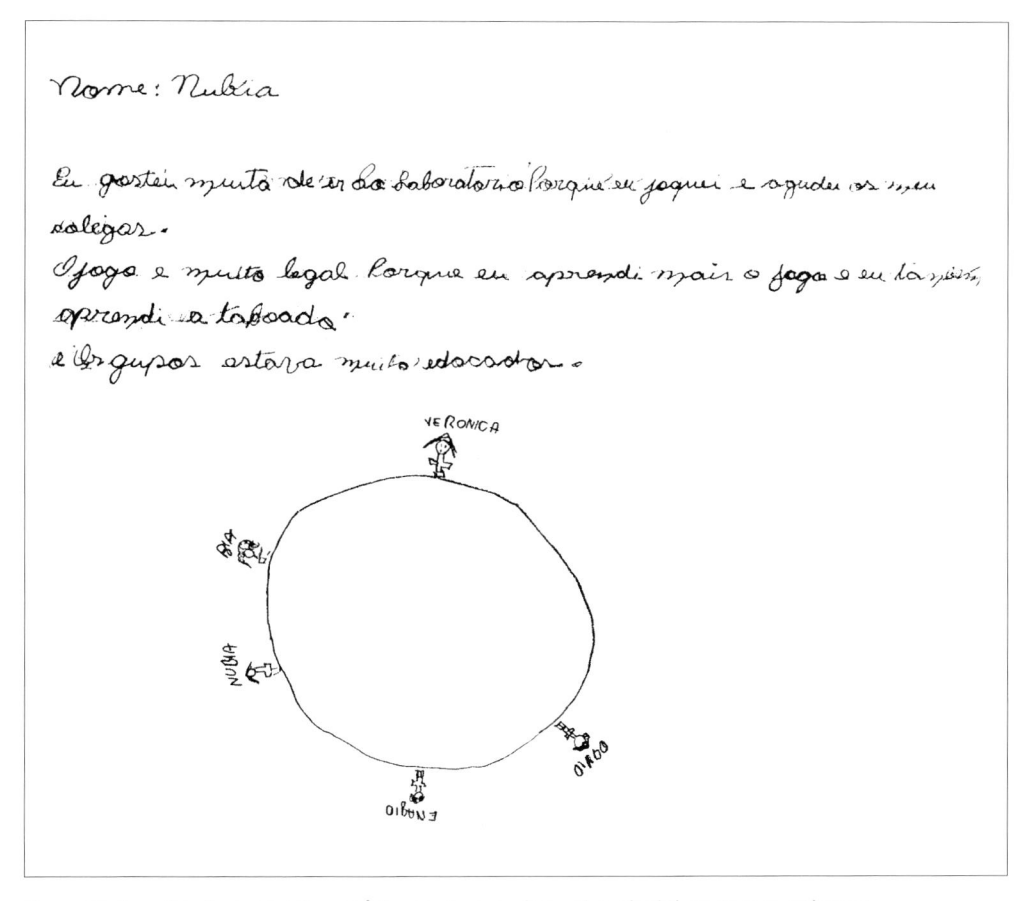

Eu gostei muito de ir ao laboratório porque eu joguei e ajudei os meus colegas.
O jogo é muito legal porque eu aprendi mais o jogo e eu também aprendi taboada, e os grupos estava muito edocados.


Para além dos aspectos textuais, ao conduzir a revisão, a professora poderia propor algumas questões relacionadas a aspectos matemáticos que, depois de respondidas, poderiam ser incorporadas ao texto: Como você ajudou seus colegas? O que é tabuada? Você pode dar um exemplo de como se faz uma jogada?

Também é possível que o próprio professor escolha um dos textos dos alunos, faça a reformulação e apresente o texto original e sua rescrita à classe, conduzindo uma comparação entre os dois. Podemos ver esse recurso utilizado abaixo por uma professora de 3ª série quando realizou uma atividade de medidas com os alunos:

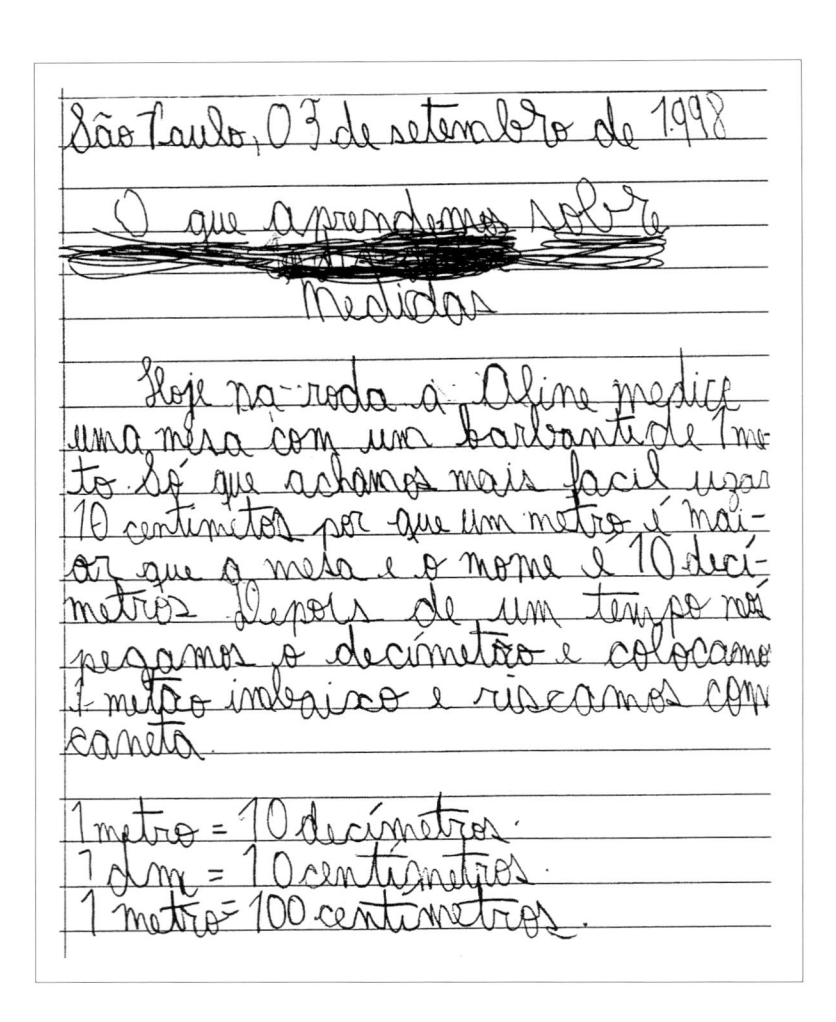

> São Paulo, 03 de setembro de 1998
>
> ~~O que aprendemos sobre~~
>
> Medidas
>
> Hoje na roda a Aline mediu uma mesa com um barbante de 1 metro. Só que achamos mais fácil usar 10 centímetros por que um metro é maior que a mesa e o nome é 10 decímetros. Depois de um tempo nós pegamos o decímetro e colocamos 1 metro inbaixo e riscamos com caneta.
>
> 1 metro = 10 decímetros
> 1 dm = 10 centímetros
> 1 metro = 100 centímetros

**Texto Original**

*O que aprendemos sobre medidas*

*Hoje na roda a Aline mediu uma mesa com um barbante de 1 metro. Só que achamos mais fácil usar 10 centímetros por que um metro é maior que a mesa e o nome é 10 decímetros. Depois de um tempo nós pegamos o decímetro e colocamos o metro imbaixo e riscamos com caneta.*

*1 metro = 10 decímetros*

*1 dm = 10 centímetros*

*1 metro = 100 centímetros*

**Texto Reescrito**

*Hoje na aula de matemática fizemos uma atividade sobre medidas.*

*A classe formou uma roda e a Aline foi chamada pela professora para medir o comprimento e a largura de uma carteira com um barbante de um metro.*

*Nós vimos que o metro era maior que a largura e o comprimento da mesa e, por isso, achamos mais fácil usar um pedaço menor para medir. Escolhemos o barbante de 10 centímetros.*

*Vimos que a largura da mesa era de 40 centímetros e o comprimento era de 60 centímetros.*

*Depois de um tempo nós pegamos o barbante de 10 centímetros e colocamos o metro de barbante embaixo e riscamos com a caneta. Vimos que em 1 metro cabem dez vezes o barbante de 10 centímetros.*

*Aprendemos que o nome do barbante de 10 centímetros era decímetro e também que:*

*1 metro = 10 decímetros*

*1 decímetro = 10 centímetros*

*1 metro = 100 centímetros*

Ao compararem os dois textos, os alunos podem não só perceber uma estrutura mais definida na escrita da professora, mas também ter maior consciência do que conheceram, observar uma maneira clara de expressar o que aprenderam e ver a necessidade de expor com mais detalhes essas informações.

Finalmente, um outro modo importante de intervenção do professor para que seus alunos evoluam na escrita de textos em matemática é propor uma variedade de tipos de textos a serem produzidos, objetivo ao qual nos dedicaremos a seguir.

## PRODUZINDO TEXTOS DIVERSOS

Inicialmente, os textos a serem propostos nas aulas de matemática devem ser mais simples: não precisam apresentar necessariamente ligações diretas com a matemática, podem servir para resumir e organizar as idéias de uma aula ou mostrar instruções de um jogo.

Assim, podemos pedir aos alunos que, após construírem uma figura com o Tangram em uma aula de geometria, escrevam uma história que tenha como personagem a figura que criaram:

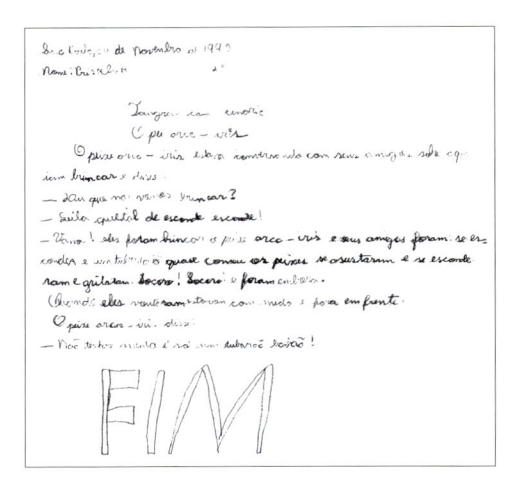

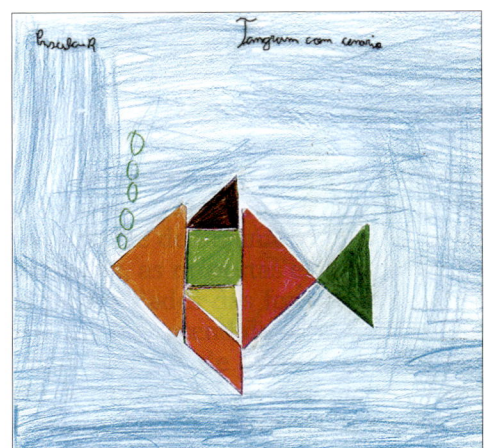

**Tangram com cenário**

*O peixe arco-íris*

*O peixe arco-íris estava conversando com seus amigos sobre o que iam brincar e disse:*

*– Du que nos vamos brincar?*

*– Seila quetal de esconde esconde!*

*– Vamos! eles foram brincar o peixe arco-iris e seus amigos foram se esconder e um tubarão quase comeu os peixes se assustaram e se esconderam e gritaram. Socorro! Socorro! e foram embora.*

*Quando eles voutaram estavam com medo e fora em frente.*

*O peixe arco-iris disse:*

*– Não tenhão medo é só um tubarão bobão!*

*FIM*

No início, também podemos propor que os alunos produzam textos curtos, como bilhetes, pequenos relatos, resumos ao final de uma aula, ou de uma semana, sobre o que de mais importante aprenderam ou mesmo solicitar que escrevam com suas próprias palavras uma explicação sobre uma noção específica – fração, porcentagem, área, quadrado, etc. Este é o caso de um pequeno relatório escrito por um aluno de 1ª série.

**Relatório sobre sólidos geométricos**

*Aprendemos que as faces são os lados dos sólidos.*

*Arestas são as dobras de duas faces.*

*Vértices: são os pontos de encontro das arestas.*

*Contamos o número de faces, vértices e arestas de três sólidos.*

*Chegamos a conclusão que o cubo e o paralelepípedo tem a mesma quantidade de faces e arestas.*

Conforme os alunos habituam-se a escrever e de acordo com as intervenções que o professor faz, é possível fazer propostas mais sofisticadas, como sínteses sobre regularidades observadas na análise de uma tabela.

*Descobrimos que quando queremos multiplicar um número por 10 é só acrescentarmos um zero a ele.*

*Para multiplicarmos por 20, primeiro multiplicamos por 2 e, em seguida, acrescentamos um zero.*

*E, finalmente, para multiplicarmos por 30, multiplicamos por 3 e depois acrescentamos um zero.*

*Vimos que essa regra serve para qualquer número que tenha zero. Se houver um zero acrescentamos um zero, se houver dois zeros acrescentamos dois zeros ao resultado. E assim por diante.*

Ou um artigo para jornal, explicando as conclusões tiradas a partir de um gráfico, como este feito por uma 4ª série sobre o rodízio na cidade de São Paulo:

## ACORDA SÃO PAULO! O RODÍZIO NOS PEGOU!

Na 4ª série B, o número de alunos que utilizam carro para vir à escola é muito grande.

○ carro
● a pé
● ônibus

fonte: alunos da 4ª série B.

*Aqui em São Paulo está acontecendo o rodízio, que está dificultando, a ida a escola dos alunos do colégio. Pela nossa pesquisa, 27 alunos vão de carro, 6 vão a pé e apenas 1 deles vai de ônibus escolar. Como podemos ver a maioria vem de carro, por isso muitos faltam a aula, vêm a pé, pede carona. Isso acontece por causa do rodízio.*

É possível até mesmo elaborar textos que podem parecer estranhos ao universo racional da matemática, como os poemas e as rimas. O poema, de uso comum nas aulas de língua portuguesa, também pode auxiliar na aprendizagem matemática. Quando a poesia é combinada com o ensino de matemática, emoção e sensibilidade são trazidos para a aula.

Smole & Diniz

A poesia entusiasma, surpreende, faz criar, compreender. Ela apela para o senso de humor dos alunos e seu encanto com a linguagem. Ao mesmo tempo, auxilia os alunos a encontrarem e aprofundarem o significado pessoal para assuntos e temas variados.

Podemos iniciar o uso de poemas com acrósticos, pequenas rimas ou trava-línguas que envolvam termos matemáticos. Vejamos, por exemplo, o acróstico que alunos de Educação Infantil fizeram para a palavra problema:

**P** ensar
**R** esponder só não vale!
**O** bservar
**B** rincar também vale.
**L** er para
**E** ntão, entrar na
**M** ágica de
**A** prender problemas.

### Jardim III A

No entanto, para utilizarmos poemas nas aulas de matemática, é preciso que tenhamos o hábito de fazê-lo antes em língua materna (Kaufman e Rodriguez, 1996; Jolibert, 1994) para que os alunos estejam familiarizados com a linguagem poética e com os estilos de poemas – rimado, concreto, cinético, etc. – a fim de que haja referências sobre poemas para que depois os alunos possam expressar-se em matemática.

Os temas mais variados podem gerar escrita de poemas nas aulas de matemática, como estes feitos por alunos da 3ª série:

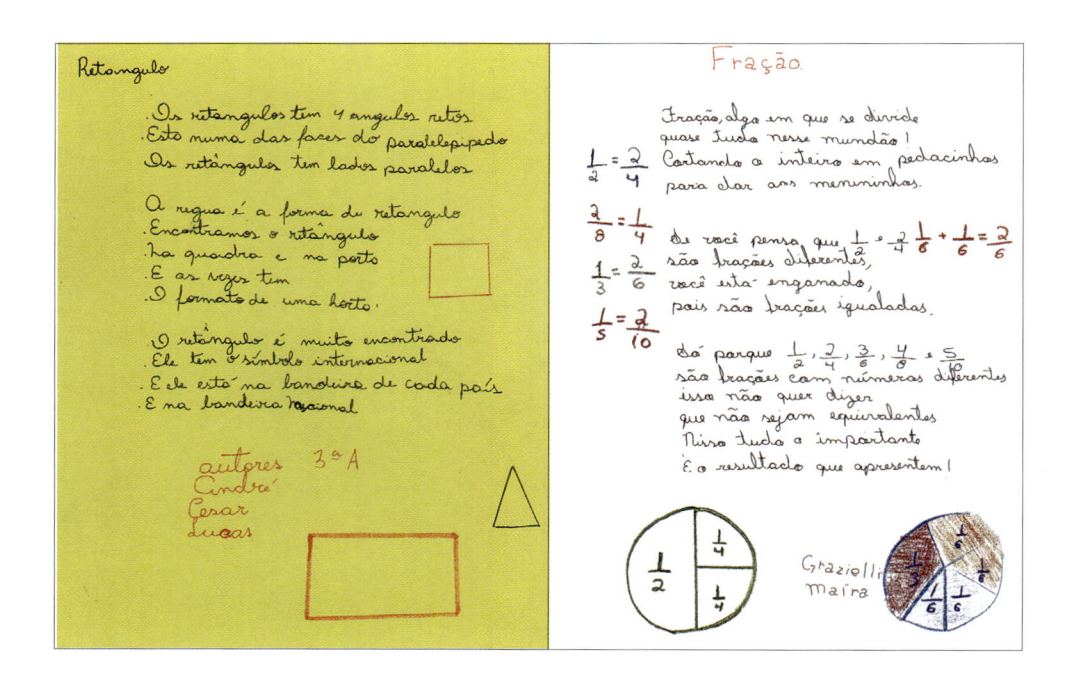

Ou o poema cinético elaborado por um aluno de 2ª série quando estudava medidas de tempo:

> **TIC-TAC**
>
> Tic-tac passa tempo
> passa hora
> vai embora
>
> Olha o ponteiro
> ele roda tanto que
>
> tic-tac, tic-tac, tic-tac, tic-tac, tic-tac
>
> A hora passa
> só que não para
> é tic-tac aqui e ali
> tic-tac,
>   tic-tac
> isso não para!
> Tic-tac, tic-tac,
> tic-tac, tic-tac.

Os alunos de uma 4ª série estavam estudando círculo e circunferência, bem como o modo de construi-los com o compasso. Usando régua e compasso, eles deveriam produzir uma figura que contivesse circunferências e depois escrever, em classe, um poema a partir da figura com explicações sobre o que cada um conhecia sobre círculos e circunferências. Vejamos o desenho e o poema de Endy Ara:

### Riscos, círculos e circunferências

*Pinturas e belezas
Um mundo em preto e branco
Com apenas circunferências
Sem nem mesmo um ângulo.
Apenas círculos redondos.
Nem ao menos corpos sólidos.*

*Régua, compasso
E a mão de um artista.
A paciência faz parte.
Tem que ser bem otimista.*

*De um minuto em diante
Comecei a reparar
Umas cores esquisitas
Lá no fundo a flutuar.*

*Só depois que percebi
Que poderia criar
Lindas e legais circunferências
Para o desenho se transformar.*

*O compasso criou a circunferência
O lápis pintou o círculo
Será que o compasso é mais importante?
Ou a circunferência não depende do círculo?*

*Se o compasso do big bang
Não estivesse bem afiado
Será que seria possível
vivermos num mundo quadrado?*

Esses poemas puderam ser produzidos com tanta beleza porque, anteriormente, os alunos haviam lido outros poemas, feito paráfrases dos que mais gostaram e analisado informalmente estilos diferentes de poesias.

Outro tipo de texto que podemos propor para os alunos em aulas de matemática é a história em quadrinhos. Seja porque constitui uma das variedades mais difundidas de texto entre as crianças, ou por mesclar harmonicamente recursos lingüísticos e pictóricos, buscando a participação ativa do leitor por via assistemática, anedótica, emocional, a história em quadrinhos exerce um fascínio sobre os alunos e costuma ser um dos recursos de escrita nas aulas de matemática pelo qual eles podem expressar-se com bastante interesse e certa facilidade.

Vejamos o fragmento de uma história em quadrinhos produzida por alunos de 3ª série quando estudavam polígonos:

Conforme percebe que seus alunos tornam-se mais envolvidos com a escrita nas aulas, o professor pode ainda propor desafios maiores, como fez uma professora de 3ª série que dividiu a classe em grupos, propôs que escolhessem assuntos sobre os quais mais haviam gostado de estudar no primeiro semestre e que escrevessem, durante todo o segundo semestre, um livro sobre o tema escolhido. Os grupos e a professora dedicaram a esse trabalho uma aula por semana de agosto a novembro quando, então, depois de um processo cheio de idas e vindas, interferências e reformulações, os livros ficaram prontos. Vejamos a seguir as capas de dois deles:

Este livro, cujo tema eram os poliedros, contava uma história de caça ao tesouro vivida por um arqueólogo.
A história ocorre dentro de uma pirâmide e as pistas para encontrar o tesouro são ligadas a propriedades de sólidos, como, número de faces, vértices e arestas.

Este livro teve como tema os números e as operações e contava a história de Paulo e Laura, duas crianças que resolvem fazer uma coleção de bolas, figurinhas e "tazos" e que precisaram resolver muitos problemas por causa disso.
Para superar suas dificuldades, elas acabam indo parar no mundo dos números e vivendo muitas aventuras por lá.

## ARQUIVANDO OS TEXTOS

Os textos produzidos pelos alunos podem ir para o caderno, que ganha com isso uma dimensão bem mais ampla do que ser um mero armazenador de exercícios e lição de casa. Também podem ser arquivados em uma pasta, ou portfólio, com espaço para que os alunos destaquem suas melhores produções, o que faz com que eles avaliem suas produções constantemente e percebam a própria evolução, ou podem ser encadernados em um pequeno livro de textos produzidos ao longo de um ano.

O importante é que eles sejam guardados de algum modo para serem utilizados sempre que preciso. Isto garante autorias, faz com que os alunos construam a memória de sua aprendizagem, valorizem as produções pessoais e percebam que o conhecimento em matemática é um processo vivo e dinâmico do qual eles também participam.

## A ESCRITA COMO INSTRUMENTO DE AVALIAÇÃO

A avaliação como elemento integrante do processo de ensinar e aprender ganha um forte aliado nos textos escritos pelos alunos. Isso ocorre porque os textos dos alunos, aliados às observações que o professor faz durante as aulas, fornecem muitas informações sobre o que compreenderam, que dúvidas apresentaram ou que aspectos do trabalho foram mais relevantes. Esse conjunto de informações possibilita ao professor refletir sobre os alunos e também sobre seu próprio trabalho, constatando o que cada aluno compreendeu daquilo que intencionava que aprendessem e o que precisa ser retomado.

Se a proposta de avaliação do professor fundamentar-se na crença de que avaliar serve para promover a aprendizagem, através dos dados obtidos ao produzir textos escritos com seus alunos, ele poderá realizar novas ações de ensino.

Assim, quando Maira escreveu: "Eu sei que números decimais são números inexatos menores que 1 inteiro", a professora da classe teve uma informação clara de que sua aluna mostrava uma incompreensão: para ela, números como 1,03 não eram decimais.

Nesse momento, cabia uma intervenção, como, por exemplo, preparar uma aula na qual os números decimais maiores do que um inteiro fossem discutidos, ou colocar a frase de Maira para uma reflexão conjunta com a classe, ou mesmo confrontar essa frase com alguma de outra criança que dissesse o contrário do que Maira escreveu.

Analisar os escritos dos alunos como instrumento de avaliação é quase sempre bem mais eficaz do que obter dados a partir de uma prova pontual. Vejamos mais um exemplo.

Pedro, um aluno da 1ª série, escreveu a seguinte descrição do que entendia por unidade, dezena, centena e milhar:

*Unidade representa 1, 2, 3, 4, 5, 6, 7, 8, 9 ou melhor 1+1, 2+1, por exemplo.*

*Dezena representa 10, 20, 30, 40, 50, 60, 70, 80, 90 ou 10+20 e 20+90.*

*Centena representa 100, 200, 300, 400, 500, 600, 700, 800, 900.*

*Milhar representa 1000, 2000, 3000.*

Já Gabriel, aluno da mesma classe, escreveu:

*Eu aprendi que a dezena é uma barra ▯ e a gente pode fazer muitas coisas.*

*A unidade é um quadrado assim ▯.*

*A centena é uma placa assim ▯.*

*E a milhar que é 10 placas ou 1000 unidades assim ▯.*

*Unidade ▯*

*Dezena ▯*

*Centena ▯*

*Milhar ▯*

Analisando os dois textos, a professora compreendeu que Pedro havia percebido que as unidades podiam ser representadas não apenas por algarismos isolados, mas também por relações aritméticas entre eles. Notou ainda que havia clareza de Pedro de que as unidades iam de 1 em 1, as dezenas de 10 em 10, as centenas de 100 em 100 e assim por diante, descobrindo que Pedro possuía habilidades para contar de 10 em 10, de 100 em 100 e até de 1000 em 1000.

No entanto, seu texto não dava indícios de que ele estabelecia relações entre unidades, dezenas, centenas e unidades de milhar. Para obter essa informação, ela poderia propor uma outra atividade, na qual as relações de valor fossem exigidas ou perguntar direto a ele.

Com relação a Gabriel, a professora teve uma certeza: o trabalho que ela vinha desenvolvendo fez com que esse aluno vinculasse as noções de unidade, dezena, centena e unidade de milhar ao material usado. Aparentemente, Gabriel via a dezena como uma das peças, e não necessariamente como uma relação numérica ou uma quantidade.

Nesse momento, a professora pode tomar uma decisão com relação ao seu próprio trabalho junto à classe, procurando abordar o sistema de numeração com atividades que não usem sempre o mesmo material e possibilitem a Gabriel perceber novas relações numéricas.

Como último exemplo da utilização do texto como instrumento de avaliação, queremos voltar ao poema de Endy Ara sobre círculos e circunferência. Quando pediu as alunos que fizessem um desenho usando compasso e depois escrevessem a partir dele um texto que envolvesse círculos e circunferências, a professora de Endy Ara tinha como intenção avaliar a compreensão dos alunos sobre essas figuras geométricas.

Com o desenho, poderia obter informações relativas a como os alunos compunham e decompunham figuras a partir do círculo; contudo, foi a partir do texto que vieram os elementos decisivos para sua compreensão do que os alunos sabiam ou não. No caso de Endy Ara, alguns trechos do poema deixaram explícito para a professora que ela realmente compreendera o que era essencial naquele momento sobre círculo e circunferência.

**Nos versos**

*Um mundo em preto e branco*
*Com apenas circunferências*
*Sem nem mesmo um ângulo.*
*Apenas círculos redondos.*
*Nem ao menos corpos sólidos.*

A professora pôde verificar que a aluna sabia que as circunferências não têm ângulos e que os círculos são redondos e planos.

Já no trecho:

*O compasso criou a circunferência*
*O lápis pintou o círculo*
*Será que o compasso é mais importante?*
*Ou a circunferência não depende do círculo?*

é possível notar claramente que ela diferencia círculos de circunferências, um dos objetivos de trabalho da professora. Talvez uma prova convencional não permitisse tamanha clareza.

Com esses exemplos e sugestões, não pretendemos esgotar as possibilidades de trabalho com escritas nas aulas de matemática, mas apenas enriquecer a prática dos professores e mostrar que escrever é uma habilidade que se ensina na escola, inclusive nas aulas de matemática.

Cada professor conhece seus alunos e sabe as maneiras mais ou menos úteis para atuar com eles. Também queremos mostrar que a escrita adequada e precisa é um estágio final, ao qual não é possível chegar a não ser por aproximações sucessivas, através de um processo significativo, estimulante, mas contínuo, lento e trabalhoso, o qual depende certamente do encanto que os alunos encontram na escrita e da vontade do professor em fazer com que eles tenham uma aprendizagem significativa em matemática, tornando-se leitores e escritores. A partir de uma experiência como essa, nasceu o texto a seguir, feito por um aluno de 4ª série após uma aula de geometria na qual a professora utilizou uma dobradura:

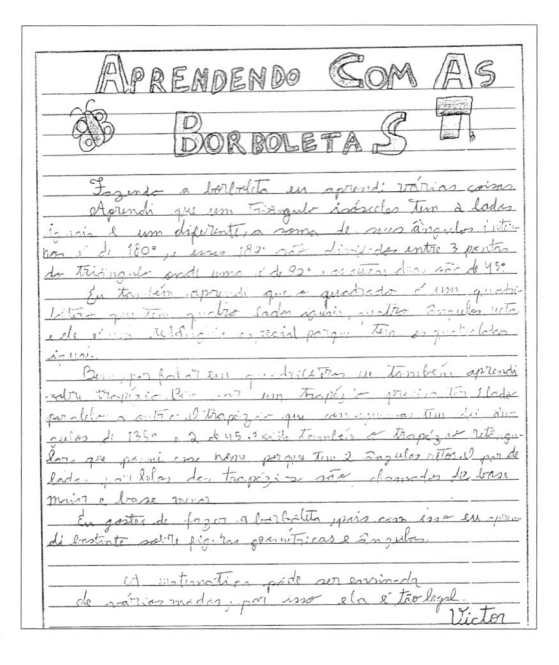

### Aprendendo com as borboletas

*Fazendo a borboleta eu aprendi várias coisas.*

*Aprendi que um triângulo isósceles tem 2 lados iguais e um diferente, a soma de seus ângulos internos é 180°, e esses 180° são divididos entre três pontas do triângulo onde uma é de 90° e as outras duas são de 45°.*

*Eu também aprendi que o quadrado é um quadrilátero que tem quatro lados iguais, quatro ângulos retos e ele é um retângulo especial porque tem os quatro lados iguais.*

*Bem, por falar em quadriláteros eu também aprendi sobre trapézio. Para ser um trapézio precisa ter um lado paralelo a outro. O trapézio que conseguimos tem dois ângulos de 135° e 2 de 45°. Existe também o trapézio retângulo que possui esse nome porque tem 2 ângulos retos. O par de lados paralelos dos trapézios são chamados de base maior e base menor.*

*Eu gostei de fazer a borboleta, pois com isso eu aprendi bastante sobre figuras geométricas e ângulos.*

*A matemática pode ser ensinada de vários modos, por isso ela é tão legal.* **Victor**

Será que escreveríamos melhor?

## REFERÊNCIAS BIBLIOGRÁFICAS

ELLIOT, P.C.; KENNEY, M.J. (Orgs.). *Communication in Mathematics K-12 and Beyond*. Reston: NCTM, Yearbook 1996.

JOLIBERT, J. *Formando crianças produtoras de textos*. Porto Alegre: Artes Médicas (Artmed), 1994. v.2

KAUFMAN, A.M. et al. *Alfabetização de crianças: construção e intercâmbio*. 7. ed. Porto Alegre: Artes Médicas (Artmed), 1998.

KAUFMAN, A.M.; RODRIGUEZ, M.E. *Escola, leitura e produção de textos*. Porto Alegre: Artes Médicas (Artmed), 1996.

LANDSMANN, L.T. *Aprendizagem da linguagem escrita: processos evolutivos e implicações didáticas*. São Paulo: Ática, 1995.

MACHADO, N.J. *Epistemologia e didática*. São Paulo: Cortez, 1995.

NORWOOD, K.; CARTER, G. Journal Writing: an insight into students' understanding. *Teaching Children Mathematics*, nov., p. 146-148, 1994.

SEE/ Departamento de Ensino de Primeiro Grau. *Ensinar e aprender – língua portuguesa*. Impulso Inicial, Paraná, 1997. v.1 e 2.

SOLÉ, I. *Estratégias de leitura*. Porto Alegre: Artes Médicas (Artmed), 1998.

## capítulo 3

## Ler e Aprender Matemática
### Kátia C.S. Smole e Maria Ignez Diniz

Em qualquer área do conhecimento, a leitura deve possibilitar a compreensão de diferentes linguagens, de modo que os alunos adquiram uma certa autonomia no processo de aprender. Em uma situação de aprendizagem significativa, a leitura é reflexiva e exige que o leitor se posicione diante de novas informações, buscando, a partir da leitura, novas compreensões.

Neste capítulo, pretendemos analisar a importância de ensinar os alunos a lerem com compreensão nas aulas de matemática e indicar algumas sugestões de atividades para propiciar a aprendizagem, a partir da leitura, também nessa disciplina.

É comum os professores acreditarem que as dificuldades apresentadas por seus alunos em ler e interpretar um problema ou exercício de matemática estão associadas à pouca habilidade que eles têm para leitura. Também é comum a concepção de que, se o aluno tivesse mais fluência na leitura nas aulas de língua materna, conseqüentemente ele seria um melhor leitor nas aulas de matemática.

Embora tais afirmações estejam em parte corretas, uma vez que ler é um dos principais caminhos para ampliarmos nossa aprendizagem em qualquer área do conhecimento, consideramos que não basta atribuir as dificuldades dos alunos em ler textos matemáticos à sua pouca habilidade em ler nas aulas de língua materna.

Um dos diversos desafios a serem enfrentados pela escola é o de fazer com que os alunos sejam leitores fluentes, pois grande parte das informações de que necessitamos para viver em sociedade e construir conhecimento são encontradas na forma escrita.

Entre as diversas metas a serem perseguidas pela escola fundamental, deve merecer atenção especial que os alunos aprendam progressivamente a utilizar a leitura para buscar informação e para aprender, podendo exprimir sua opinião própria sobre o que leram. Ao final do ensino fundamental, é preciso que os alunos possam ler textos adequados para sua idade de maneira autônoma e aprender sobre diferentes áreas do conhecimento através da leitura, estabelecendo inferências, fazendo conjecturas, relendo o texto e conversando com outras pessoas sobre o que foi lido. Nossos estudos têm mostrado que é cada vez mais importante que a leitura seja objeto de preocupação também nas aulas de matemática, assunto que abordaremos neste capítulo.

## NOSSA CONCEPÇÃO DE LEITURA

Todas as pesquisas desenvolvidas ao longo dos últimos tempos sobre como tornar os alunos leitores competentes têm sido unânimes em afirmar que o ato de ler está alicerçado na capacidade humana de compreender e interpretar o mundo. Ler é um ato de conhecimento, uma ação de compreender, transformar e interpretar o que o texto escrito apresenta.

A leitura constrói-se na interação entre o leitor e o texto por meio de um processo no qual o pensamento e a linguagem estão envolvidos em trocas contínuas. Ler é uma atividade dinâmica, que abre ao leitor amplas possibilidades de relação com o mundo e compreensão da realidade que o cerca, que lhe permite inserir-se no mundo cultural da sociedade em que vive.

A leitura reflexiva exige que o leitor posicione-se e situe-se diante de novas informações, que busque no texto novas compreensões, podendo fazer fluir muitas experiências, novos desafios, e desenvolver abertura para compreender melhor outros textos. Para isso, é necessário compreender o que o texto expressa, perceber a intenção do autor, produzir questionamentos, dúvidas e discordâncias. A leitura, portanto, pode ser vista como um processo de comunicação, se sua prática gera reflexão, traz o novo, confirma ou contesta opiniões, provoca conflitos.

A compreensão de um texto é um processo que se caracteriza pela utilização que o leitor faz, no ato de ler, do conhecimento que ele adquiriu ao longo de sua vida: o conhecimento lingüístico, o conhecimento textual, o conhecimento de mundo. Para chegar à compreensão do que leu e, conseqüentemente, para aprender algo novo a partir da leitura realizada, é preciso que conhecimentos anteriores sejam ativados durante a leitura e que o leitor indague, questione, busque e procure identificar os aspectos relevantes de um texto, encontrando pistas e percebendo os caminhos que o texto sugere.

Compreender um texto é uma tarefa difícil, que envolve interpretação, decodificação, análise, síntese, seleção, antecipação e autocorreção. Quanto maior a compreensão do texto, mais o leitor poderá aprender a partir do que lê. Se há uma intenção de que o aluno aprenda através da leitura, não basta simplesmente pedir para que ele leia, nem é suficiente relegar a leitura às aulas de língua materna; torna-se imprescindível que todas as áreas do conhecimento tomem para si a tarefa de formar o leitor.

## LER PARA APRENDER MATEMÁTICA

Há uma especificidade, uma característica própria na escrita matemática que faz dela uma combinação de sinais, letras e palavras que se organizam segundo certas regras para expressar idéias.

Além dos termos e sinais específicos, existe na linguagem matemática uma organização de escrita nem sempre similar àquela que encontramos nos textos de língua materna, o que exige um processo particular de leitura. Podemos ver isso no exemplo abaixo, em que lemos o algoritmo ora na horizontal, ora na vertical e também na diagonal:

$$\begin{array}{r} 154 \\ + \phantom{0}17 \\ \hline 171 \end{array}$$

Essas características levam-nos a considerar que os alunos devem aprendem a ler matemática e ler para aprender matemática durante as aulas dessa disciplina, pois para interpretar um texto matemático, o leitor precisa familiarizar-se com a linguagem e os símbolos próprios desse componente curricular, encontrando sentido no que lê, compreendendo o significado das formas escritas que são inerentes ao texto matemático, percebendo como ele se articula e expressa conhecimentos.

Durante as aulas em que são discutidos conceitos e procedimentos matemáticos é que temos as melhores condições para que se desenvolva a leitura em matemática. No entanto, formar um leitor não é uma tarefa simples e envolve uma série de processos cognitivos, e por que não dizer afetivos e sociais, que permitirão uma aprendizagem mais ou menos significativa, dependendo de quanto o professor valoriza as leituras nas aulas de matemática. Do mesmo modo que ocorre nas aulas de língua materna, é muito difícil que alguém que não valorize a leitura, que não sinta prazer em ler, consiga transmiti-lo aos demais.

Podemos organizar várias atividades cujo uso cuidadoso e contínuo auxiliarão os alunos a tornarem-se leitores autônomos em matemática. Há muitas maneiras de cuidarmos da leitura em aulas de matemática e de variarmos seus objetivos: ler para aprender, ler para obter uma informação, ler para seguir instruções, ler por prazer, ler para comunicar um texto a outras pessoas (Solé, 1998).

Também consideramos necessário criar uma rotina de leitura que articule momentos de leitura individual, oral, silenciosa ou compartilhada de modo que, nas aulas de matemática, os alunos defrontem-se com situações efetivas e diversificadas de leitura. Os textos a serem lidos precisam ser adequados aos objetivos que o professor pretende alcançar e diversificados – problemas, textos de livros variados, textos de jornais, regras de jogos – a fim de que a leitura seja significativa para os alunos, correspondendo a uma finalidade que eles compreendam. É desse propósito que nos ocuparemos a partir de agora.

## TRABALHANDO A LEITURA NAS AULAS DE MATEMÁTICA

As atividades de leitura sempre têm uma finalidade. Em nossa vida como leitores, lemos por algum motivo, e isso nos auxilia a selecionar o que iremos ler e determina nosso modo de ler. Assim, segundo o tipo de informação que precisamos, buscamos um livro, um dicionário, um jornal, um gibi, ou qualquer outro portador de texto.

Também ocorre que um leitor fluente nunca lê de modo linear (Nemirovsky, 1996) ou do princípio ao fim um texto, seja ele uma lista telefônica ou uma enciclopédia. Mesmo ao ler uma história ou um romance, é comum que se pule um parágrafo ou se releia outros. Em cada situação, a forma de leitura também será determinada pela finalidade com que se lê.

Para que as crianças sejam leitoras fluentes, é preciso que as propostas de leitura em qualquer disciplina considerem as práticas habituais de um leitor autônomo nas situações escolares e ajudem os alunos a descobrirem como ler e com quais objetivos em cada caso.

Outro cuidado que devemos ter, e que está relacionado aos objetivos mencionados anteriormente, é a motivação para a leitura. Nenhuma tarefa de leitura deveria ser iniciada sem que os alunos estivessem motivados para ela, sem que estivesse claro que têm condições de saber o que irão ler e compreender o que será lido. Alguns elementos que contribuem para que a motivação ocorra são:[1]

- os objetivos da leitura estarem claros para todos;
- a leitura oferecer alguns desafios;
- o ato de ler constituir-se em uma tarefa possível para os alunos;
- o trabalho ser planejado de modo que as leituras escolhidas tenham os alunos como referência;
- os alunos terem a ajuda de que necessitarem e a possibilidade de perceberem seus avanços.

Tomando como base as considerações feitas até aqui, apresentamos a seguir um conjunto de sugestões para implementar ou mesmo aprimorar a aprendizagem a partir da leitura em matemática.

## APRENDENDO A LER PROBLEMAS

A dificuldade que os alunos encontram em ler e compreender textos de problemas está, entre outros fatores, ligada à ausência de um trabalho específico com o texto do problema. O estilo no qual os problemas de matemática geralmente são escritos, a falta de compreensão de um conceito envolvido no problema, o uso de termos específicos da matemática que, portanto, não fazem parte do cotidiano do aluno e até mesmo palavras que têm significados diferentes na matemática e fora dela – total, diferença, ímpar, média, volume, produto – podem constituir-se em obstáculos para que ocorra a compreensão.

Para que tais dificuldades sejam superadas, e para que não surjam dificuldades, é preciso alguns cuidados desde o início da escolarização, ou seja, desde o período de alfabetização. Cuidados com a leitura que o professor faz do problema, cuidados em propor tarefas específicas de interpretação do texto de problemas, enfim, um projeto de intervenções didáticas destinadas exclusivamente a levar os alunos a lerem problemas de matemática com autonomia e compreensão.

Quando os alunos ainda não são leitores, o professor pode ler todo o problema para eles e, posteriormente, quando passam a ler o texto, pode auxiliá-los nessa leitura, garantindo que todos compreendam o problema, cuidando para não enfatizar palavras-chave nem usar qualquer recurso que os impeça de buscar a solução por si mesmos. Todavia, há outros recursos dos quais podemos nos valer para explorar alfabetização e matemática enquanto trabalhamos com problemas e para auxiliar os alunos que, mesmo alfabetizados, apresentam dificuldades na interpretação dos textos de problemas.

---

[1] Para saber mais sobre motivação e leitura, indicamos Solé (1998).

Um desses recursos é escrever uma cópia do problema no quadro, ou projetar em uma tela, e fazer com os alunos uma leitura cuidadosa. Primeiro do problema todo, para que eles tenham uma idéia geral da situação, depois mais vagarosamente, para que percebam as palavras do texto, sua grafia e seu significado.

Outra possibilidade é propor o problema escrito e fazer questionamentos orais com a classe, como é comum que se faça durante a discussão de um texto, o que auxilia o trabalho inicial com problemas escritos:

- Quem pode me contar o problema novamente?
- Há alguma palavra nova ou desconhecida?
- Do que trata o problema?
- Qual é a pergunta?

Novamente, o cuidado nessa estratégia é para não resolver o problema pelos alunos durante a discussão e também não tornar esse recurso uma regra ou um conjunto de passos obrigatórios que representem um roteiro de resolução. Se providenciar para cada aluno uma folha com o problema escrito, o professor pode ainda:

- Pedir aos alunos que encontrem e circulem determinadas palavras.
- Escolher uma palavra do problema e pedir aos alunos que encontrem no texto outras que comecem, ou terminem, com o mesmo som ou com a mesma letra, escrevendo as palavras em uma lista.
- Escrever no quadro o texto do problema sem algumas palavras, pedir para os alunos olharem seus textos em duplas para descobrir as palavras que faltam e completar os textos. Conforme as palavras são descobertas, os alunos são convidados a ir ao quadro e completar os espaços com tais palavras.

Em todos esses casos, o professor pode escolher trabalhar com palavras e frases que sejam significativas para os alunos, ou que precisem ser discutidas com a classe, inclusive aquelas que se relacionam com noções matemáticas. Os problemas são resolvidos após toda a discussão sobre o texto, que a essa altura já terá sido interpretado e compreendido pela classe, uma vez que as atividades que sugerimos aqui contemplam leitura, escrita e interpretação simultaneamente.

## AMPLIANDO POSSIBILIDADES

Ao mesmo tempo em que percebe que seus alunos ganham fluência na leitura de textos diversos, o professor pode propor outras atividades que envolvam textos de problemas. A primeira delas, sem dúvida, é deixar que eles façam sozinhos a leitura das situações propostas.

A leitura individual ou em dupla auxilia os alunos a buscarem um sentido para o texto. Nessa leitura, o professor pode indicar a cada leitor que tente descobrir sobre o que o problema fala, qual é a pergunta, se há palavras desconhecidas, ou ainda explicar o problema para um colega.

Então, é possível conduzir uma discussão com toda a classe para socializar as leituras, as dúvidas e as compreensões. Mais uma vez, não se trata de resolver o problema oralmente, mas de garantir meios para que todos os alunos possam iniciar a resolução do problema sem, pelo menos, ter dúvidas quanto ao significado das palavras que nele aparecem.

Assim, se houver um dado do problema ou um termo que seja indispensável e que os alunos não conheçam ou não saibam ler, principalmente no início do ano, o professor deve revelar seu significado e proceder à leitura correta. Esse processo pode ser interrompido quando os alunos entendem o contexto dos problemas.

Também é possível que o professor proponha aos alunos que registrem, no caderno ou em um dicionário, as palavras novas que aprenderam, ou aquelas sobre as quais tinham dúvida, para que possam consultar em outras ocasiões quando necessário. Em relação àquelas palavras que tenham significados diferentes em matemática e no uso cotidiano, o ideal é que sejam registradas no caderno dos alunos com ambos os significados, inclusive com frases que ilustrem esses significados. Vejamos a seguir fragmentos de um dicionário elaborado por alunos de 4ª série:

## DICIONÁRIO DE MATEMÁTICA

### PALAVRAS – SIGNIFICADOS

**A**

**Adição** – É a noção de "juntar".

**Algarismo** – Símbolo usado para representação sistemática de números.

**E**

**Equilátero** – Triângulo que tem três lados iguais.

**Escaleno** – Triângulo que tem três lados diferentes.

**F**

**Fator** – Termo da multiplicação.

Ler, Escrever e Resolver Problemas | 75

## PROBLEMA EM TIRAS

Nessa estratégia de leitura, os alunos, em duplas e depois individualmente, recebem um problema escrito em tiras, como se fosse um quebra-cabeças que deve ser montado na ordem correta antes de ser resolvido:

| |
|---|
| Ele já colou 58 figurinhas. |
| Seu irmão deu a ele 12. |
| Quantas figurinhas ele ainda precisa comprar para completar seu álbum? |
| João coleciona figurinhas de futebol. |
| O álbum para estar completo deve ter 85 figurinhas. |
| Ele resolveu comprar todas as figurinhas que faltam na sua coleção. |

Essa proposta auxilia os alunos a perceberem como se articula o texto do problema e como é construído, enfatizando a coerência textual e a articulação da pergunta com o restante do texto. É possível modificar essa proposta para levar os alunos a refletirem sobre o papel dos dados numéricos no texto do problema. Para tanto, podemos apresentar o problema em tiras com os dados em separado para que, após organizarem as frases, os alunos coloquem os dados nas frases e resolvam o problema:

| |
|---|
| As outras já tinham quantidades iguais. |
| Juntaram _____ moedas ao todo. |
| Um grupo de _____ crianças juntou suas coleções de moedas. |
| Quantas moedas tinha cada uma das crianças? |
| Seis delas tinham _____ moedas cada uma. |
| Os números do problema são: 14, 57 e 630. |

## QUE CONTA RESOLVE?

Nessa proposta, são dados aos alunos dois ou três problemas e abaixo deles aparecem operações. A tarefa consiste em ler cada problema e associar a ele a operação adequada, justificando, oralmente ou por escrito, a escolha feita. Os problemas propostos podem ser convencionais ou não (ver Capítulo 6).

Ao realizar essa atividade com a classe, são necessários alguns cuidados, como garantir que haja entre as operações algumas que sejam inadequadas, diferentes operações que conduzam a resposta do problema ou um conjunto de operações que não se encaixem no problema proposto. Ao final da atividade, é fundamental que todos apresentem suas justificativas para as escolhas realizadas, as quais podem ser registradas no caderno. Vejamos dois exemplos de atividades desse tipo:

*Albagli é um paquiderme. Ele usa 17 sabonetes e 22 esponjas para tomar banho. Albagli toma banho de 15 em 15 dias. Quantos sabonetes ele gasta em 3 meses?*[2]

*Qual das contas abaixo leva a uma solução do problema?*

| 17 x 6 | 17 + 6 | 17 x 2 | 17 + 22 = 39 <br> 39 x 3 |
|---|---|---|---|

Podemos observar que nesse exemplo a resposta seria dada por 17x6. Acrescentamos algumas outras soluções que incluem erros comuns que os alunos cometem ao resolver o problema. Essa ação permite que os alunos leiam o texto e percebam que erros podem fazer a partir de uma leitura apressada. Um outro exemplo pode ser observado a seguir.

*Um avião pode transportar 314 passageiros. Se o avião fizer 6 viagens totalmente lotado, quantos passageiros ele vai transportar?*

*Qual das contas resolve o problema?*

| 314 : 6 | 314 - 6 | 314 x 6 | 314 + 314 + 314 + 314 + 314 + 314 |
|---|---|---|---|

Nesse caso, incluímos duas resoluções possíveis, a terceira e a quarta. Isto permite não apenas a percepção de que há mais de um modo de resolver o problema, como também auxilia o aluno a analisar as vantagens e as desvantagens de cada uma.

---

[2]Exemplo retirado de Gwinner, P. *"Pobremas": enigmas matemáticos*. São Paulo: Vozes, 1990.

## COMPARANDO DOIS PROBLEMAS

A função dessa proposta é fazer com que os alunos apropriem-se de estratégias de leitura que permitam compreender o papel dos dados e da pergunta na resolução de problemas.

São fornecidos aos alunos dois problemas para que analisem as semelhanças e as diferenças entre eles. A comparação pode ser feita em duplas ou com a classe toda, dependendo das intenções do professor. Em ambos os casos, as semelhanças e as diferenças são discutidas com os alunos e anotadas em seus cadernos.

Ao propor uma atividade como essa, é aconselhável que o professor escolha dois problemas que tenham ao menos algumas semelhanças, seja no texto ou no modo de resolução, para que haja a possibilidade de uma análise mais detalhada por parte dos alunos.

A uma classe de 2ª série foram dados os seguintes problemas para comparação:

*A – Juliana tinha 25 balas e deu 12 a uma amiga. Com quantas balas ela ficou?*

*B – Juliana deu 25 balas a uma amiga e 12 balas a outra amiga. Quantas balas ela deu?*

Vejamos o registro da análise comparativa que a classe fez coletivamente:

| **Semelhanças** | **Diferenças** |
|---|---|
| a) *nos dois problemas aparece o nome Juliana;* | a) *no primeiro problema a Juliana deu balas a uma amiga, e no segundo problema, para duas amigas;* |
| b) *nos dois problemas há 25 balas;* | b) *um problema fala que Juliana **tinha** 25 balas, e o outro, que ela **deu** 25 balas;* |
| c) *os dois problemas falam de balas;* | |
| d) *nos dois ela deu 12 balas;* | |
| e) *nos dois problemas ela deu balas a amigas.* | c) *a pergunta nos dois problemas é diferente, um pergunta com quantas balas ela **ficou**, e o outro pergunta quantas balas ela **deu**;* |
| | d) *a forma de resolver os dois problemas é diferente, porque no primeiro você tem que tirar 12 balas de 25, e no segundo você tem que juntar 25 com 12.* |

Podemos observar que, inicialmente, as comparações são bastante simples, mas, conforme os alunos lêem e discutem o texto várias vezes, surgem frases que indicam uma análise mais sofisticada. Um exemplo disso é a frase "a forma de resolver os dois problemas é diferente, porque no primeiro você tem que tirar 12 balas de 25, e no segundo você tem que juntar 25 com 12".

## QUAL É A PERGUNTA?

O objetivo dessa proposta é levar os alunos a perceberem como a pergunta de um problema está relacionada aos dados do problema e ao texto.

Apresentamos aos alunos um problema sem a pergunta e fornecemos uma série de quatro ou cinco questões que devem ser lidas e analisadas. Em duplas ou individualmente, os alunos devem decidir quais perguntas são adequadas ao problema dado. Um exemplo é o seguinte:

*João tem um livro com 120 páginas. Ele já leu 52 páginas deste livro e quer terminar a leitura em 4 dias, lendo o mesmo número de páginas em cada dia.*

*Escolha entre as perguntas a seguir aquela(s) que pode(m) ser respondida(s):*

1. *Quantos dias ele levou para ler as 52 páginas?*
2. *Quantas páginas ele deve ler por dia?*
3. *Quantas páginas ele vai ler nos dois últimos dias?*
4. *Qual é o nome do livro?*
5. *Quantas páginas faltam para ele terminar a leitura?*

Há outras intervenções didáticas que o professor pode utilizar para auxiliar os alunos a lerem e interpretarem problemas. Entre elas, destacamos a formulação de problemas pelos alunos (ver Capítulo 8). No entanto, para finalizar as nossas sugestões sobre leitura de problemas, gostaríamos de enfatizar que não basta usar uma estratégia ou outra ocasionalmente, tampouco eleger uma e trabalhar intensamente com ela. Para que os alunos sejam bons leitores de problemas, é preciso combinar constância de trabalho e diversidade de escolhas didáticas.

## APRENDENDO A LER O LIVRO DIDÁTICO

É comum que o livro didático de matemática seja utilizado como manual de exercícios, ou que seja lido exclusivamente pelo professor. Entretanto, a partir do momento em que os alunos começam a ganhar independência na leitura, especialmente a partir da 2ª série, consideramos importante que aprendam que podem ler os textos matemáticos de seus livros.

A finalidade básica de proporcionarmos momentos em que os alunos leiam o livro didático é que eles ampliem os conhecimentos de que dispõem sobre noções e conceitos matemáticos e que ganhem autonomia para buscar e selecionar informações matemáticas nos mais variados contextos, ou seja, desejamos que eles leiam para estudar e aprender.

Quando lê para obter uma informação nova, é importante que o aluno saiba o que irá ler e o que se espera que ele aprenda concretamente. As orientações para leitura e as discussões prévias são de grande ajuda no processo de decifrar o texto, bem como sua estrutura e forma de organização, além de se constituírem em ferramenta para o aluno compreender o que lê.

Para introduzir aos alunos a leitura do livro didático, sugerimos que primeiro o professor selecione previamente alguns trechos do livro, os quais estejam de acordo com os conceitos que estiver explorando no momento. Os alunos podem reunir-se em duplas ou em grupos, e o professor lê o texto com eles, ajudando-os a prestarem atenção a determinados aspectos característicos do texto matemático: títulos, exemplos, palavras especiais, uso de letras diferentes, ilustrações, etc. Isto os auxilia a perceberem do que o texto trata, de que recursos o autor dispôs para chamar atenção, destacar idéias, ilustrar uma explicação. Este também é um bom momento para discutir o uso do dicionário para consulta a palavras desconhecidas e para lembrar que eles podem anotar em seu próprio dicionário, se houver um, os novos termos matemáticos que forem aprendendo.

Outra estratégia que auxilia na introdução da leitura do livro didático é expor aos alunos o tema que será lido e pedir-lhes que falem o que sabem sobre o assunto. As idéias de cada um são anotadas e, após a leitura, eles comparam o que já sabiam com o que leram para confirmar noções, perceber novidades, detectar mudanças de opinião e confusões, entre outros aspectos.

Fazer leitura compartilhada é um outro modo que temos utilizado nessa proposta de fazer do aluno um leitor também em matemática. Ela é realizada sempre que professor e alunos assumem alternadamente a responsabilidade pela tarefa de ler. Nesse tipo de organização da leitura, ocorre simultaneamente uma demonstração de um leitor fluente, no caso o professor, e o assumir progressivo de responsabilidade de leitura pelos alunos.

A leitura compartilhada pode ser organizada em torno de quatro modalidades básicas (Solé, 1998; Kleiman, 1993): formular previsões do que será lido, formular perguntas sobre o que se leu, esclarecer dúvidas de leitura e recapitular ou resumir o texto e suas idéias centrais.

Assim, em um primeiro momento, os alunos e o professor fazem suas previsões sobre o que será lido para formularem hipóteses e acionarem conhecimentos anteriores. Em seguida, lêem em silêncio – algumas vezes, cada participante pode ler um trecho em voz alta – um texto do livro didático ou uma parte dele. Após a leitura, o professor encarrega-se de fazer uma recapitulação do que foi lido, solicitando ao grupo que complete, concorde ou discorde da retomada, podendo esquecer propositadamente alguma idéia ou fazer uma afirmação falsa sobre o texto para provocar a reflexão e a participação dos alunos. É o momento de checagem das hipóteses iniciais e do contato direto com as idéias centrais do texto.

Em seguida, levanta com a classe as dúvidas geradas pelo texto, abrindo uma discussão sobre elas, dando esclarecimentos e conduzindo as diversas falas. Posteriormente, formula algumas novas perguntas aos alunos, cuja leitura do texto é necessária para a resposta. Finalmente, os alunos podem, em duplas ou individualmente, escrever no caderno um pequeno relato da discussão.

Nessa proposta, fazer previsões significa estabelecer hipóteses razoáveis sobre o que será encontrado no texto, com base no que já foi estudado sobre o assunto ou nos conhecimentos anteriores dos alunos. O levantamento das dúvidas favorece a habilidade de o leitor autoquestionar-se quando lê: a intenção é que os alunos aprendam a formular questões pertinentes para o texto. A discussão das dúvidas tem o sentido de comprovar se o texto foi compreendido e, então, o ato de recapitular ou resumir significa ser capaz de buscar a essência do texto, expondo de modo sucinto aquilo que foi lido.

Para finalizar esse assunto, gostaríamos de dizer que estas não são seqüências rígidas, nem as únicas possíveis. Uma das formas de variar a proposta é que os alunos formulem questões a serem respondidas por todos durante ou após a leitura. O importante é que, como professores, possamos perceber que para o aluno ter autonomia no uso do livro como fonte de informações é necessário que seja auxiliado no processo de tornar-se leitor.

## O RECURSO AOS TEXTOS PARADIDÁTICOS

Os livros paradidáticos de matemática tratam de alguns temas ou idéias de modo diferente do que geralmente é proposto em um livro didático, ou mesmo de assuntos que não encontramos nos livros didáticos.

Normalmente, o tema do livro é abordado por meio de uma história, de problemas ou desafios que não apenas incentivam os alunos a lerem e refletirem, mas também fazem com que eles ampliem seus conhecimentos de matemática, leitura e escrita. Os paradidáticos, muitas vezes, trazem noções de diferentes áreas e sua utilização também pode contribuir para um trabalho integrado com outras disciplinas.

Ao realizar o trabalho com paradidáticos, o professor pode aproveitar algumas das sugestões que demos para a leitura de didáticos. Há, ainda, a possibilidade de fazer leitura intuitiva ou preditiva a partir da observação da capa. Essa leitura de indícios contribui para dar significado à atividade de ler e favorece que os alunos arrisquem-se a formular hipóteses, tentando analisar as informações disponíveis, especialmente observando o título e as ilustrações, bem como fazendo previsões que serão verificadas após a leitura propriamente dita.

Outras possibilidades de explorar a leitura em matemática utilizando os paradidáticos são:

- Solicitar aos alunos que leiam o livro e organizar uma discussão entre eles para trocarem idéias, esclarecerem dúvidas, resolverem os desafios propostos e tirarem conclusões.
- Propor aos alunos que escolham um paradidático para ler e depois contem sobre o que leram para o restante da classe, apontando o que aprenderam, o aspecto mais interessante do livro, a parte de que menos gostou, quais foram as principais dúvidas, etc.
- Propor aos alunos que leiam e, em grupos ou individualmente, façam uma exposição oral de alguma parte do livro, podendo organizar cartazes, escrever anúncios ou preparar uma página sobre o assunto para colocar na *home-page* da escola.
- Pedir aos alunos que, após a leitura, produzam um texto sobre o que leram, ou escrevam uma história em quadrinhos ou um artigo de jornal.

Esse trabalho pode ser feito por meio da leitura de diferentes livros pelos alunos. O professor pode indicar a leitura do paradidático de acordo com os interesses e as necessidades dos alunos de sua classe, ou simplesmente indicar que leiam para despertar o interesse por esse tipo de texto. Ao final do capítulo, indicamos paradidáticos que são adequados para alunos até a 5ª série.

Também é importante que o professor acompanhe cada etapa do trabalho, dando sugestões, lendo o texto com os alunos, indicando possibilidades e apontando caminhos. Sem esse trabalho, a proposta fica esvaziada do seu sentido pedagógico.

## OUTRAS LEITURAS

Para formar um leitor nas aulas de matemática, é importante, ainda, que os alunos percebam que ser um leitor em matemática permite compreender outras ciências e fatos da realidade, além de perceber relações entre diferentes tipos de textos.

Ler, Escrever e Resolver Problemas | 81

Para que isso ocorra, é necessário trabalharmos com recursos como a leitura de textos jornalísticos, histórias em quadrinhos e até mesmo poemas, fazendo desde a leitura para a reflexão pessoal até a transposição de um texto dado para outras linguagens.

## Lendo um Poema e Fazendo um Mural

A idéia dessa atividade é partir da leitura de um poema, conversar sobre ele, as sensações que causa, a intenção do autor, os recursos que ele usou para escrever o texto sempre no sentido de familiarizar os alunos com a poesia a fim de que tenham prazer em ouvir e ler poemas, motivando-se para um trabalho de ilustração no qual a matemática possa ser incluída através da criação de imagens e da interpretação do poema. Vejamos a seguir um mural construído por alunos de 3ª série a partir de um poema de Fernando Paixão (1996).

**O peixe que ri**

Nado na água
quase nada
vejo
no nado.

Só a água do rio
rola
enrola a areia
do fundo.

Quase nada
vejo a água
cada pedra
um olho.

A água
na pele
nado em nada
do mundo
e rio.

## PROBLEMATIZANDO UM ARTIGO DE JORNAL OU REVISTA

A leitura em matemática também requer a leitura de outros textos com grande quantidade de informações numéricas e gráficas. Eles podem ser encontrados em uma notícia ou anúncio publicados em jornais e revistas. Nesses casos, a leitura pode ser enfatizada quando propomos vários questionamentos que requerem várias idas até o texto para a seleção das informações que respondem às perguntas feitas. Esse tipo de atividade pode abranger o desenvolvimento de noções, conceitos e habilidades de matemática e do tratamento de informações.

Além da atualidade que esses materiais trazem para as aulas de matemática, eles propiciam uma abordagem de Resolução de Problemas mais contextualizada, já que os jornais e as revistas apresentam temas abrangentes, que não se esgotam em uma única área do conhecimento.

Vejamos um exemplo em que a leitura é essencial para a resposta às questões formuladas:

*Leia com atenção a notícia publicada pela Revista Galileu em março do ano 2000.*

a) Quando a famosa torre será reaberta para visitação?
b) Esta torre é mais alta ou mais baixa que sua escola?
c) A altura de um andar de um prédio costuma ser de 3 metros. Quantos andares tem um prédio com a mesma altura da torre de Pisa?

### Quase pronta para a reestréia

**Concluída** pelo arquiteto e escultor Bonanno Pisano em 1359, a torre de Pisa, toda de mármore e com 55 metros de altura, foi se inclinando lentamente durante esses 600 anos de existência. Motivo: sua base está fixada num subsolo frágil e instável, formado de areia fina, argila e areia dura. Em 1990 — 5,29 m fora do eixo — foi interditada por motivos de segurança. Poderia desabar. As obras de recuperação ainda continuam, mas estão em fase de conclusão. Contrapesos de chumbo — entre outros recursos tecnológicos — já reduziram a inclinação em 11 cm. Segundo os responsáveis pelas obras, no máximo em 18 meses, este símbolo da arte italiana será reaberto à visitação pública.

Ler, Escrever e Resolver Problemas | 83

## A LEITURA DE GRÁFICOS E TABELAS

A capacidade de ler gráficos e tabelas também deve ser considerada em um projeto de formar o leitor nas aulas de matemática. Desde pequenos, os alunos podem ser colocados diante de problemas que os desafiem a ler e interpretar diferentes tipos de gráficos e tabelas e a perceber a relação entre ambos. A leitura e a interpretação desses recursos desenvolve as habilidades de questionar, levantar e verificar hipóteses, bem como procurar relações entre os dados, habilidades inerentes ao processo de ler qualquer tipo de textos.

Um exemplo pode ser observado quando propusemos várias questões que devem ser respondidas a partir da leitura de um gráfico.

*Observe o gráfico que compara o tempo de duração de um sabonete usado por uma pessoa em diversos países e responda:*

*a) Em que país o sabonete dura mais? Como você descobriu?*
*b) Quantos dias o sabonete na Alemanha dura mais que no Brasil?*
*c) Qual a durabilidade do sabonete na Argentina? Como podemos interpretar o valor 49,5 dias?*
*d) Que explicação você pode encontrar para a duração de um sabonete ser diferente de um país para o outro?*

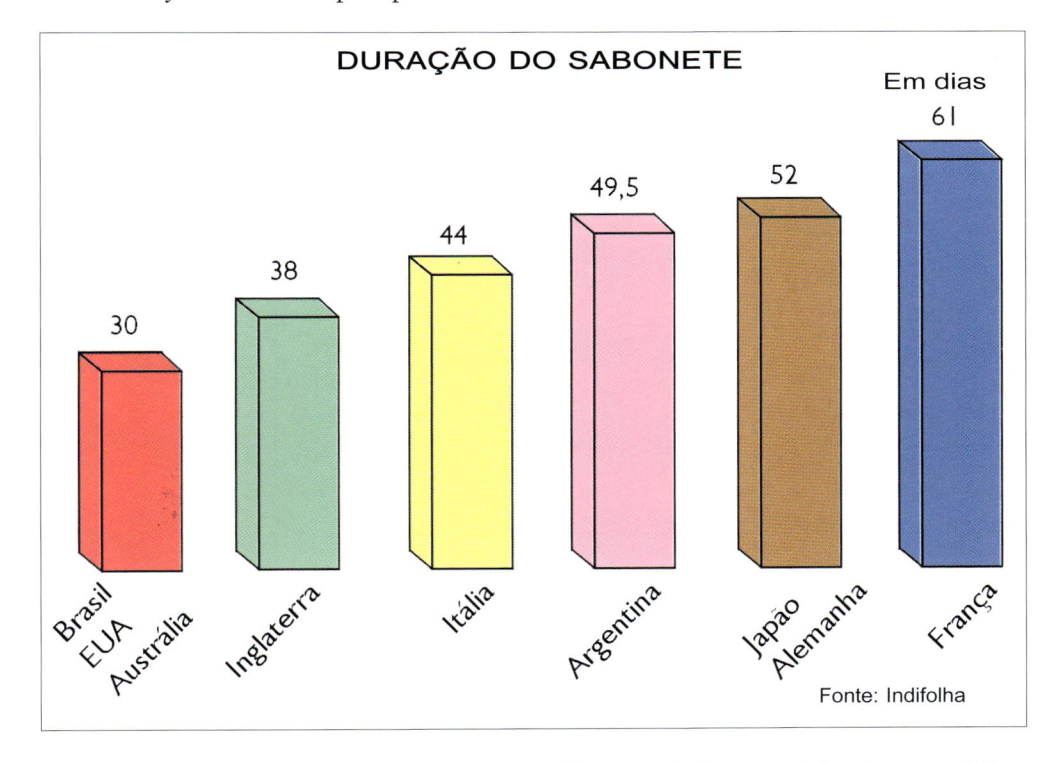

**DURAÇÃO DO SABONETE**

Em dias

| País | Dias |
|---|---|
| Brasil | 30 |
| EUA / Austrália | 38 |
| Inglaterra | 44 |
| Itália | 49,5 |
| Argentina | 52 |
| Japão / Alemanha | 61 |
| França | |

Fonte: Indifolha

No entanto, não basta a leitura de gráficos e tabelas; também é necessária a aquisição desse tipo de textos escritos. Assim, podemos pedir aos alunos que transformem essa modalidade de texto em outra. Isto é o que acontece no exemplo a seguir, em que os alunos de uma 3ª série analisaram uma tabela, adaptada de uma notícia, e representam de forma pictórica.

### É preciso dormir

A necessidade de sono varia de pessoa para pessoa, mas estudos indicam que a média de tempo do sono necessário relaciona-se com a idade e a fase de crescimento dos indivíduos. Os dados da tabela relacionam esses dados e o tempo de sono é dado em horas por dia.

| Idade | Tempo de sono |
| --- | --- |
| 1 mês | 16 |
| 6 meses | 14 |
| 2 anos | 12 |
| 6 anos | 11 |
| 10 anos | 10 |
| 16 anos | 9 |
| 20 anos | 8 |
| 60 anos | 6 |

Vejamos os esquemas que dois alunos construíram a partir da tabela e suas informações:

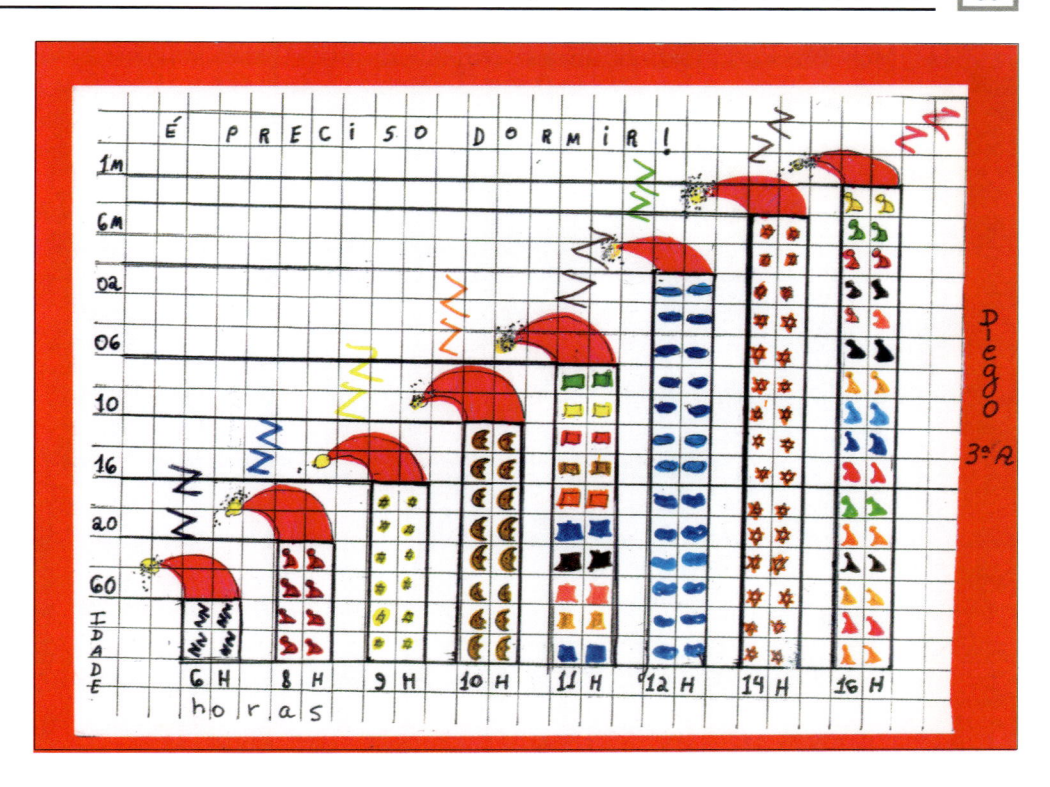

## AVALIANDO O PROGRESSO DOS ALUNOS

Uma das vantagens de propor diversas tarefas de leitura é poder avaliar constantemente o progresso dos alunos ou a necessidade de auxiliá-los. Observá-los enquanto lêem, aproveitar as tarefas de leitura para fazer pequenas anotações sobre a compreensão deles sobre o texto, bem como de sua autonomia em relação ao processo de ler constituem as principais ações de avaliação que o professor pode fazer.

O professor que observa atentamente seus alunos antes, durante e depois da leitura pode delinear melhor seu planejamento, escolhendo processos mais eficazes para atender às possibilidades de avanço e às dificuldades da classe e de cada aluno.

Os alunos também podem avaliar a si mesmos através de reflexões que algumas vezes o professor propõe, como, por exemplo, que aspectos da tarefa foram mais simples, em que momentos sentiram dificuldades e como poderiam melhorar.

O processo de avaliação deve contribuir para que todos, alunos e professor, possam perceber conquistas e necessidades. Por isso, a avaliação do trabalho precisa ser feita em conjunto com as atividades. Como nossa intenção é que as atividades de comunicação propiciem uma aprendizagem significativa, os momentos em que lemos com os alunos constituem-se em um instrumento valioso para observarmos a sua aprendizagem. Ao surgir uma dificuldade, paramos e pensamos: de que natureza ela é, o que o aluno não compreendeu foi o texto ou o conceito nele envolvido. Se a incompreensão ocorrer em nível do texto, basta uma discussão ou retomada do ponto de dúvida; porém, se houver dificuldade com o conceito envolvido no texto, é preciso retomar as noções envolvidas nesse conceito e, muitas vezes, refazer o caminho.

Talvez houvessem outros aspectos importantes a serem abordados quando discutimos a importância de ler para aprender matemática. No entanto, o objetivo deste capítulo é chamar a atenção para essa habilidade por vezes tão desconsiderada em nossas aulas. A partir daqui, fica o convite a todos que retomem, critiquem, encontrem outras possibilidades. O importante é não ficar imóvel diante do vasto caminho que os estudos sobre a leitura em língua materna abriram diante de nossos olhos de educadores.

## REFERÊNCIAS BIBLIOGRÁFICAS

DANYLUK, O. Aprendendo a ler o discurso matemático. In: *Leitura, teoria & prática*, ano 10, n. 18, p. 17-21, 1991.
JOLIBERT, J. *Formando crianças leitoras*. 6. ed. Porto Alegre: Artes Médicas (Artmed), 1998.
KLEIMAN, A. *Oficina de leitura: teoria e prática*. Campinas: Pontes/UNICAMP, 1993.
NEMIROVSKY, M. Ler não é o inverso de escrever. In: *Além da alfabetização*. São Paulo: Ática, 1996.
PAIXÃO, F. *Poesia a gente inventa*. São Paulo: Ática, 1996.
REVISTA GALILEU. São Paulo, Globo, mar., n. 104, 2000.
SOLÉ, I. *Estratégias de leitura*. 6.ed. Porto Alegre: Artes Médicas (Artmed), 1998.
TEBEROSKY, A.; TOLCHINSKY, L. (Orgs.). *Além da alfabetização*. São Paulo: Ática, 1996.
USISKIN, Z. Mathematics as a language. In: *Communication in Mathematics*. Virginia: NCTM, Yearbook, 1996.

A seguir, sugestões de livros e coleções de apoio ao trabalho de desenvolvimento da leitura nas aulas de matemática.

## Livros Paradidáticos

CÂNDIDO, S. L. *Travessuras de triângulo*. São Paulo: Moderna, 1998.
IMENES, L. M. et al. *Frações e decimais*. São Paulo: Atual, 1994.
_____. *Brincando com números*. 3.ed. São Paulo: Scipione, 1993.
_____. *Geometria dos mosaicos*. 2.ed. São Paulo: Scipione, 1988.
_____. *Os números na história da civilização*. São Paulo: Scipione, 1989.
MACHADO, N. J. *Polígonos, centopéias e outros bichos*. 3.ed. São Paulo: Scipione, 1993.
_____. *Medindo comprimentos*. 6.ed. São Paulo: Scipione, 1990.
VON, C. *O dinheiro*. São Paulo: Callis, 1998.
PATILLA, P. *Triângulos, pirâmides e cones*. São Paulo: Moderna, 1995.

## Coleções e Séries

BULLOCH, I. *Desafios matemáticos*. São Paulo: Studio Nobel, 1996. v.4.
GUELLI, O. *Contando histórias de matemática*. São Paulo: Ática, 1997. v.4.
MACHADO, N.J. *Histórias de contar*. São Paulo: Scipione, 1990. v.4.
RAMOS, L.F. *Turma da matemática*. São Paulo: Ática, 1998. v.4.
TEIXEIRA, M.R. *Matemática em mil e uma histórias*. São Paulo: FTD, 1998. v.8.

capítulo 4

# Resolução de Problemas e Comunicação

Maria Ignez Diniz

Analisar a Resolução de Problemas como uma perspectiva metodológica a serviço do ensino e da aprendizagem de matemática amplia a visão puramente metodológica e derruba a questão da grande dificuldade que alunos e professores enfrentam quando se propõe a Resolução de Problemas nas aulas de matemática. A utilização de recursos da comunicação pode resolver ou fazer com que não existam essas dificuldades.

O tema Resolução de Problemas tem sido muito discutido e analisado nas últimas duas décadas, tanto entre professores e educadores quanto entre pesquisadores e elaboradores de currículos.

Em 1980, o National Council of Teachers of Mathematics, reconhecida associação norte-americana de professores de matemática, dedicou sua publicação anual à Resolução de Problemas, reforçando as propostas curriculares(NCTM, 1989) estabelecidas nos Estados Unidos que indicavam ser a Resolução de Problemas o centro do ensino e das pesquisas na década de 80.

No entanto, em seu artigo introdutório(Branca, 1997), essa publicação do NCTM coloca-nos a seguinte questão: o que é Resolução de Problemas? Na verdade, atualmente, esse assunto tão difundido – e até mesmo desgastado para alguns – adquiriu para cada um que se refere a ele uma mistura das diversas concepções que esse tema assumiu ao longo do tempo. A partir dessa mescla de modos de pensar a Resolução de Problemas surgem desde visões muito simplistas e ingênuas do tema até sofisticadas teorias, as quais têm gerado diferentes orientações para o ensino, a organização de currículos, a elaboração de textos e manuais e as orientações didáticas para a abordagem desse tema.

Por isso, é interessante discutirmos um pouco tais concepções para que possamos ter um olhar mais crítico sobre o que se diz de Resolução de Problemas e entender melhor as escolhas e as orientações que aparecem nessa publicação.

Em 1980, no artigo de Branca, a Resolução de Problemas era descrita dentro de três concepções: como meta, processo ou habilidade básica.

A primeira concepção pode ser simplificada como sendo a Resolução de Problemas o alvo do ensino de matemática. Conseqüentemente, todo o ensino estrutura-se primeiro em preparar o terreno para que depois o aluno possa resolver problemas, ou seja, os currículos reforçam a necessidade de o aluno possuir todas as informações e os conceitos envolvidos na resolução de problemas para que depois possa enfrentá-los. Resumindo, a concepção de que se ensina matemática para resolver problemas foi a idéia dominante de Resolução de Problemas anterior ao movimento da Educação Matemática e ainda predomina, especialmente, entre matemáticos e cientistas.

A segunda concepção enfoca a Resolução de Problemas como o processo de aplicar conhecimentos previamente adquiridos a situações novas. Esse movimento nasce com os trabalhos de Polya(1977) e ganha sua maior importância nos anos 70, quando os educadores passam a centrar sua atenção sobre os processos ou procedimentos usados pelos alunos para resolver problemas. As implicações em termos do ensino passam a ser o enfoque em procedimentos ou passos utilizados para se chegar à resposta, enquanto esta perde sua importância. Os trabalhos e as pesquisas voltam-se para melhor entender como se resolve problemas, com o objetivo de então poder ensinar a outros como fazê-lo. Nessa concepção, surge a classificação de tipos de problemas, tipos de estratégias de resolução e esquemas de passos a serem seguidos para melhor resolver problemas. Assim, o ensino centra-se em ensinar a resolver problemas o que, como conseqüência, resultaria em aprender matemática.

Como habilidade básica, a Resolução de Problemas deve ser entendida como uma competência mínima para que o indivíduo possa inserir-se no mundo do conhecimento e do trabalho. Ao final da década de 70 e durante os anos 80, especialmente nos currículos, a Resolução de Problemas ganha essa dimensão, na qual surgem indicações claras de que todos os alunos devem aprender a resolver problemas e de que são necessárias escolhas cuidadosas quanto às técnicas e aos problemas a serem usados no ensino. Nessa perspectiva, é preciso considerar os problemas que envolvem o conteúdo específico, os diversos tipos de problemas e os métodos de resolução para que se alcance a aprendizagem de matemática.

Segundo se pode perceber, as três concepções descritas não se excluem, mas apresentam diferentes momentos das pesquisas e conseqüentes reflexos nos currículos, nos materiais didáticos e nas orientações do ensino.

Mais recentemente, nos anos 90, a Resolução de Problemas ganha uma outra dimensão sendo descrita como uma metodologia para o ensino de matemática e, como tal, passando a ser um conjunto de estratégias para o ensino e o desenvolvimento da aprendizagem de matemática. Essa concepção da Resolução de Problemas pode ser vista através de indicações de natureza puramente metodológicas, como usar um problema detonador ou desafio que possam desencadear o ensino e a aprendizagem de conhecimentos matemáticos, trabalhar com problemas abertos, usar a problematização ou a formulação de problemas em projetos, etc. Também está presente em orientações mais amplas para o ensino de matemática, que correspondem a linhas de pesquisa e de atuação da Educação Matemática, como é o caso da modelagem e do ensino por projetos.

## NOSSA CONCEPÇÃO DE RESOLUÇÃO DE PROBLEMAS

A partir da influência de todas essas concepções e da pesquisa em ação que desenvolvemos na última década junto a professores e alunos, podemos tentar definir o que entendemos por Resolução de Problemas.

Na falta de um termo adequado – e para não usarmos outros que poderiam dar uma idéia reduzida de nossa concepção de Resolução de Problemas – iremos chamá-la de *perspectiva metodológica*.

Isto significa que, em nossa concepção, a Resolução de Problemas corresponde a um modo de organizar o ensino o qual envolve mais que aspectos puramente metodológicos, incluindo uma postura frente ao que é ensinar e, conseqüentemente, do que significa aprender. Daí a escolha do termo "perspectiva", cujo significado "uma certa forma de ver" ou "um certo ponto de vista" corresponde a ampliar a conceituação de Resolução de Problemas como simples metodologia ou conjunto de orientações didáticas.

Primeiramente, a Resolução de Problemas baseia-se na proposição e no enfrentamento do que chamaremos de situação-problema. Isto é, ampliando o conceito de problema, devemos considerar que a Resolução de Problemas trata de situações que não possuem solução evidente e que exigem que o resolvedor combine seus conhecimentos e decida pela maneira de usá-los em busca da solução.

Tal perspectiva rompe com a visão limitada de problemas que podem ser chamados de convencionais e que são os tradicionalmente propostos aos alunos. O problema convencional apresenta as seguintes características:

a) é apresentado por meio de frases, diagramas ou parágrafos curtos;
b) vem sempre após a apresentação de determinado conteúdo;
c) todos os dados de que o resolvedor precisa aparecem explicitamente no texto;
d) pode ser resolvido pela aplicação direta de um ou mais algoritmos;
e) tem como tarefa básica em sua resolução a identificação de que operações são apropriadas para mostrar a solução e a transformação das informações do problema em linguagem matemática;
f) é ponto fundamental a solução numericamente correta, a qual sempre existe e é única.

Existem inúmeros exemplos de problemas convencionais nos livros didáticos, e, apenas para reforçar o que foi dito, destacamos dois exemplos de livros atuais de 4ª série, propostos exatamente dentro do tema divisão: "O preço de 21 brinquedos iguais é R$ 756,00. Quanto custa cada brinquedo?" e "O perímetro de um quadrado é 34 m. Quanto mede cada lado?".

Quando adotamos os problemas convencionais como único material para o trabalho com Resolução de Problemas na escola, podemos levar o aluno a uma postura de fragilidade e insegurança diante de situações que exijam algum desafio maior. Ao se deparar com um problema no qual não identifica o modelo a ser seguido, só lhe resta desistir ou esperar a resposta de um colega ou do professor. Muitas vezes, ele resolverá o problema mecanicamente, sem ter entendido o que fez e sem confiar na resposta obtida, sendo incapaz de verificar se a resposta é ou não adequada aos dados apresentados ou à pergunta feita no enunciado.

Desse modo, a primeira característica da perspectiva metodológica da Resolução de Problemas é considerar como problema toda situação que permita alguma problematização. Essas situações podem ser atividades planejadas, jogos, busca e seleção de informações, resolução de problemas não-convencionais e mesmo convencionais, desde que permitam o processo investigativo. Exemplos de problemas não-convencionais e da exploração dos problemas convencionais serão tratados neste livro nos capítulos que seguem. Vejamos agora um exemplo de uma atividade estruturada e de um jogo.

Para introduzirmos o conceito de ângulo em uma 3ª série, foi proposto que os alunos executassem alguns movimentos com seu próprio corpo, girando uma volta, meia volta e um quarto de volta para a direita ou para a esquerda e, em seguida, foi promovida uma discussão oral a respeito do que eles observaram. A problematização proposta foi que os alunos deveriam representar através de um desenho ou de um texto o que haviam descoberto. Estes são os registros de dois alunos:

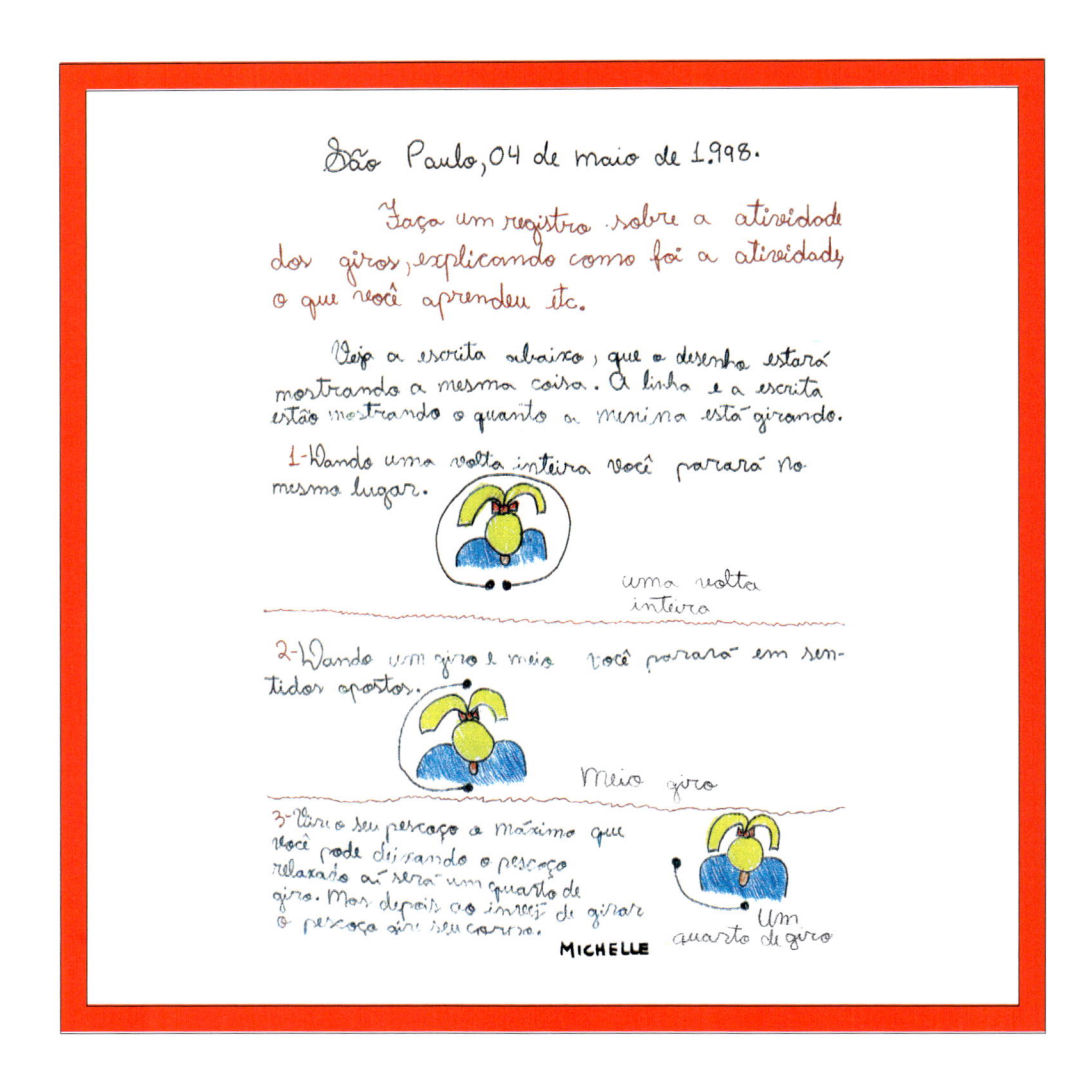

É claro que nem todos os registros foram tão elaborados quanto estes; contudo, na análise coletiva dos diversos registros, foi possível estabelecer uma nova problematização, questionando-se qual a relação entre os diferentes giros, o que permitiu aos alunos perceberem o que haviam aprendido e suas incompreensões.

Um outro exemplo de situação-problema pode ser proposto a partir de jogos. Em uma 1ª série, propôs-se o jogo de boliche, no qual cada aluno deveria registrar o número de garrafas derrubadas em três jogadas sucessivas. Essa atividade foi considerada um grande problema pelos alunos que estavam iniciando a construção do conceito de número e ainda não dominavam a seqüência numérica e sua escrita. Nesse momento, alguns deles usaram palitos para representar o total de garrafas derrubadas, e outros escreveram o total com algarismos. Também houve uma discussão sobre a melhor maneira de derrubar as garrafas, pois os alunos perceberam que a força do arremesso e o jeito de segurar a bola interferiam no resultado. Um novo problema foi então proposto: organizar uma lista com os nomes dos alunos e o total de garrafas derrubadas. Com a lista pronta, a professora iniciou a formulação de questões da seguinte forma: Quem foi o vencedor? Alguns alunos empataram, quais são eles e quantos pontos fizeram? Quantos pontos André fez a mais que Juliano? Quantos pontos faltam para Mariana alcançar Sílvia? Vamos dividir a classe em quatro equipes e descobrir quantos pontos essas equipes fizeram?

Em seguida, propôs-se que os alunos formulassem outras perguntas, as quais pudessem ser respondidas a partir da tabela feita. Essas perguntas foram registradas e respondidas pela classe. Na semana seguinte, os alunos jogaram novamente, havendo um novo registro dos pontos obtidos, sendo estes adicionados aos do primeiro jogo. De posse de todos esses dados, outras perguntas foram formuladas pela professora e depois pelos alunos. Além das perguntas de natureza numérica, incentivadas pela professora, surgiram perguntas do tipo: Qual a melhor maneira de derrubar muitas garrafas? Como arrumar as garrafas para fazer mais pontos?

Como resolver as questões dos alunos que não respeitaram as regras ou atrapalharam o jogo?

Como podemos observar, essa atividade e as problematizações propostas substituem com grande vantagem as listas de problemas convencionais que tradicionalmente se encontram nos textos didáticos e que abordam os temas adição e subtração, além de motivar os alunos a aprenderem a escrever, a ler e a comparar números relativamente grandes para a 1ª série. Todavia, o que consideramos mais importante é que os alunos estiveram envolvidos ativamente em sua aprendizagem, refletindo constantemente frente a cada novo desafio e interferindo na forma e no ritmo da atividade.

Observando esses dois exemplos que tentam caracterizar situações-problema, podemos explicitar, a partir dessa concepção, o que consideramos ser a segunda característica da Resolução de Problemas. A Resolução de Problemas tradicional está centrada em apenas duas ações: *propor situações-problema* e *resolver as situações propostas*.

Na perspectiva de Resolução de Problemas, passamos a incluir além dessas duas ações mais duas: *questionar as respostas obtidas* e *questionar a própria situação inicial*.

Portanto, enfrentar e resolver uma situação-problema não significa apenas a compreensão do que é exigido, a aplicação das técnicas ou fórmulas adequadas e a obtenção da resposta correta, mas, além disso, uma atitude de "investigação científica" em relação àquilo que está pronto.

A resposta correta é tão importante quanto a ênfase a ser dada ao processo de resolução, permitindo o aparecimento de diferentes soluções, comparando-as entre si e tornando possível que alguns dos resolvedores verbalizem como chegaram à solução.

Outro ponto importante desse questionamento é o de provocar uma análise mais qualitativa da situação-problema quando são discutidas as soluções, os dados e, finalmente, a própria questão dada.

A perspectiva da Resolução de Problemas caracteriza-se por uma postura de inconformismo diante dos obstáculos e do que foi estabelecido por outros, sendo um exercício contínuo de desenvolvimento do senso crítico e da criatividade, que são características primordiais daqueles que fazem ciência e objetivos do ensino de matemática.

Por isso, atitudes naturais do aluno que não encontram espaço no modelo tradicional de ensino, como é o caso da curiosidade e da confiança em suas próprias idéias, passam a ser valorizadas nesse processo investigativo.

Agora, analisemos um tipo de problema não-convencional. Proposto o problema intitulado Fria Lógica, os alunos puderam apresentar diferentes resoluções as quais foram organizadas em um cartaz e discutidas pela classe.

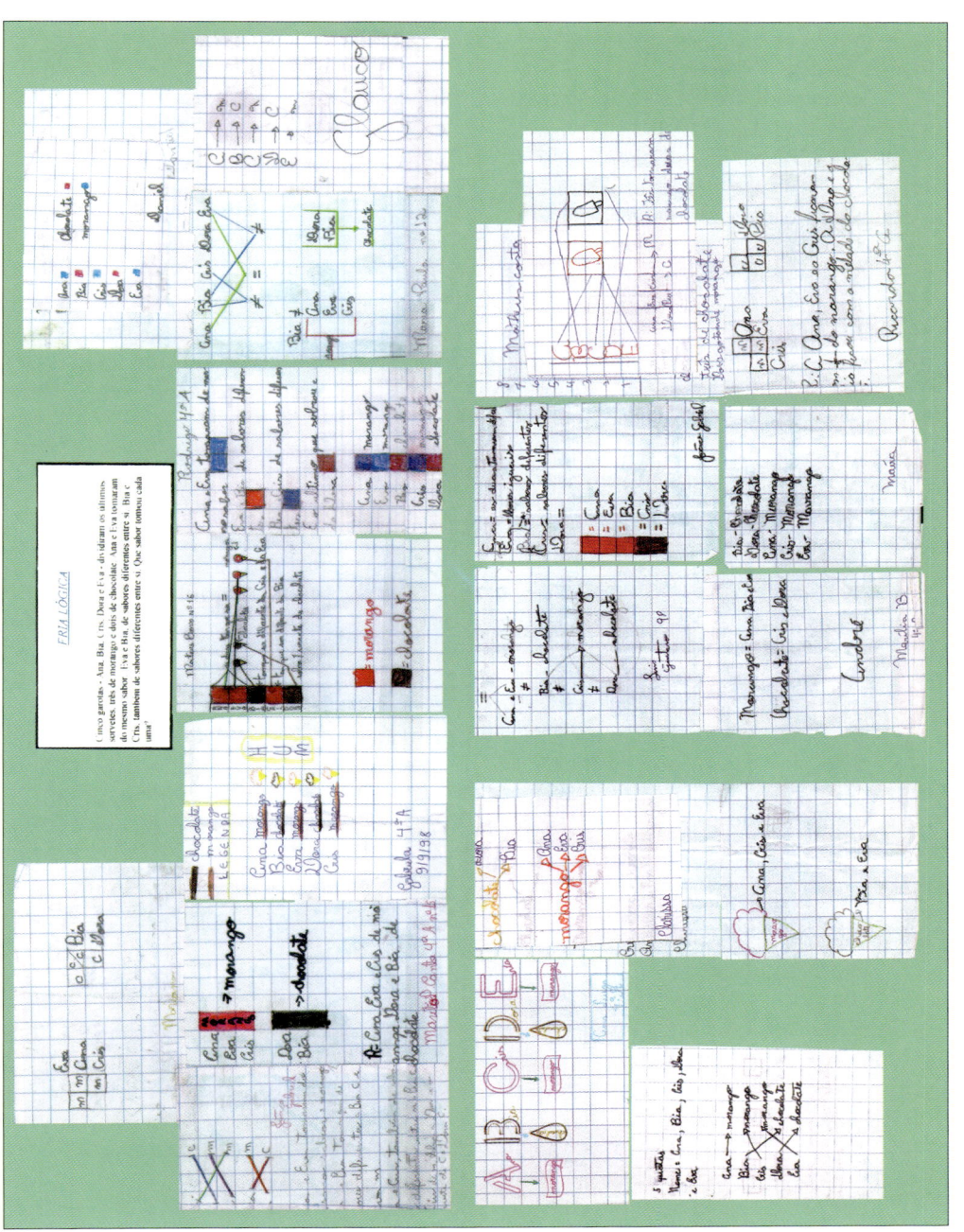

Painel de diferentes resoluções para o problema: Cinco garotas – Ana, Cris, Bia, Dora e Eva – dividiram os últimos sorvetes, três de morango e dois de chocolate. Ana e Eva tomaram do mesmo sabor. Eva e Bia, de sabores diferentes entre si. Bia e Cris, também de sabores diferentes entre si. Que sabor tomou cada uma?

Depois disso, oralmente, a professora da classe passou a questionar: O que mudaria no problema se Ana e Eva tivessem tomados sorvetes de sabores diferentes? E se Eva e Bia tivessem tomado sabores iguais? Assim, cada nova pergunta transforma-se em um novo problema e os alunos passam a utilizar as estratégias de resolução que, na primeira discussão, foram consideradas mais adequadas por eles.

Como podemos perceber, na perspectiva de Resolução de Problemas, a essência está em saber problematizar e não tem sentido formular perguntas em situações que não tenham clareza de objetivos a serem alcançados, simplesmente porque não se saberia o que perguntar. Do mesmo modo, questionar por questionar não nos parece ter sentido algum. Isto pode parecer óbvio, mas é muito comum depararmo-nos com situações nas quais os alunos são submetidos a uma lista de perguntas, até muito interessantes, mas sem que quem as propôs tivesse objetivo algum, fato que gera uma dificuldade imediata para a avaliação. Como avaliar o resultado de uma atividade que não explicita o que busca alcançar?

Além disso, as ações de questionar as soluções e a situação-problema em si exigirão, muitas vezes, uma volta à atividade realizada, como se cada nova pergunta exigisse um novo pensar sobre toda a situação e até mesmo sobre o que o próprio aluno fez.

A problematização inclui o que é chamado de processo metacognitivo, isto é, quando se pensa sobre o que se pensou ou fez. Isto requer uma forma mais elaborada de raciocínio, esclarece dúvidas que ficaram, aprofunda a reflexão feita e está ligado à idéia de que a aprendizagem depende da possibilidade de se estabelecer o maior número possível de relações entre o que se sabe e o que se está aprendendo.

Na prática da Resolução de Problemas, é essencial o planejamento cuidadoso das atividades e do encaminhamento dos questionamentos. Temos aí a terceira característica da perspectiva metodológica da Resolução de Problemas, que é a não separação entre conteúdo e metodologia. Sendo assim, não há método de ensino sem que esteja sendo trabalhado algum conteúdo e todo conteúdo está intimamente ligado a uma ou mais maneiras adequadas de abordagem. Além disso, as problematizações devem ter como objetivo alcançar algum conteúdo e um conteúdo deve ser aprendido, porque contém dentro de si questões que merecem ser respondidas.

No entanto, é preciso esclarecer que nossa compreensão do termo conteúdo inclui, além de conceitos e fatos específicos, as habilidades necessárias para garantir a formação do indivíduo independente, confiante em seu saber e capaz de entender e usar os procedimentos e as regras característicos de cada área do conhecimento, bem como dentro da idéia de conteúdos estão as atitudes que permitem a aprendizagem e que formam o indivíduo por inteiro.(Parâmetros Curriculares Nacionais, 1997; Coll, 1996; Coll et al., 1997).

Nos exemplos anteriores, isso fica claro quando percebemos que os objetivos das atividades propostas estavam ligados a conceitos e fatos (noção de ângulo, conceito de número, idéias das operações), assim como a habilidades básicas como ler, escrever, argumentar e habilidades mais específicas da matemática como realizar cálculos e fazer representações numéricas e geométricas. Ao mesmo tempo, o desenvolvimento de atitudes, como ouvir e respeitar o outro, perseverar na busca de uma solução e trabalhar de forma cooperativa, estavam presentes nas atividades descritas.

Nessa perspectiva, temos constatado que não importa se a situação a ser resolvida é aplicada, se vai ao encontro das necessidades ou dos interesses do aluno, se é lúdica ou aberta; o que podemos afirmar é que a motivação do aluno está em sua percepção de estar apropriando-se ativamente do conhecimento, ou seja, a alegria de conquistar o saber, de participar da elaboração de idéias e procedimentos gera o incentivo para aprender e continuar a aprender.

Para viabilizar o trabalho com situações-problema, nessa perspectiva, é preciso ampliar as estratégias e os recursos de ensino e diversificar as organizações didáticas, para que, junto com os alunos, seja possível criar um ambiente de produção ou de re-produção do saber. Nesse sentido, os recursos da comunicação têm sido grandes aliados.

## O RECURSO À COMUNICAÇÃO E A PERSPECTIVA METODOLÓGICA DA RESOLUÇÃO DE PROBLEMAS

Por meio dos exemplos descritos em nossa tentativa de esclarecer a concepção que temos sobre Resolução de Problemas, é possível perceber que os recursos de comunicação oral, escrita e pictórica aparecem naturalmente.

De fato, se ampliarmos o significado de problema para situação-problema, a necessidade da comunicação aumentará. Ela será necessária para descrever e entender a situação inicial, para buscar e registrar a resolução das possíveis soluções encontradas e para avaliar que soluções são mais adequadas.

Ao problematizarmos uma situação, temos novamente que recorrer à oralidade ou a algum tipo de texto para descrever as questões e para garantir que elas sejam compreendidas. A ação mais forte e presente na problematização é a oralidade; os registros pictóricos e o texto surgem, quase sempre, em um segundo momento quando se deseja sistematizar ou apenas registrar os questionamentos e suas respostas.

Finalmente, quando assumimos que a Resolução de Problemas está intimamente relacionada à aprendizagem de conteúdos, o recurso à comunicação é essencial, pois é o aluno, falando, escrevendo ou desenhando, que mostra ou fornece indícios de que habilidades ou atitudes ele está desenvolvendo e que conceitos ou fatos ele domina, apresenta dificuldades ou incompreensões. Os recursos da comunicação são novamente valiosos para interferir nas dificuldades encontradas ou para permitir que o aluno avance mais, propondo-se outras perguntas ou mudando-se a forma de abordagem.

A partir da associação entre a perspectiva metodológica de Resolução de Problemas e a comunicação, podemos verificar que o aluno, enquanto resolve situações-problema, aprende matemática, desenvolve procedimentos e modos de pensar, desenvolve habilidades básicas como verbalizar, ler, interpretar e produzir textos em matemática e nas áreas do conhecimento envolvidas nas situações propostas. Simultaneamente, adquire confiança em seu modo de pensar e autonomia para investigar e resolver problemas.

**4ªB em aventuras na matemática**

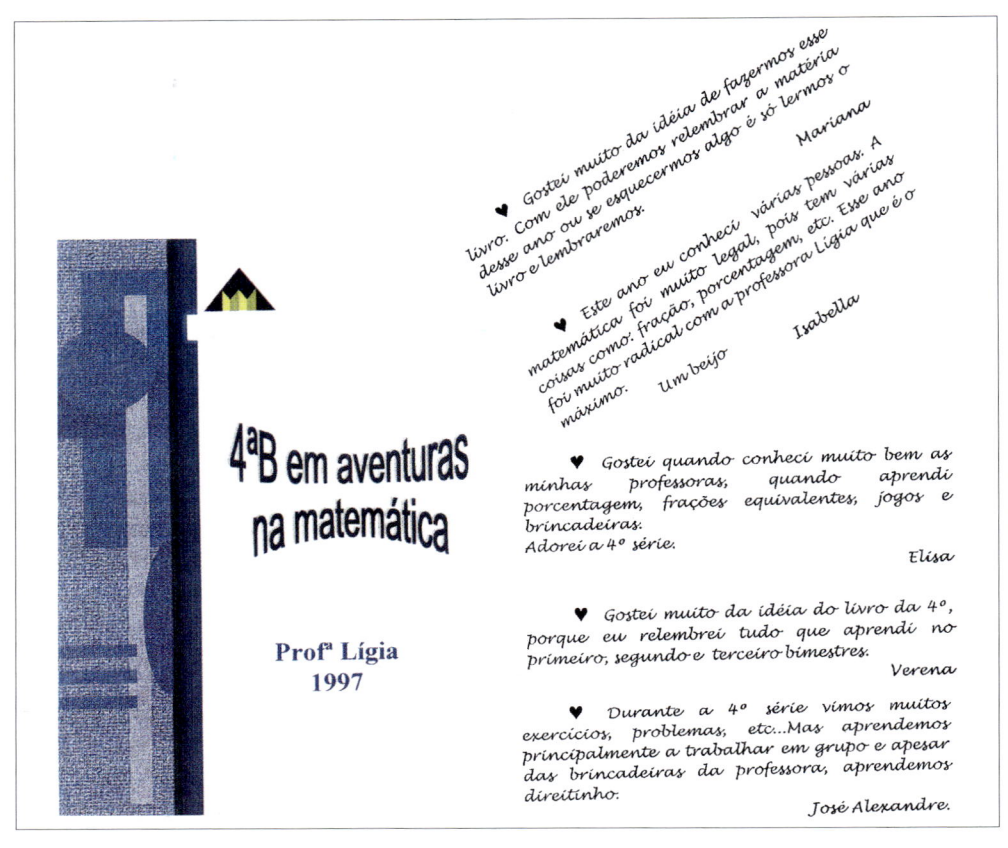

Profª Lígia
1997

♥ Gostei muito da idéia de fazermos esse livro. Com ele poderemos relembrar a matéria desse ano ou se esquecermos algo é só lermos o livro e lembraremos.
Mariana

♥ Este ano eu conheci várias pessoas. A matemática foi muito legal, pois tem várias coisas como: fração, porcentagem, etc. Esse ano foi muito radical com a professora Lígia que é o máximo. Um beijo
Isabella

♥ Gostei quando conheci muito bem as minhas professoras, quando aprendi porcentagem, frações equivalentes, jogos e brincadeiras.
Adorei a 4º série.
Elisa

♥ Gostei muito da idéia do livro da 4º, porque eu relembrei tudo que aprendi no primeiro, segundo e terceiro bimestres.
Verena

♥ Durante a 4º série vimos muitos exercícios, problemas, etc...Mas aprendemos principalmente a trabalhar em grupo e apesar das brincadeiras da professora, aprendemos direitinho.
José Alexandre.

Depoimentos de alunos ao final de uma 4ª série quando produziram um livro com os melhores problemas criados por eles durante o ano.

Um outro aspecto positivo que temos constatado em nosso trabalho com a Resolução de Problemas em um ambiente de comunicação é que o aluno não constrói o que chamamos de *más concepções* sobre o que significa aprender e resolver problemas. De fato, ao analisarmos pesquisas recentes(Borasi, 1993, p.83-91) sobre o que os alunos pensam quando trabalham apenas dentro da concepção tradicional de Resolução de Problemas, resolvendo apenas problemas convencionais, é muito freqüente encontrarmos entre os alunos as seguintes opiniões:

- Não vale a pena gastar muito tempo para resolver um problema; se a solução não pode ser encontrada rapidamente, é porque eu não sei resolvê-lo.
- Se eu cometi um erro, devo desistir e começar tudo de novo; não adianta tentar entender o porquê do erro.
- Há sempre uma maneira certa de resolver um problema; mesmo quando há várias soluções uma delas é a correta.
- Aprender a resolver problemas é uma questão de esforço e prática. Eu aprendo tomando notas, memorizando todos os passos de uma seqüência correta e praticando-os.
- Um bom professor não deve me deixar confuso. É responsabilidade dele orientar o que devo fazer, pois isso é ensinar.

Para romper com essas crenças ou más concepções sobre o que significa aprender matemática e evitar que elas existam, não basta ter em mãos um problema interessante. É preciso que o aluno se perceba como ser pensante e produtor de seu próprio conhecimento.

Combinar Resolução de Problemas e comunicação é uma forma bastante eficiente de implementar a investigação em situações-problema ao mesmo tempo em que se favorece o desenvolvimento integral do aluno, diminuindo as barreiras arbitrárias das disciplinas e auxiliando o rompimento com crenças socialmente difundidas que têm impedido a aprendizagem real, especialmente em matemática.

Sem dúvida, bons problemas, situações próximas à realidade do aluno e temas motivadores favorecem a aprendizagem e o envolvimento do aluno, mas é através da utilização da comunicação que o aluno ganha voz na sala de aula, podendo trocar opiniões, argumentar em favor de suas idéias, refletir sobre o que pensa ao escrever ou representar suas descobertas e conclusões e sentir-se valorizado por possuir interlocutores e leitores para suas produções.

É preciso salientar novamente que esse trabalho não é simples, requer tempo e depende muito de um bom planejamento. Trabalhar na perspectiva metodológica da Resolução de Problemas, em um ambiente que contemple a comunicação, não inclui experimentações eventuais, nem permite o improviso ou a falta de clareza quanto ao conhecimento matemático e a forma adequada de utilização da metodologia.

Ao longo deste livro, vários exemplos ilustrarão melhor o que significa trabalhar dentro da perspectiva de Resolução de Problemas de forma associada à comunicação, sendo que nas orientações didáticas que serão sugeridas nos próximos capítulos estão incluídos variados tipos de problemas.

## REFERÊNCIAS BIBLIOGRÁFICAS

BORASI, R. The invisible hand operating in Mathematics instruction: students' conceptions and expectations. In: *Problem Posing: reflections and applications*. London: LEA Lawrence Erlbaaum Associates, p. 83-91, 1993.
BRANCA, N. A Resolução de Problemas como meta, processo e habilidade básica. In: *A Resolução de Problemas na matemática escolar*. São Paulo: Atual, 1997.
COLL, C. et al. *O construtivismo na sala de aula*. São Paulo: Ática, 1997.
COLL, C. *Psicologia e currículo*. São Paulo: Ática, 1996.
CURRICULUM AND EVALUATION STANDARDS FOR SCHOOL MATHEMATICS. USA: NCTM, 1989.
PARÂMETROS CURRICULARES NACIONAIS: INTRODUÇÃO. Brasília: MEC/SEF, 1997.
PARRA, C.; SAIZ I. (Orgs.). *Didática da matemática: reflexões psicopedagógicas*. Porto Alegre: Artes Médicas (Artmed), 1996.
POLYA, J. *A arte de resolver problemas*. Rio de Janeiro: Interciências, 1977.
POZO, J. I. (Orgs.). *A solução de problemas*. Porto Alegre: Artes Médicas (Artmed), 1998.

capítulo 5

# Os Problemas Convencionais nos Livros Didáticos

Maria Ignez Diniz

Quando nos referimos a textos em matemática, o que ocorre é a associação aos problemas-texto que estão nos livros didáticos. Na perspectiva da Resolução de Problemas, esses textos convencionais podem ganhar um novo enfoque através dos recursos de comunicação, problematização e confrontação com problemas não-convencionais.

Os exemplos de textos que encontramos nos livros didáticos estão centrados nos enunciados de problemas chamados de convencionais pela sua estrutura e pelo tratamento que se tem dado a eles.

Os problemas tradicionais dos livros-texto são, na verdade, simples exercícios de aplicação ou de fixação de técnicas ou regras. Na maioria das vezes, percebe-se neles a ausência de um contexto significativo para o aluno e de uma linguagem condizente com a utilizada em seu dia-a-dia. Tais problemas aparecem sempre depois da apresentação de um conteúdo, e é exatamente este conteúdo que deve ser aplicado na resolução dos problemas.

As características básicas de um problema convencional são: texto na forma de frases, diagramas ou parágrafos curtos; os problemas vêm sempre após a apresentação de determinado conteúdo; todos os dados de que o resolvedor necessita aparecem explicitamente no texto e, em geral, na ordem em que devem ser utilizados nos cálculos; os problemas podem ser resolvidos pela aplicação direta de um ou mais algoritmos; a tarefa básica na sua resolução é identificar que operações são apropriadas para mostrar a solução e transformar as informações do problema em linguagem matemática; a solução numericamente correta é um ponto fundamental, sempre existe e é única.

O trabalho centrado exclusivamente na proposição e na resolução de problemas convencionais gera nos alunos atitudes inadequadas frente ao que significa aprender e pensar em matemática. É muito comum observarmos que, se os problemas estão sempre associados a uma operação aritmética, os alunos perguntam insistentemente "Qual é a conta?" ou, então, buscam no texto uma palavra que indique a operação a ser efetuada. Se no texto aparecem palavras como "ao todo", "o total" ou "juntos", os alunos tendem a adicionar os números que aparecem no texto, assim como "restou", "sobrou" ou "perdi" estão associadas à subtração. Desse modo, temos observado que, em um texto no qual tais palavras aparecem, mas são necessárias várias operações para a resolução, os alunos confundem-se e o fracasso é certo. Esse fracasso gera o medo, a insegurança e, com o passar do tempo, a crença de que o aluno é incapaz de aprender matemática.

O primeiro cuidado para romper com esse modelo de ensino centrado em problemas convencionais, de modo a evitar todas as dificuldades de aprendizagem ligadas a ele, é encarar os problemas-texto da perspectiva metodológica da Resolução de Problemas, promovendo, mesmo para os problemas de "quatro operações", um processo de investigação.

Vejamos uma possibilidade de exploração feita para um problema retirado de um livro tradicional de 3ª série:

Problema: Lafaiete comprou duas coleções de livros. Cada coleção contém 36 livros, e Lafaiete quer distribuir esses livros nas quatro prateleiras de sua estante. Quantos livros ele deve colocar em cada estante?

O processo de investigação pode iniciar após os alunos terem resolvido o problema de uma ou mais das seguintes formas:

a) Podemos propor a alteração dos dados do problema, questionando:
   – Como ficaria o problema se fossem 25 livros em cada coleção comprada?
   – E se a estante tivesse cinco prateleiras em vez de quatro?

b) Esse problema contém informações suficientes para que sejam propostas novas perguntas:
   – Quantos livros Lafaiete comprou?
   – Quantos livros ficaram nas duas primeiras prateleiras?

Cada alteração dos dados ou da pergunta exige que o aluno reflita sobre as mudanças necessárias para a resolução, compreendendo a relação existente entre a utilização desta ou daquela operação e o texto do problema.

c) Outro desafio está em propor que os alunos descubram outras maneiras de resolver o problema, perguntando:
   – Como resolver o problema sem fazer contas? É possível fazer um desenho?
   – Como resolver o problema usando apenas adição e subtração?

Buscar outras maneiras de resolver um problema permite que o aluno possa investigar outras relações aritméticas e formas de registro.

d) É interessante que os alunos possam formular e resolver suas próprias questões. Por isso, podemos propor que inventem um problema a partir deste, solicitando:
   – Invente um problema com os mesmos dados (mesmos números, Lafaiete, prateleiras, etc.)
   – Invente um problema com a mesma pergunta.
   – Invente um problema com as mesmas contas (adição e divisão).
   – Invente um problema com a mesma história, mas que seja resolvido através de uma adição e de uma subtração.

Formular problemas exige do aluno uma volta ao problema resolvido que o faz observar novamente os dados, a história e as relações envolvidas, a pergunta e sua relação com a resposta e as operações feitas. No processo de formular problemas, assim como no de formular textos, o aluno participa ativamente de um fazer em matemática que, além de desenvolver sua linguagem, garante interesse e confiança em seu próprio modo de pensar.

Por outro lado, é preciso assumir que os problemas convencionais são textos com características tão específicas, que devem receber atenção especial. Não faz sentido atribuir o fracasso da resolução de um problema convencional à falta de interpretação de textos do aluno. O texto matemático dos problemas é muito distinto dos demais; portanto, sua concisão, sua objetividade, o uso apenas de palavras essenciais e o parágrafo único devem ser analisados nas aulas de matemática de forma sistemática e planejada. Recorrer à oralidade, ao desenho e à escrita para apresentar outras maneiras de resolver, discutir o que não foi compreendido no texto do problema, argumentar por uma ou outra possibilidade de novas perguntas ou, ainda, discutir em que medida um problema inventado está ou não bem-escrito, auxilia o aluno a evoluir em sua compreensão sobre o problema como texto e como relações matemáticas.

Nessa reflexão sobre os problemas convencionais, é preciso destacar que não é possível realizar o trabalho que se propôs com todos os problemas de livro. Há problemas tão pobres e desinteressantes, que não permitem qualquer exploração. Assim, cabe ao professor escolher em algum livro-texto os problemas para trabalhar, os quais podem ser apenas quatro ou cinco "melhores" de cada lista, para que se faça em apenas um ou dois deles o processo de investigação com todas as discussões que seus alunos acharem conveniente.

Organizar o trabalho de sala de aula incluindo problemas não-convencionais é uma outra forma de romper com o modelo que tantas dificuldades traz ao aluno. Centrar o trabalho nos problemas convencionais e considerar os demais tipos de problemas como curiosidades ou desafios esporádicos evidencia uma visão limitada do ensino de matemática que atesta a aprendizagem através da resposta correta e da busca de modelos a serem seguidos. Temos constatado que a aprendizagem em termos de Resolução de Problemas depende da oportunidade que o aluno tem de confrontar e relacionar diferentes estruturas matemáticas em diferentes modalidades de textos.

Em resumo, a aprendizagem de Resolução de Problemas convencionais depende da reflexão que nossos alunos têm oportunidade de fazer, investigando cada problema e confrontando-o com outros tipos de problemas.

Assim, neste livro, trataremos de analisar outros tipos de problemas, outras formas de propor problemas e sua função para a aprendizagem de matemática na perspectiva da Resolução de Problemas. Também iremos abordar, mais cuidadosamente o que os diferentes recursos da comunicação possibilitam para a Resolução de Problemas e a importância da formulação de problemas pelos alunos. Ao final dessa análise, esperamos que o professor possa organizar seu trabalho nas aulas de matemática de modo a favorecer que, através dos problemas, o aluno aprenda não apenas os conceitos e as maneiras de pensar em matemática, mas também desenvolva amplamente as competências de leitura, escrita, interpretação e produção de textos.

capítulo

# 6

## Conhecendo Diferentes Tipos de Problemas

Renata Stancanelli

Neste capítulo, faremos uma reflexão sobre os diferentes tipos de problemas que podem ser propostos aos alunos, destacando suas características e funções no ensino e na aprendizagem da matemática. A partir da exploração e da análise dos diversos problemas propostos, pretendemos romper com crenças inadequadas sobre o que é problema, o que é resolver problemas e, conseqüentemente, sobre o que é pensar e aprender em matemática.

Uma das preocupações dos professores é fazer com que os alunos sejam capazes de resolver diferentes tipos de problemas nas aulas de matemática. Mas, afinal, o que exatamente isso significa?

Para auxiliar essa reflexão, vamos observar e resolver os dois problemas que seguem:

A) *Ricardo comprou 3 pacotes de figurinhas. Em cada pacote há 4 figurinhas. Quantas figurinhas Ricardo tem ao todo?*

B) *Isso é um cérbero. Cada vez que uma das suas cabeças está doendo, ele tem que tomar quatro comprimidos. Hoje as suas três cabeças tiveram dor. Mas o frasco já estava no fim e ficou faltando comprimidos para uma cabeça. Quantos comprimidos haviam no frasco?*[1]

Analisando os dois problemas, notamos uma semelhança entre eles: ambos envolvem uma multiplicação. No entanto, as semelhanças acabam aí. Seja no processo de resolução, no número de respostas possíveis ou na forma de resolução, os dois problemas são muito diferentes.

O problema A possui frases curtas e objetivas e não exige um pensamento mais elaborado para sua interpretação e resolução. Todos os dados de que o resolvedor necessita estão explícitos no texto de modo claro e na ordem em que devem ser usados. Além disso, pode ser resolvido pelo uso direto de um algoritmo e tem uma única resposta, que é numérica. Esse é o tipo mais comum de problema trabalhado nas aulas de matemática e geralmente encontrado em livros didáticos. Por apresentar as características citadas, ele é conhecido como *problema convencional*.

O problema B tem uma história com personagens, oferecendo uma situação inusitada. Isso motiva, encanta e envolve o aluno, quer pelo bom humor, quer pelo imaginário, pela fantasia. Exige que o aluno faça uma leitura mais cuidadosa do texto, selecione as informações, decida quais são essenciais para a resolução e utilize um pensamento muito mais elaborado na sua resolução do que no problema A, pois estimula o desenvolvimento de estratégias variadas de resolução, possibilitando, assim, um maior uso dos diferentes recursos de comunicação. O tra-

---

[1] Exemplos extraídos de Gwinner, P. *"Pobremas": enigmas matemáticos*. Petrópolis: Vozes, 1990.

balho com o problema *B* favorece o desenvolvimento de diferentes modos de pensar além da aritmética, estimulando o raciocínio divergente, indutivo e lógico dedutivo nas aulas de matemática.

Vejamos algumas estratégias que podem ser usadas para resolver o problema *B*:

1. Desenhos:

2. Algoritmos:

   4 + 4 + 4 = 12
   12 - 4 = 8                        Havia 8 comprimidos.

3. Desenhos e algoritmo

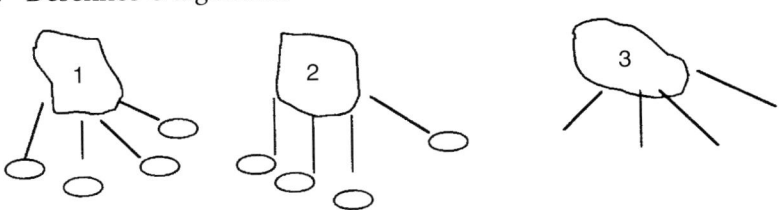

   2 x 4 = 8                         Oito comprimidos.

4. Tabela

| Cabeça 1 | 0 0 0 0 |
|---|---|
| Cabeça 2 | 0 0 0 0 |
| Cabeça 3 |  |

Havia oito comprimidos no frasco.

5. Texto

*Cada uma das cabeças toma 4 comprimidos quando está com dor, precisamos de 12 comprimidos. Só, que ficou faltando comprimidos para uma cabeça, no frasco tinha apenas 8 comprimidos.*

**Camila** – 2ª série

Também é importante observar que este é um problema que possui mais de uma resposta possível:

| Cabeça 1 | 0 0 0 0 | 0 0 0 0 | 0 0 0 0 | 0 0 0 0 |
|---|---|---|---|---|
| Cabeça 2 | 0 0 0 0 | 0 0 0 0 | 0 0 0 0 | 0 0 0 0 |
| Cabeça 3 |  | 0 | 0 0 | 0 0 0 |
| Resposta: | 8 comprimidos | 9 comprimidos | 10 comprimidos | 11 comprimidos |

De acordo com a leitura que se faz do texto, os alunos podem encontrar diferentes respostas para o problema. É muito comum eles encontrarem a resposta 8 quase de imediato, pois, quando lêem que faltaram comprimidos para uma cabeça, já "associam" isso a 4 comprimidos, ignorando o fato de que pode haver outras interpretações e, portanto, outras respostas possíveis.

No momento da discussão das diferentes resoluções, o professor pode solicitar a um aluno que coloque sua solução no quadro e perguntar se algum aluno fez de outra maneira ou se todos encontraram a mesma resposta. Caso apareçam outras soluções, estas podem ser colocadas no quadro e os alunos podem explicar como pensaram sobre o problema e chegaram a elas.

Caso apareça só uma resposta na classe, o professor pode interferir questionando: Será que só há essa resposta? E se tivesse 9 comprimidos no frasco? Vamos verificar o que aconteceria?

É importante que os alunos percebam que as quatro respostas são diferentes, porém todas estão corretas e resolvem o problema. Ao final da discussão e da socialização, eles devem ser incentivados a registrar no caderno as soluções que foram diferentes da sua.

Podemos, então, observar que, apesar de os dois problemas propostos aproximarem-se porque envolvem a idéia multiplicativa, o segundo exemplo é o que denominamos de um problema *não-convencional*, pelo fato de que possui várias soluções possíveis.

Uma vez que as características de um problema convencional são estar ligado a um conteúdo específico ou técnica; sempre ter solução e resposta única que, em geral, é numérica; apresentar todos os dados de que o resolvedor necessita para sua resolução e não possuir dados supérfluos, denominamos um problema de não-convencional quando ele rompe com uma dessas características, como é o caso do exemplo anterior.

Ao trabalhar com os problemas não-convencionais, os alunos têm contato com diferentes tipos de textos e desenvolvem sua capacidade de leitura e análise crítica, pois, para resolver a situação proposta, é necessário voltar muitas vezes ao texto a fim de lidar com os dados e analisá-los, selecionando os que são relevantes e descartando aqueles supérfluos. Planejando o que fazer, como fazer, encontrando uma resposta e testando para verificar se ela faz sentido, o aluno compreende melhor o texto. Isto gera uma atitude que não é passiva e requer uma postura diferenciada frente à resolução de problemas.

A partir da exploração desses problemas, o professor pode iniciar um trabalho que leve os alunos a confrontarem opiniões e refletirem sobre a finalidade, a adequação e a utilização dos dados apresentados no texto, interpretando e analisando o problema com mais atenção.

É importante, ainda, ressaltar que a necessidade de entender uma situação, de considerar os dados fornecidos, de colecionar dados adicionais, de descartar dados irrelevantes, de analisar e obter conclusões a partir dos dados, de imaginar um plano para a resolução e, finalmente, de resolver e verificar a coerência da solução são procedimentos comuns tanto no entendimento de diferentes tipos de textos quanto nos problemas de matemática. Assim, o trabalho que aqui propomos pode auxiliar na interpretação de outros tipos de textos, como aqueles usados em outras disciplinas e fora dos limites da escola.

## DIFERENTES TIPOS DE PROBLEMAS

A seleção de diferentes tipos de problemas não pretende ser uma classificação, nem esgotar as formas que um problema não-convencional pode ter. Nosso objetivo é simplesmente auxiliar o trabalho em sala de aula e, especialmente, permitir ao professor que possa identificar dificuldades ou evitar que elas existam entre seus alunos ao trabalhar com resolução de problemas.

### Problemas sem Solução

Trabalhar com esse tipo de problema rompe com a concepção de que os dados apresentados devem ser usados na sua resolução e de que todo problema tem solução. Além disso, ajuda a desenvolver no aluno a habilidade de aprender a duvidar, a qual faz parte do pensamento crítico. Observemos os exemplos:

*Um menino possui 3 carrinhos com 4 rodas em cada um. Qual a idade do menino?*

Nesse tipo de problema, é comum que os alunos utilizem os números 3 e 4 para fazer uma "conta" e tentar encontrar, de qualquer maneira, a idade do menino. Isto ocorre, freqüentemente, porque eles estão habituados a resolver problemas convencionais, em que a única tarefa que desempenham é buscar um algoritmo para solucionar o problema, usando para isso os números apresentados no texto, sem analisá-los com maior atenção e reflexão.

Observe a seguinte resolução:

4 + 4 + 4 = 12
3 x 4 = 12

Esse é um problema sem solução, porque com os dados do texto não temos como saber a idade do menino, uma vez que faltam dados para que o problema possa ser resolvido. Vejamos um outro exemplo.

*Como eu posso dividir igualmente 2 gatos entre 3 pessoas?*

Nesse caso, o problema não tem solução porque a pergunta é inadequada ao contexto, isto é, a própria situação torna o problema impossível de ser resolvido. No entanto, 2 pode ser dividido por 3 se no texto do problema trocarmos gatos por barras de chocolate e, nesse caso, teríamos uma situação com solução possível.

É importante observar que uma mesma operação com os mesmos dados pode não gerar a mesma resposta por causa dos diferentes contextos. Contudo, podemos ter ainda outros casos de problemas sem solução por motivos diversos.

*Monte uma pirâmide de base quadrada usando os 5 triângulos abaixo.*

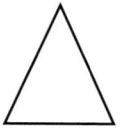

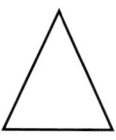

Esse é um exemplo de problema sem solução por causa de uma impossibilidade matemática, pois não conseguimos construir uma pirâmide de base quadrada com cinco triângulos iguais. Para isso, necessitamos de um quadrado e quatro triângulos iguais e adequados. Podemos propor aos alunos que tornem o problema possível, e uma alternativa é trocar um dos triângulos por um quadrado.

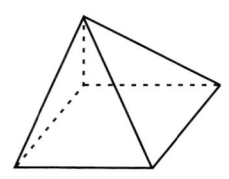

Os professores podem elaborar problemas sem solução para seus alunos, transformando os textos de alguns dos problemas convencionais encontrados nos livros didáticos. Isto pode ser feito trocando-se a pergunta de tal forma, que os dados impeçam a resposta ou a partir de uma mudança do contexto ou, ainda retirando-se alguns dados e incluindo-se condições extras que tornem a situação impossível de ser resolvida.

Por exemplo, o problema convencional:

*Num parque de diversões estou na fila da montanha russa e na minha frente estão 300 pessoas. Os carrinhos saem de 25 em 25 segundos em média e cada um leva 4 pessoas. Quantos minutos ficarei na fila?*

Pode transformar-se nos seguintes problemas sem solução:

*Num parque de diversões estou na fila da montanha russa e na minha frente estão 300 pessoas. Os carrinhos saem de 25 em 25 segundos em média. Quantos minutos ficarei na fila?*

*Num parque de diversões estou na fila da montanha russa e na minha frente estão 300 pessoas. Os carrinhos saem de 25 em 25 segundos em média e cada um leva 4 pessoas. Quantos carrinhos estão nos trilhos da montanha russa?*

## Problemas com Mais de uma Solução

O uso desse tipo de problema nas aulas de matemática rompe com a crença de que todo problema tem uma única resposta, bem como com a crença de que há sempre uma maneira certa de resolvê-lo e que, mesmo quando há várias soluções, uma delas é a correta. Como vimos, nem todos os problemas têm solução e, quando têm, ela pode não ser única.

O trabalho com problemas com duas ou mais soluções faz com que o aluno perceba que resolvê-los é um processo de investigação do qual ele participa como ser pensante e produtor de seu próprio conhecimento. Vejamos alguns exemplos desse tipo de problema:

*Dados seis quadrados iguais, construir uma planificação para o cubo.*

Existem 11 possíveis soluções para esse problema e, em classe, os alunos podem ser incentivados a encontrar algumas delas.

Um outro exemplo:

*Eu e você temos juntos 6 reais. Quanto dinheiro eu tenho?*

Algumas resoluções possíveis são:

Organizar os dados em uma tabela:   Fazer um desenho:

| Eu | Você | Total |
|----|------|-------|
| 0  | 6    | 6     |
| 1  | 5    | 6     |
| 2  | 4    | 6     |
| 3  | 3    | 6     |
| 4  | 2    | 6     |
| 5  | 1    | 6     |
| 6  | 0    | 6     |

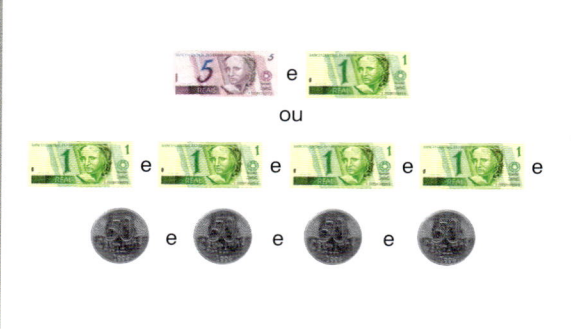

De acordo com a série na qual é proposto, esse problema pode ter diferentes respostas. Em uma 1ª série, os alunos podem usar notas, moedas ou desenho para resolvê-lo. Em uma 2ª série, podem usar uma tabela. Já na 3ª ou 4ª séries, eles podem usar números decimais, aumentado em muito o número de respostas possíveis:

Eu:         0,10+0,50+0,05+0,05+0,05+0,05
Você:       0,05+0,05+0,05+0,05+5,0
Eu e você:  0,10+0,50+0,05+0,05+0,05+0,05+0,05+0,05+0,05+0,05+5,0 = 6

Esses problemas também podem ser obtidos a partir de alguns textos de problemas convencionais, alterando-se algumas das condições do texto ou a pergunta. Por exemplo, usando o problema da montanha russa, podemos perguntar:

*Num parque de diversões estou na fila da montanha russa e na minha frente estão 300 pessoas. Os carrinhos saem de 25 em 25 segundos em média e alguns carrinhos levam 4 pessoas e outros levam 6 pessoas. Quantos minutos ficarei na fila?*

## Problemas com Excesso de Dados

Nesses problemas, nem todas as informações disponíveis no texto são usadas em sua resolução.

Trabalhar com eles rompe com a crença de que um problema não pode permitir dúvidas e de que todos os dados do texto são necessários para sua resolução. Além disso, evidencia ao aluno a importância de ler, fazendo com que aprenda a selecionar dados relevantes para a resolução de um problema.

Esse tipo de problema aproxima-se de situações mais realistas que o aluno deverá enfrentar em sua vida, pois, na maioria das vezes, os problemas que se apresentam no cotidiano não são propostos de forma objetiva e concisa. Nesses casos, o resolvedor terá pela frente, em geral, uma situação confusa, cheia de informações supérfluas que devem ser identificadas e descartadas.

Para trabalhar com esse tipo de problema, o professor pode acrescentar alguns dados numéricos ou não a um problema convencional e explorar esse novo texto. Vejamos o exemplo abaixo:

| *Caio tinha 2 dúzias de bolinhas de gude. No final do jogo com Júnior, Caio perdeu um quarto de suas bolinhas e Júnior ficou com o triplo de bolinhas de Caio. Quantas bolinhas Júnior tinha no início do jogo?* | *Caio é um garoto de 6 anos e gosta muito de brincar com bolinhas de gude. Todos os dias acorda às 8 horas, toma o seu café e corre para a casa de seu amigo Júnior para brincar. Caio levou 2 dúzias de bolinhas coloridas para jogar. No final do jogo ele havia perdido um quarto de suas bolinhas e Júnior ficou muito contente, pois agora tinha o triplo de bolinhas de Caio. Quantas bolinhas Júnior tinha ao iniciar o jogo?* |
|---|---|

Nos dois problemas, a estrutura matemática de resolução é exatamente a mesma; porém, na segunda versão há uma série de dados desnecessários que devem ser descartados para a resolução.

Também há características desse tipo naqueles problemas que envolvem uma história e que, em geral, para descrever o ambiente, o enredo e os personagens da história utilizam informações textuais desnecessárias para a resolução matemática. Tais elementos requerem do leitor uma atenção maior para a seleção do que é relevante para obter a resposta do problema. Observe um exemplo:

*Horripilante Pânicos é uma assombração. Ela tem um cão fantasma, o Ossinho. Todas as sextas-feiras eles passeiam pelos cemitérios e viram as cruzes das covas. Às quintas, assombram os vampiros. Às terças, assustam os monstros. No resto da semana eles estão mortos de cansaço e descansam. Em quais dias da semana eles descansam sabendo-se que aos domingos Horripilante lava o seu lençol?*[2]

Outra maneira de propor problemas com excesso de dados é a partir de tabelas, artigos de jornais ou revistas, anúncios de vendas e gráficos. Estas são algumas das fontes bastante usadas para organizar e comunicar informações que envolvem muitos dados numéricos e por isso, permitem a formulação de perguntas que requerem a seleção de alguns dos vários dados para a obtenção da resposta. Alguns exemplos:

*José controla o número de torcedores que assistem aos jogos de futebol no estádio de sua cidade nos fins de semana. Veja os números do mês de junho:*

---

[2] Extraído de Gwinner, P. *"Pobremas": enigmas matemáticos*. Petrópolis: Vozes, 1990.

| 1º Sábado  | 12 525 | 3º Sábado  | 8 604  |
|------------|--------|------------|--------|
| 1º Domingo | 22 086 | 3º Domingo | 33 421 |
| 2º Sábado  | 13 467 | 4º Sábado  | 11 305 |
| 2º Domingo | 34 558 | 4º Domingo | 25 660 |

*Quantos ingressos foram vendidos no último final de semana?*

*Em qual final de semana o estádio recebeu mais torcedores?*

*A classe de Caio fez uma votação sobre o sabor de sorvete predileto dos alunos e fez um gráfico com os totais dos votos. Observe o gráfico e responda:*

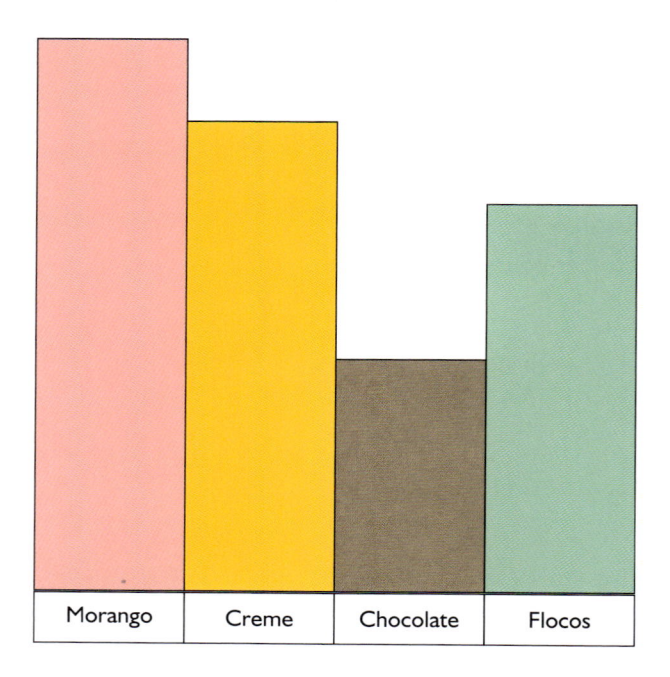

*Qual deve ser o título deste gráfico?*

*Quantos alunos preferem o sabor morango?*

*Quantos alunos tem a classe de Caio?*

*Observe este anúncio de supermercado. O que você compraria com 20 reais de modo a gastar o máximo desse dinheiro? Qual seria o troco?*

**O MELHOR EM HORTIFRUTI TODA QUARTA PRA VOCÊ!**

**SUPER FEIRÃO**

- Caqui Chocolate kg — 0,68
- Abacaxi un. — 0,94
- Abacate kg — 0,21
- Limão kg — 0,16
- Maçã Nacional Gala kg — 0,84
- Uva Ital. Embalada kg — 1,59
- Banana Nanica kg — 0,35
- Melancia Un. — 1,76
- Uva Rubi Embalada kg — 1,69
- Ovos Gde. Bco. Dz. — 1,09
- Chuchu kg — 0,15
- Berinjela kg — 0,69
- Maracujá Azedo kg — 1,19
- Cenoura kg — 0,82
- Pimentão Vermelho kg — 0,82
- Pepino Comum kg — 0,40
- Milho Verde band. c/5 — 0,85
- Mamão Formosa kg — 0,34
- Pera Imp. Willian kg — 1,84
- Pimentão Verde kg — 0,59

*Leia com atenção esta notícia (Revista Época, n. 94, março de 2000) e depois responda:*

FRANCES JONES, DE PARIS

**Tramas urbanas**
**Londres foi a primeira cidade a adotar o metrô**

O primeiro metrô do mundo nasceu nos subterrâneos de Londres, em 1863. Hoje tem 401 quilômetros de extensão e reafirma a cada minuto a pontualidade britânica. Sua malha supera em quase cinco vezes as linhas existentes no Brasil. Antes de Paris, Atenas, Istambul, Budapeste, Glasgow e Viena já operavam trens urbanos.
O metrô de Buenos Aires foi o primeiro da América do Sul. Inaugurado em 1913, o sistema argentino surgiu nove anos depois da rede de Nova York. O de São Paulo, um dos mais caros do mundo, começou a funcionar em 14 de setembro de 1974. Mais de 60 anos depois do similar argentino.

a) Quantos anos tem o primeiro metrô do mundo?
b) Segundo a notícia, aproximadamente, quantos quilômetros de metrô o Brasil possui?
c) Em que ano surgiu o metrô de Nova York?
d) Quantos anos o metrô de Nova York tem a mais que o de São Paulo?
e) Qual o significado da frase "reafirma a cada minuto a pontualidade britânica"?

## Problemas de Lógica

Estes são problemas que fornecem uma proposta de resolução cuja base não é numérica, que exigem raciocínio dedutivo e que propiciam uma experiência rica para o desenvolvimento de operações de pensamento como previsão e checagem, levantamento de hipóteses, busca de suposições, análise e classificação.

O método de tentativa e erro, o uso de tabelas, diagramas e listas são estratégias importantes para a resolução de problemas de lógica. Além da exigência de usar uma dessas estratégias não-convencionais para sua resolução, os problemas de lógica, pelo inusitado das histórias e pela sua estrutura, estimulam mais a análise dos dados, favorecem a leitura e interpretação do texto e, por serem motivadores, atenuam a pressão para obter-se a resposta correta imediatamente.

Exemplos desse tipo de problema são:

Alice, Bernardo, Cecília, Otávio e Rodrigo são irmãos. Sabemos que:

– Alice não é a mais velha
– Cecília não é a mais nova
– Alice é mais velha que Cecília
– Bernardo é mais velho que Otávio
– Rodrigo é mais velho que Cecília e mais moço que Alice.

Você pode descobrir a ordem em que nasceram esses 5 irmãos?

Resposta: Do mais velho ao mais novo: Bernardo, Alice, Rodrigo, Cecília e Otávio

*Mariana tem 3 chapéus, um amarelo com flores, um vermelho e outro azul.*

*Ela empresta seus chapéus à sua prima Raquel.*

*Hoje elas foram juntas a uma festa usando chapéus.*

*Siga as pistas e descubra que chapéu cada uma delas usou.*

*Quando chove Mariana não usa seu chapéu predileto que é vermelho.*

*O chapéu com flores não serve para Raquel.*

*Hoje choveu o dia todo.*

*Quando Mariana usa seu chapéu amarelo ela não sai com Raquel.*

Resposta: Mariana com o chapéu azul e Raquel com o vermelho.

Uma fonte desse tipo de problemas são os almanaques e as revistas infantis, os quais os apresentam como desafios. Algumas sugestões dessas publicações estão no final deste capítulo.

Os tipos de problemas apresentados até aqui foram classificados desse modo porque existem algumas habilidades e funções específicas que não podem deixar de ser trabalhadas para romper com algumas crenças que mudem a postura do aluno diante da resolução de problemas. Existem outras classificações possíveis, que podem ser vistas e trabalhadas, e dentro delas outros tipos de problemas não-convencionais como os que mostraremos a seguir:

## Outros Problemas Não-Convencionais

Alguns problemas são mais favoráveis à problematização que outros; no entanto, depende do professor conhecer o potencial do problema para encaminhar os questionamentos de acordo com seus objetivos e o envolvimento dos alunos. Um exemplo é o problema a seguir que, além de ter várias soluções, pode transformar-se em novos problemas interessantes com a alteração de alguns de seus dados.

*Preencher as quadrículas da figura abaixo, usando os algarismos de 1 a 9, sem repeti-los, de tal modo que a soma dos números na horizontal, vertical e diagonal do quadrado seja 15.*

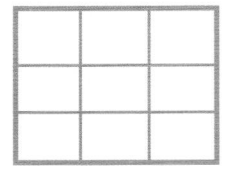

Em geral, as pessoas buscam imediatamente a solução por tentativas. Porém, como o enunciado é propositadamente impreciso, algumas pessoas não usam todos os números de 1 a 9, repetindo alguns deles; outras demoram a compreender o que foi pedido.

Nesse momento, surge a necessidade de esclarecer o enunciado de modo que todos trabalhem no mesmo problema. Salienta-se, assim, o primeiro passo da resolução de um problema: a compreensão do que é dado e do que é pedido. A seguir, procede-se à análise da solução, questionando-se:

| 6 | 1 | 8 |
| --- | --- | --- |
| 7 | 5 | 3 |
| 2 | 9 | 4 |

– *Esta é a única solução?*
– *Como ela foi encontrada?*
– *O que ela tem de característica?*

Muitos alunos dizem que a solução não é única e apresentam outras:

| 4 | 9 | 2 |
|---|---|---|
| 3 | 5 | 7 |
| 8 | 1 | 6 |

| 8 | 3 | 4 |
|---|---|---|
| 1 | 5 | 9 |
| 6 | 7 | 2 |

| 8 | 1 | 6 |
|---|---|---|
| 3 | 5 | 7 |
| 4 | 9 | 2 |

O importante é que, ao final da discussão, todos observem que as características das respostas são: o número 5 ocupa o centro do quadrado e, uma vez que esse número esteja colocado, os outros se encaixam; os números pares ocupam os cantos do quadrado e os ímpares estão nas casas intermediárias; dado qualquer um desses quadrados, fica fácil obter os outros, fazendo-se trocas convenientes de posições (rotação dos lados do quadrado).

É possível discutir o próprio problema proposto, perguntando-se:

– *Multiplique os números da primeira linha por 2. O quadrado continua sendo mágico? Por quê?*
– *Se multiplicarmos os números das linhas por 5, o que acontecerá com esse quadrado? Qual será sua soma? Ele será mágico?*
– *Multiplique cada número do quadrado por uma mesma quantidade. O que acontece com a soma? Ele continua sendo um quadrado mágico?*
– *Isto também acontece com as demais operações?*

Cabe ainda questionar:

– *É possível construir quadrados mágicos com outros números?*

É interessante observar que a resposta é "sim" e que as justificativas, quando solicitadas, são imprecisas e pouco satisfatórias. Um exemplo é construir um quadrado mágico usando os algarismos de 0 a 8 sem repeti-los:

| 7 | 0 | 5 |
|---|---|---|
| 2 | 4 | 6 |
| 3 | 8 | 1 |

O que deve ficar claro é a criação de novas questões a partir de uma situação simples, levando a perguntas que talvez não possam ser respondidas em uma abordagem inicial, mas que podem ser retomadas mais tarde.

O professor pode notar que este é um problema que por si só solicita uma estratégia para sua resolução que não é o algoritmo. Ele pode ser um problema de investigação se o professor, através da sua atitude, da sua postura frente ao problema, elabora novas perguntas que conduzem o aluno à busca por novas soluções.

O problema a seguir é o que denominamos de problema de estratégia, pois sua solução depende de combinar as informações do texto de forma adequada:

*Um homem precisa levar uma raposa, uma galinha e um cesto de milho até a outra margem do rio. O problema é que ele só pode levar uma dessas coisas de cada vez. Levando o cesto de milho, a raposa comeria a galinha. Se ele levar a raposa, a galinha come o milho. Como você faria para resolver esse problema?*

*Leva a galinha, porque se levar a raposa a galinha come o milho, depois eu levaria a raposa e a amarraria numa árvore. E por último o milho e não iria deixar a galinha comer o milho.* **Thiago** – 3ª série

*Na primeira viagem eu levaria a galinha, porque a galinha não seria atacada e nem comeria o milho. A raposa ficaria amarrada e o milho protegido para ninguém comê-lo. Quando eles chegassem do outro lado da margem o homem amarraria a galinha.*

*Na segunda viagem eu levaria a raposa e a deixaria bem longe, presa num cercado. E na terceira viagem eu levaria o milho.* **Carol** – 3ª série

As soluções das crianças são possíveis e interessantes apesar de diferirem da resolução clássica: – na primeira viagem levar a galinha, na segunda levar a raposa e trazer a galinha de volta, na terceira viagem levar o milho e, finalmente na quarta viagem levar a galinha.

Cabe ao professor discutir com os alunos as diversas soluções apresentadas. (ver Capítulo 7)

Nos dois exemplos abaixo, a resolução também depende da escolha de uma estratégia, mas elas são bem diversas da anterior. No primeiro exemplo, é interessante fazer um desenho ou pensar de *trás para a frente*, isto é, começar do fim da história para o começo. No segundo exemplo, é mais fácil tentar resolver primeiro um *problema mais simples* com números menores para elaborar um modo de resolver o problema com os números dados.

*Um elevador parte do andar térreo. Ao chegar ao 3º andar, descem 5 pessoas, no 4º andar descem 2 pessoas e sobem 4, no 7º andar desce 1 pessoa e sobem 3. No último andar descem 7 pessoas e o elevador fica vazio. Quantas pessoas estavam no elevador no andar térreo quando ele começou a subida?*

Resposta: 8 pessoas.

*Numa festa estão 10 convidados e todos eles se cumprimentam com um aperto de mão. Quantos apertos de mão serão dados?*

Resposta: 45 apertos de mão.

## MONTANDO UMA PROBLEMOTECA

Uma das maiores dificuldades que o professor encontra é localizar problemas não-convencionais. Portanto, para trabalhar com essa diversidade de problemas, ele pode montar uma *problemoteca*.

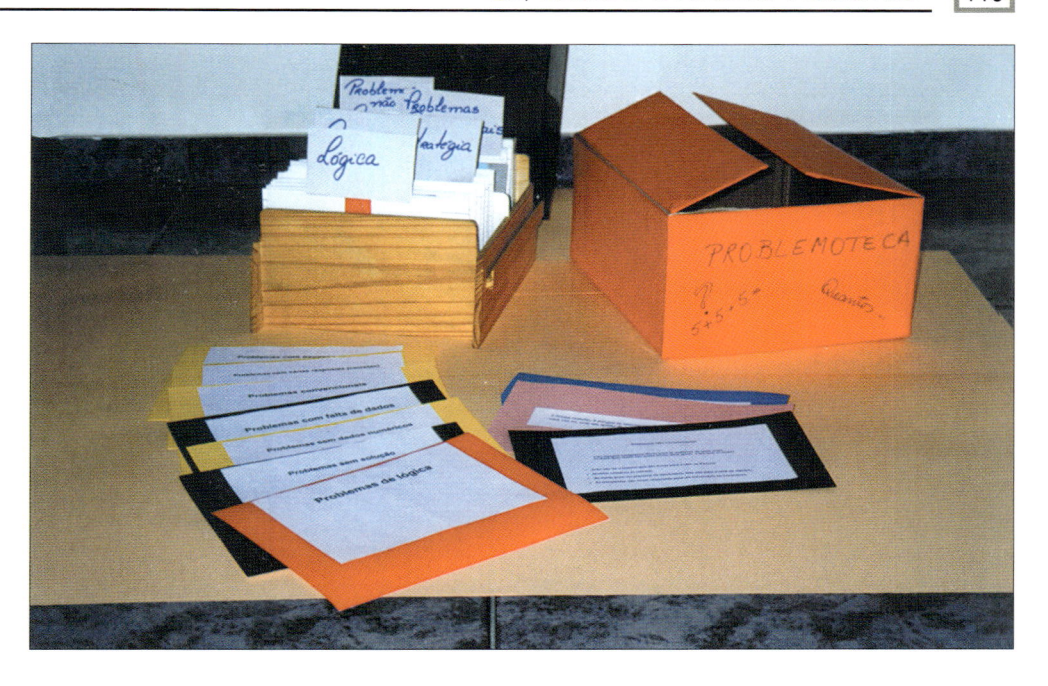

A problemoteca é uma coleção organizada de problemas colocada em uma caixa ou fichário, com fichas numeradas que contêm um problema e que podem trazer a resposta no seu verso, pois isso possibilita a autocorreção e favorece o trabalho independente.

Para que os alunos sintam-se desafiados a resolvê-los, os problemas devem ser variados e não-convencionais. Por isso, a coleção de problemas deve ser avaliada periodicamente, excluindo-se problemas muito difíceis ou fáceis demais e aqueles que não motivaram os alunos. Também é possível a inclusão de novos problemas, alguns deles propostos ou elaborados pelos próprios alunos.

Uma outra possibilidade é o professor e os alunos montarem um banco de problemas no computador, o que torna a escolha e a troca de problemas muito mais rápida e permite constantes atualizações do acervo.

A problemoteca pode ficar à disposição em um canto da classe e, sempre que houver trabalho diversificado, os alunos que desejarem poderão procurar problemas para resolver ou utilizar os que o professor indicar, anotando no caderno o número da ficha, os dados do enunciado e a resolução.

Relembrando a importância da comunicação na sala de aula, as fichas da problemoteca podem ser resolvidas em duplas, em grupos ou mesmo individualmente. O que se espera é que, à medida que os alunos tiverem clareza de que o objetivo do trabalho independente é favorecer sua autonomia, eles irão desenvolver, aos poucos, a postura de tentar resolver sozinhos, ou com a ajuda de colegas, possíveis dúvidas encontradas nas atividades propostas.

## COMENTÁRIOS FINAIS

Cada um dos tipos de problema apresentados neste capítulo são sugestões para o professor usar nas aulas de matemática de acordo com a necessidade dos alunos.

Entretanto, é preciso ficar claro que não devemos trabalhar com os diversos tipos de uma só vez na mesma semana. A resolução desses problemas deve estar presente ao longo de todo o curso de maneira diversificada e pertinente.

Cada momento na resolução dos problemas deve ser de investigação, descoberta, prazer e aprendizagem. A cada proposta de resolução, os alunos devem ser encorajados a refletir e analisar detalhadamente o texto, estabelecendo relações entre os dados numéricos e os outros elementos que o constituem e também com a resposta obtida, percebendo se esta é ou não coerente com a pergunta e com o próprio texto.

Optamos por trabalhar com essa diversidade de problemas para que o aluno possa mudar sua postura diante da resolução de problemas, desmistificando as crenças citadas e analisadas ao longo deste capítulo. Com isso, almejamos que ele desenvolva seu senso crítico, seu espírito de investigação e sua autonomia na resolução de problemas, tornando-se um indivíduo capaz de enfrentar, observar, discutir e deduzir os desafios, perseverando na busca de caminhos para possíveis soluções.

## REFERÊNCIAS BIBLIOGRÁFICAS

BUSHAW, D. *Aplicações da matemática escolar*. São Paulo: Atual, 1997.
KRULIK, S. et al. *A Resolução de Problemas na matemática escolar*. São Paulo: Atual, 1997.
POZO, J. I. *A solução de problemas*. Porto Alegre: Artes Médicas (Artmed), 1998.

## SUGESTÃO DE LIVROS E REVISTAS PARA PROBLEMAS NÃO-CONVENCIONAIS

BÜRGES, B.; PACHECO, E. *Problemas matemáticos*. São Paulo: Moderna, 1998.
DANTE, L. R. *Didática da resolução de problemas de matemática*. São Paulo: Ática, 1996.
GONIK, T. *Truques e quebra-cabeças com números*. São Paulo: Tecnoprint, 1978.
GWINNER, P. *"Pobremas": enigmas matemáticos*. Petrópolis: Vozes, 1990. v.1, 2 e 3.
IMENES, L. M. *Problemas curiosos*. São Paulo: Scipione, 1989.
JULIUS, E. H. *Aritmetruques*. Campinas: Papirus, 1997.
O'BRIEN, T. *Desafios e investigações*. São Paulo: Callis, 1998. v.1 e 2.
SNAPE, C.; SCOTT, H. *Enigmas matemáticos*. Lisboa: Gradiva, 1994.
TOVAR, P. C. (Org.). *O livro de ouro de quebra-cabeças*. São Paulo: Tecnoprint, 1978.
TYLER, J.; ROUND, G. *Enigmas com números*. Lisboa: Gradiva, 1980.

## REVISTAS

*Zá*. Editora Pinus. Rua Alvarenga, 2382. São Paulo – SP. CEP 05509 – 006. Fone (11) 816-4933. Fax (11) 210-4574.
*Ciência Hoje das Crianças*. Sociedade Brasileira para o Progresso da Ciência. Rua Venceslau Brás, 71, fundos casa 27. Rio de Janeiro – RJ. CEP 22290 – 140. Fone (21) 295-4846. Fax (21) 541 – 5342.
*Recreio*. Fundação Victor Civita – Editora Abril. Av. Nações Unidas, 7221, 20º andar. São Paulo – SP. CEP 05477 – 000. Fone 0800 11 20 55. Fax (11) 3037 – 4322.
*Galileu*. Editora Globo. Av. Jaguaré, 1485. São Paulo – SP. CEP 053446 – 902. Fone (11) 3767-7758. Fax (11) 3767-7755.
*Superinteressante* – Editora Abril. Rua Geraldo Flausino Gomes, 61. São Paulo – SP. CEP 045573 – 900. Fone (11) 534-5344. Fax. (11) 534-5638.

capítulo

# Diferentes Formas de Resolver Problemas

### Cláudia T. Cavalcanti

Incentivar os alunos a buscarem diferentes formas de resolver problemas permite uma reflexão mais elaborada sobre os processos de resolução, sejam eles através de algoritmos convencionais, desenhos, esquemas ou até mesmo através da oralidade.

Aceitar e analisar as diversas estratégias de resolução como válidas e importantes etapas do desenvolvimento do pensamento permitem a aprendizagem pela reflexão e auxiliam o aluno a ter autonomia e confiança em sua capacidade de pensar matematicamente.

**7**

Em nossa experiência com resolução de problemas nas séries iniciais, temos visto que tão importante quanto o tipo de problema a ser trabalhado e a compreensão do texto é a atenção que devemos dar aos diferentes modos pelos quais as crianças podem resolver problemas. Acreditamos que este é um caminho que contribui muito para que tal ato seja um processo de investigação, no qual o aluno se posicione com autonomia e confiança e possa combinar seus conhecimentos para resolver a situação apresentada.

Para começarmos a refletir sobre essa questão, observemos o problema a seguir:

> *Clóvis é um colecionador muito estranho. Ele tem 2 caixas. Em cada caixa há 4 aranhas. Cada aranha tem 8 patas. Se Clóvis tivesse que comprar meias no inverno para suas aranhas, quantas meias compraria?*

Provavelmente, se fôssemos resolver o problema, pensaríamos em fazer 8 X 8 = 64, mas será esse o único modo? Vejamos como crianças de uma 2ª série resolveram a situação proposta.

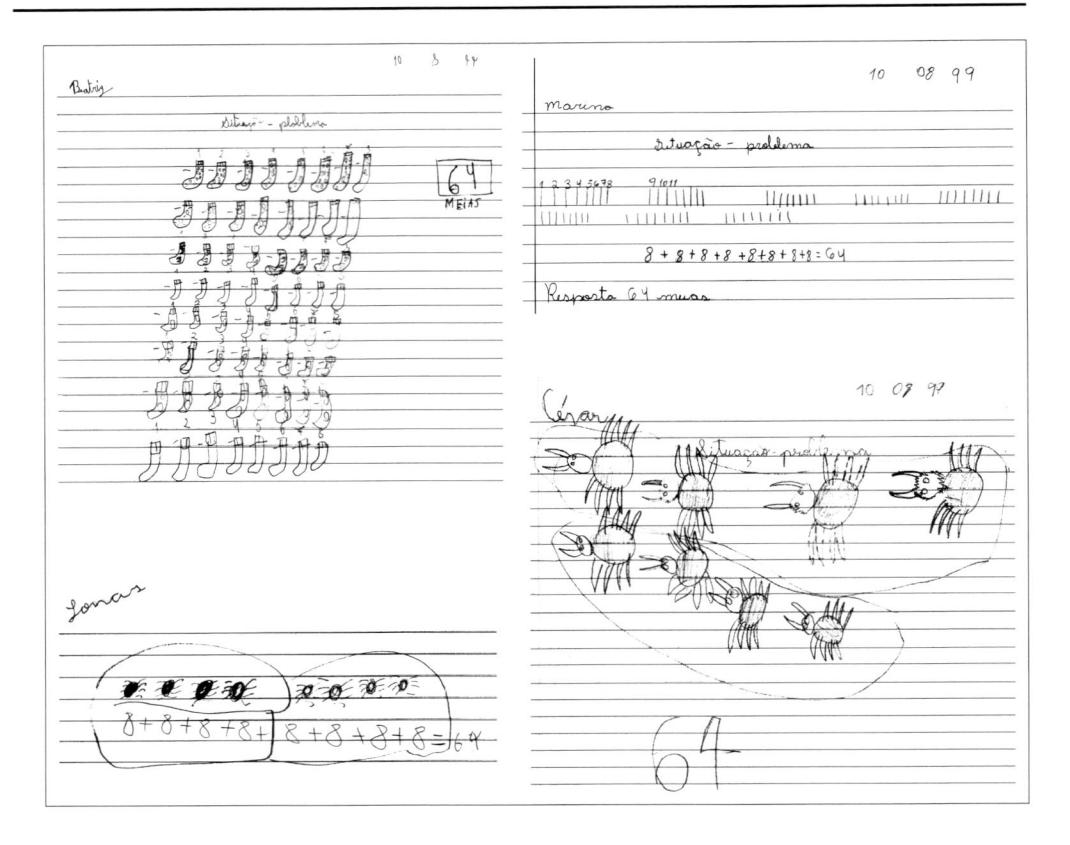

Para muitos professores, pode parecer incomum a maneira como as crianças resolveram o problema, afinal não aprendemos dessa forma e ela difere muito da convencional e tradicionalmente exigida pela escola como resolução correta.

No entanto, um olhar mais voltado para o processo e o raciocínio utilizado pelas crianças revela-nos que elas estão em busca de um caminho próprio e que resolver um problema, nesse momento, está muito longe da tarefa de identificação do algoritmo que solucione a situação apresentada. Para elas, não é estranho fazer um desenho na tentativa de encontrar a solução; muito pelo contrário, tal ação surge naturalmente, sendo vista como um caminho viável para se chegar à solução.

Na resolução de problemas, muitas vezes, os alunos optam por representar suas soluções com base no contexto ou na estrutura do problema, o que varia de acordo com sua própria segurança. Das várias representações que fazem, uma ou outra se aproxima da técnica operatória, o que não se traduz necessariamente em algoritmo convencional.

O objetivo deste capítulo é discutir de modo mais detalhado essas questões e como viabilizar o trabalho em sala de aula para que os alunos possam resolver problemas de matemática de uma maneira mais prazerosa e autônoma, explorando as situações apresentadas, buscando caminhos próprios e compreendendo a linguagem matemática como um recurso de comunicação de idéias.

## POR QUE DIFERENTES FORMAS DE RESOLVER PROBLEMAS?

Conforme foi discutido em capítulos anteriores, no modelo tradicional, o trabalho de resolução de problemas se inicia após a introdução de conteúdos matemáticos, ou seja, após as operações serem apresentadas aos alunos. Assim, apresentam-se problemas de adição após os alunos conhecerem a técnica da adição e o mesmo ocorre com as outras operações.

Desse modo, o problema exemplificado anteriormente viria após a introdução da multiplicação com o objetivo de verificar se as crianças entenderam e fazem uso desse algoritmo. Isto ocorre porque, geralmente, acredita-se que elas precisam dominar técnicas operatórias para resolver problemas, tendo um mínimo de linguagem matemática adquirida para expressar suas resoluções.

Decorre também dessa postura uma outra prática comum que é exigir que os alunos comecem a resolver problemas escrevendo corretamente a sentença ou expressão matemática que o traduz. No entanto, temos notado que a exigência precoce pelo algoritmo na resolução de problemas pode criar dificuldades para os alunos, quer na compreensão do que o problema pede, quer na elaboração adequada de uma estratégia para a sua resolução.

Vejamos um exemplo que irá esclarecer melhor o que estamos dizendo. Em duas 1ªˢ séries, pedimos aos alunos que resolvessem o seguinte problema:

> A professora Regina tem 42 alunos. A professora Ana tem 24 alunos.
> a) Quem tem menos alunos?
> b) Quantos alunos as duas professoras têm juntas?
> c) Quantos alunos a professora Ana tem a menos que a professora Regina?

Inicialmente, pensávamos em colher dados, a partir da terceira pergunta, para verificar se as crianças, em um dado momento da escolaridade, resolviam ou não problemas envolvendo subtração. Observemos como uma das classes resolveu o problema:

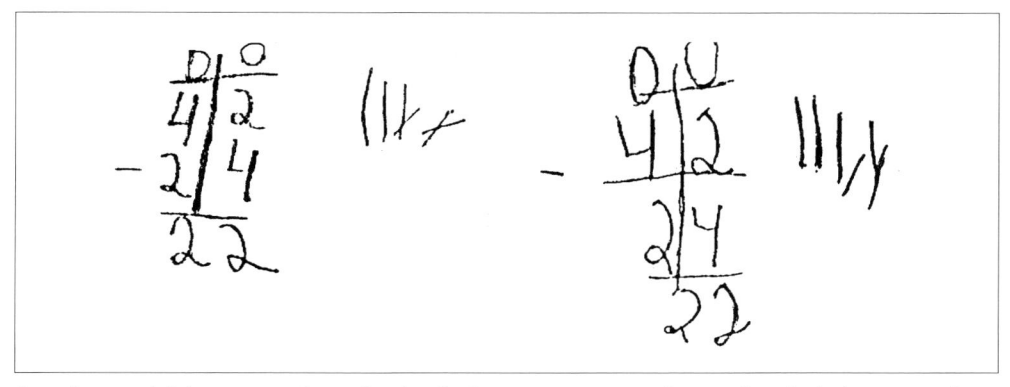

As crianças iniciaram a subtração da direita para a esquerda, porém de baixo para cima. Fizeram quatro menos dois igual a dois. Depois, da esquerda para a direita novamente, quatro menos dois igual a dois, obtendo como resultado vinte e dois. Isso ocorreu porque esses alunos ainda não operavam com subtração com recurso e não sabiam o que fazer diante dessa situação nova para eles.

Nessa classe, a maioria dos alunos resolveu o problema conforme demonstrado, e os demais deixaram a questão em branco. Analisando as soluções apresentadas, foi possível notar que um número elevado de alunos identificou o algoritmo que solucionaria o problema; porém, como ainda não haviam aprendido a operar com ele, não conseguiram se sair bem diante da situação. Além disso, as crianças não buscaram outros caminhos para solucionar o problema. Foi possível perceber que, para elas, resolver problemas ainda significava identificar a operação adequada e representá-la através do algoritmo convencional; como não operavam com esse algoritmo, ficaram imobilizadas.

Vejamos como uma outra classe resolveu o mesmo problema:

Observe que nesta classe as crianças buscaram outros caminhos para solucionar o problema. Neste primeiro exemplo, a criança representou os alunos das professoras Ana e Regina com risquinhos. Ela utilizou o desenho para interpretar a situação apresentada, mas confundiu-se na contagem e não obteve a resposta correta.

A segunda criança iniciou a contagem partindo de 24 até chegar a 42. Depois, ela contou nos dedos à medida que riscava os números, chegando ao resultado correto.

Podemos observar que, nessa turma, as crianças identificaram a operação porque compreenderam a noção de subtração e, mesmo não conhecendo o algoritmo convencional, buscaram uma forma própria de resolução. Muitas crianças resolveram a situação por contagem: partindo do 24, contaram nos dedos até 42 e verificaram quanto faltava para chegar ao número desejado. Isto fez com que deixassem o espaço da resolução em branco, colocando apenas 18 como resposta.

Outras crianças fizeram desenhos, esquemas e um grande número de alunos chegou ao resultado correto. Apenas duas crianças dos 32 alunos que participaram dessa aula deixaram a questão em branco. Observamos que, para esse grupo, resolver um problema é um desafio que pode ser vencido por inúmeros caminhos.

Uma breve reflexão entre o resultado de um trabalho pautado na exigência da sentença e da operação matemática e outro que incentiva as crianças a buscarem caminhos pessoais de resolução leva-nos a perceber que o desenvolvimento da autonomia torna-se difícil, se for tirada das crianças a oportunidade de apresentarem o que realmente pensaram sobre a situação e se a ênfase da resolução recair apenas sobre a técnica.

Vamos rever as resoluções do problema feitas pelas duas classes e destacar que, ao analisarmos a resposta apresentada pelos alunos da primeira classe, é possível notar que a estratégia utilizada por eles não está inadequada, porém o resultado obtido é incorreto. Na segunda classe, a resposta obtida estava correta, mas o tipo de resolução pautado na contagem com os dedos sugere outro problema se os números envolvidos forem maiores.

Quando incentivamos as crianças a buscarem diferentes resoluções, podemos observar e acompanhar como pensam e registram as diferentes formas de resolução, o que permite a intervenção direcionada às dificuldades apresentadas ou aos avanços que os alunos estão prontos para enfrentar. Tal fato pode ser exemplificado através das ações de ensino que as professoras das duas classes puderam realizar.

Na primeira classe, a professora, ao discutir o problema com os alunos, não classificou suas respostas em certo ou errado, mas instigou a classe a buscar maneiras diferentes que poderiam ser utilizadas para resolver o problema, ampliando, assim, o leque de possibilidades de cada criança.

Na segunda classe, as crianças já solucionavam o problema utilizando desenhos, contagem e comparação entre quantidades; portanto, fez-se necessário criar momentos de intervenção, apresentando também soluções através do algoritmo da subtração para que avançassem conhecendo um outro tipo de resolução. A professora aproveitou a situação para enfocar a técnica operatória da subtração com recurso.

Ao criar uma estratégia pessoal, o aluno poderá refletir sobre um conceito matemático, dependendo da situação proposta. Isto pode ser visto no problema das aranhas do início do capítulo, no qual observamos que as crianças iniciam sua aprendizagem sobre o conceito de multiplicação como uma adição de parcelas iguais por meio de diferentes procedimentos utilizados.

Deixar que os alunos criem suas próprias estratégias para resolver problemas favorece um envolvimento maior deles com a situação dada. Eles passam a sentir-se responsáveis pela resolução que apresentam e têm a possibilidade de aprender a expor seu raciocínio na discussão com seus pares.

## DIFERENTES FORMAS DE RESOLVER PROBLEMAS

Para que os alunos sejam capazes de apresentar as diferentes maneiras que utilizam para resolver problemas, cabe ao professor propiciar um espaço de discussão no qual eles pensem sobre os problemas que irão resolver, elaborem uma estratégia e façam o registro da solução encontrada ou dos recursos que utilizaram para chegar ao resultado. Assegurar esse espaço é uma forma de intervenção didática que favorece a formação do pensamento matemático, livre do apego às regras e às crenças tão presentes nas aulas de matemática. Ou seja, a valorização dos diferentes modos de resolução apresentados pelas crianças inibe o desenvolvimento de algumas atitudes inadequadas em relação à resolução de problemas, como, por exemplo, abandonar rapidamente um problema quando a técnica envolvida não é identificada, esperar que alguém o resolva, ficar perguntando qual é a operação que resolve a situação, ou acreditar que não vale a pena pensar mais demoradamente para resolver um problema.

Para representar seus pensamentos, as crianças podem lançar mão dos recursos que lhes sejam mais familiares como a oralidade e o desenho, além da utilização de escritas matemáticas. O resolvedor faz sua opção, dependendo do problema proposto, do seu grau de envolvimento com a situação e dos conhecimentos prévios que possui para lidar com o problema. Cabe ao professor planejar ações que assegurem um espaço para a elaboração individual de estratégias e momentos coletivos, ou em pequenos grupos, para que as crianças apresentem suas hipóteses e possam ouvir a opinião dos colegas a respeito de seu procedimento de resolução. Assegurar o registro individual é o primeiro caminho.

Ao fazer registros, a criança exterioriza um conhecimento, revelando sua compreensão do próprio problema e o domínio que possui dos conteúdos matemáticos que fazem parte daquela atividade. Não podemos esquecer que uma das tarefas da escola é formar crianças que façam uso da leitura e da escrita com autonomia em todas as áreas do currículo. Por esse motivo, propomos que, durante as aulas de matemática, as crianças sejam convidadas a registrar e comunicar informações e suas próprias descobertas. Desse modo, teremos não apenas um meio de interação das crianças entre si, mas também poderemos favorecer a compreensão sobre a tarefa que estiverem realizando.

## A IMPORTÂNCIA DA ORALIDADE

A linguagem oral está presente na vida das crianças mesmo antes do início de sua escolaridade, constituindo-se, por isso, em um recurso muito utilizado por elas para expressarem seus sentimentos, necessidades, desconfortos, descobertas. A criança, mesmo não dominando a linguagem escrita, é capaz de resolver situações e expressar-se oralmente para transmitir a sua resposta e o seu raciocínio. A linguagem oral é rápida e permite integração do locutor com o interlocutor no momento em que está sendo produzida. Logo, a troca entre pares através da linguagem oral ocorre naturalmente.

A oralidade utilizada como recurso na resolução de problemas pode ampliar a compreensão do problema e ser veículo de acesso a outros tipos de raciocínio. Falar e ouvir nas aulas de matemática permite uma maior troca de experiências entre as crianças, amplia o vocabulário matemático e lingüístico da classe e faz com que idéias e procedimentos sejam compartilhados. Ao ouvir seus pares e o professor, a compreensão do enunciado, por exemplo, modifica-se. Trabalhar oralmente com resolução de problemas, ainda que com crianças que não sejam leitoras e escritoras, é uma maneira de inseri-las nesse novo universo e aproximá-las da linguagem matemática.

A oralidade pode ser estimulada de várias maneiras no trabalho com resolução de problemas: na exposição do procedimento de resolução, na resolução elaborada em dupla ou grupo e na resolução coletiva.

Na exposição do procedimento utilizado para resolver o problema, a criança pode ser convidada a explicar como pensou e esclarecer as dúvidas dos colegas de classe. Nesse momento, ela lança mão de procedimentos que não aparecem no registro escrito para explicar seu raciocínio, cria formas de comunicar-se através de gestos e expressões que não conseguiu incluir apenas no desenho ou na escrita.

Um modo de envolver as crianças é ir perguntando diretamente àquelas que não gostam de falar se concordam ou não com a proposta apresentada por um colega. No início, elas podem simplesmente dizer sim ou não, mas com o tempo passam a justificar suas opiniões.

As crianças que não gostam de se expor nos momentos de discussão na classe precisam de um espaço assegurado de discussão nos grupos e duplas. Essa é uma forma de garantir que falem e sejam ouvidas, opinem e recebam sugestões e pontos de vista de seu interlocutor.

Muitas crianças farão perguntas apenas com o objetivo de acompanhar o que estão ouvindo; outras emitem opiniões, julgamentos, soluções. Cabe ao professor garantir que todos estejam entendendo a tarefa e procurar selecionar problemas acessíveis à sua classe que sejam, ao mesmo tempo, desafiadores e não envolvam conteúdos totalmente novos.

É preciso também que o professor organize-se para anotar informações que lhe ajudem a planejar as próximas intervenções, anotando que alunos tiveram maiores dúvidas, que tipo de dúvidas apresentaram, quais alunos resolveram a situação com facilidade, se houve envolvimento ou não da classe e por quê. Não é necessário anotar tudo em uma única aula; o professor pode planejar o que deseja observar, escolhendo um ou dois itens e atendo-se a eles. Com o passar dos dias, logo terá um grande conjunto de informações à sua disposição, úteis no planejamento e organização das próximas aulas.

Em pequenos grupos ou em duplas, as crianças também resolvem problemas propostos pelo professor ou criados por seus colegas de classe. Propor que resolvam em pequenos grupos é uma forma de assegurar que todas as crianças falem e sejam ouvidas, recebendo do interlocutor suas opiniões. Enquanto solucionam o problema, o professor pode ir circulando pelos grupos para observar o que cada criança fez.

Durante as correções dos problemas, algumas crianças podem expor suas estratégias no quadro e explicar à classe como pensaram. Em cada caso, o professor pode fazer uso das informações obtidas para planejar as próximas intervenções e consolidar o caráter diagnóstico que toda avaliação possui.

Tais observações podem parecer óbvias, mas, muitas vezes, esquecemo-nos de abrir esse espaço para que as crianças possam falar sobre um problema ou outro assunto qualquer que já esteja colocado para toda a classe em seu formato correto e final. Podemos surpreender-nos com afirmações que revelam incompreensões ou outras percepções sobre aquilo que, com freqüência, consideramos terminado. A fala das crianças indica o que fica encoberto pelo consentimento silencioso do coletivo de uma classe e, até mesmo, pelos registros escritos que podem não traduzir exatamente o que a criança pensou ao realizar a tarefa.

## RESOLVENDO PROBLEMAS ATRAVÉS DE DESENHOS

Nas aulas de matemática, o desenho serve como recurso de interpretação do problema e como registro da estratégia de solução. Isto pode ser observado claramente nos desenhos utilizados pelas crianças na resolução do problema do início deste capítulo.

Algumas crianças iniciam seus registros com desenhos e, posteriormente, passam a empregar números e sinais, em especial nas situações em que têm um domínio maior do tema e dos conteúdos matemáticos envolvidos. Quando desenham, elas explicitam mais facilmente os significados presentes no texto – palavras, cenas, informações, operações, etc. – e assim constroem uma representação mental dos mesmos. O desenho também fornece ao professor pistas sobre a criança, como ela pensou e agiu para solucionar determinado problema, e à criança fornece um meio de manifestar como age sobre o problema, como expressa suas idéias e comunica-se. Contudo, é importante propor situações nas quais desenhar implique a discussão com parceiros, a troca de idéias, o ato de ouvir e emitir impressões sobre as idéias que o desenho suscitou.

Estudos diversos indicam que o desenho pode ser utilizado de três maneiras diferentes na resolução de problemas (Zunino, 1995). Em uma primeira etapa, o resolvedor utiliza o desenho para representar aspectos da situação apresentada no texto, mas não expressa relações que identifiquem as transformações numéricas, ou que indiquem que estivesse resolvendo o problema através do desenho. Podemos verificar isso no desenho abaixo, feito por um aluno ao resolver o problema apresentado no início do capítulo e que mostra apenas as duas caixas com aranhas:

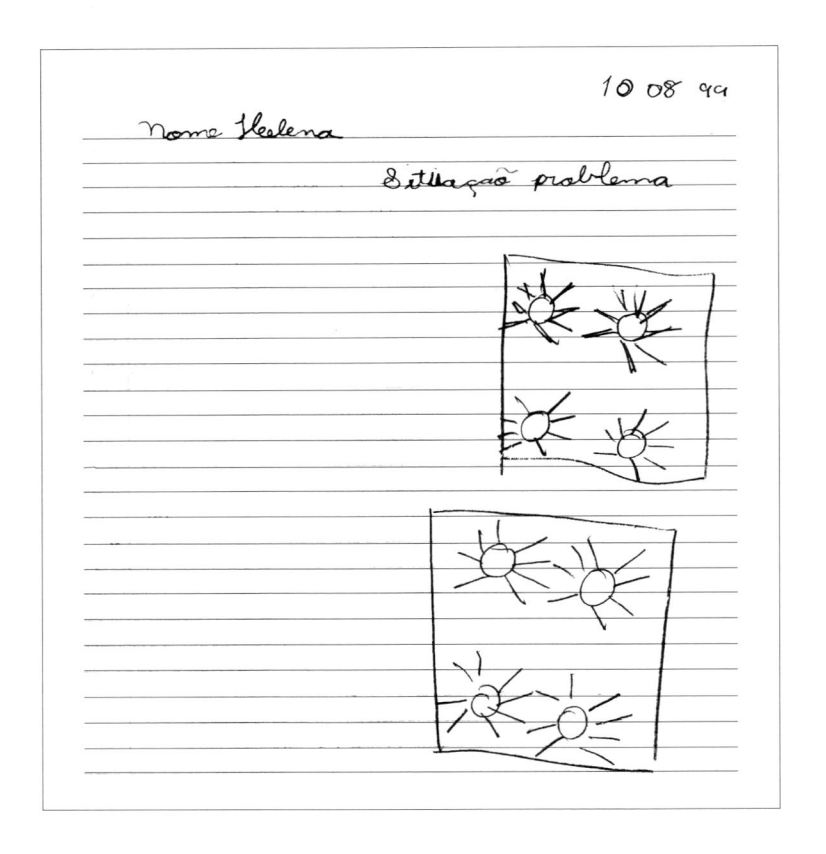

Em uma segunda etapa, o resolvedor consegue representar a resolução completa do problema utilizando apenas o desenho, o que demonstra que ele está explorando o significado das transformações e das operações presentes no texto. Podemos ver isso no registro a seguir, feito para o mesmo problema das aranhas e que mostra tanto o colecionador e as caixas, informações dadas no texto, quanto as 64 meias desenhadas para a resposta:

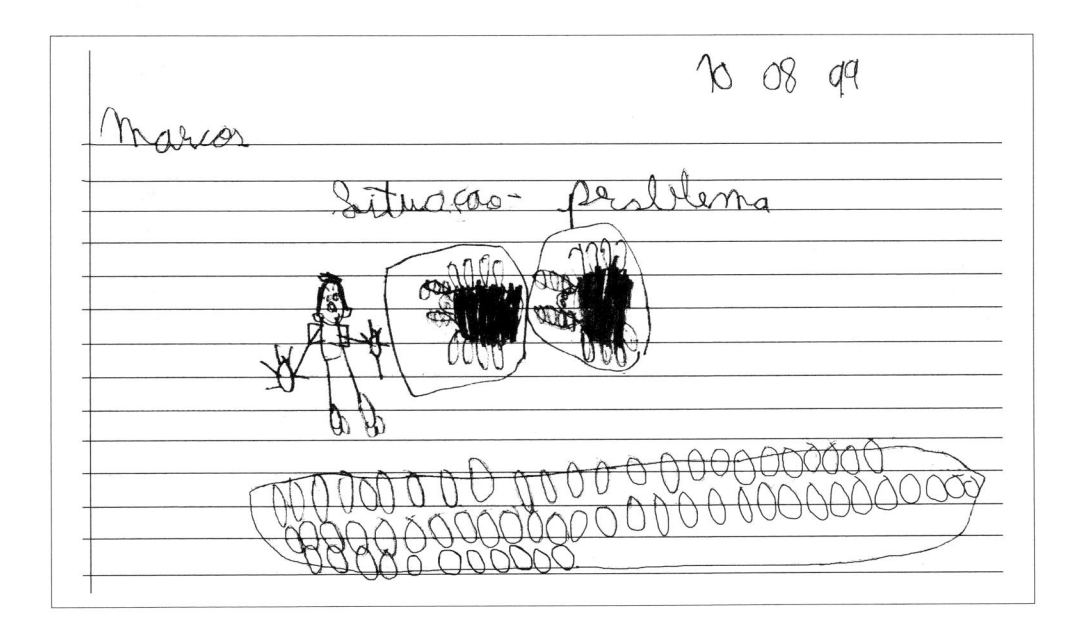

Finalmente, em uma terceira etapa, o resolvedor começa a misturar desenhos e sinais matemáticos, e dois fatos podem decorrer dessa representação: ou a criança está utilizando o desenho para interpretar o texto e expressa a resolução através de uma escrita matemática, como se fizesse uma relação entre duas linguagens, ou faz a resolução numérica e utiliza o desenho para comprovar se sua resposta está correta.

Em ambos os casos, temos um sinal claro de que o resolvedor começa não apenas a perceber relações entre diferentes linguagens na resolução de problemas, mas também a se apropriar da escrita matemática, atribuindo-lhe um significado. Vejamos a seguir três exemplos que ilustram tais aspectos. Nos dois primeiros, o desenho serve como auxílio à resolução e, no terceiro, como recurso para conferir a resposta:

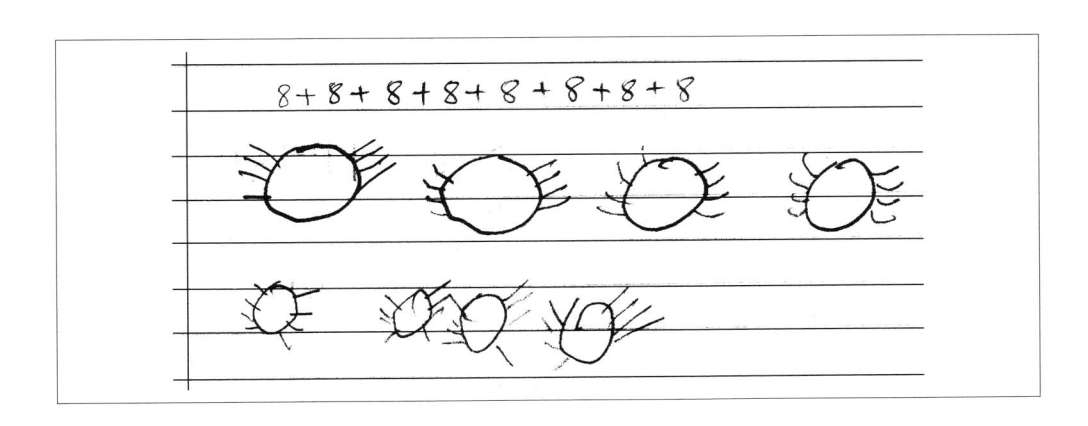

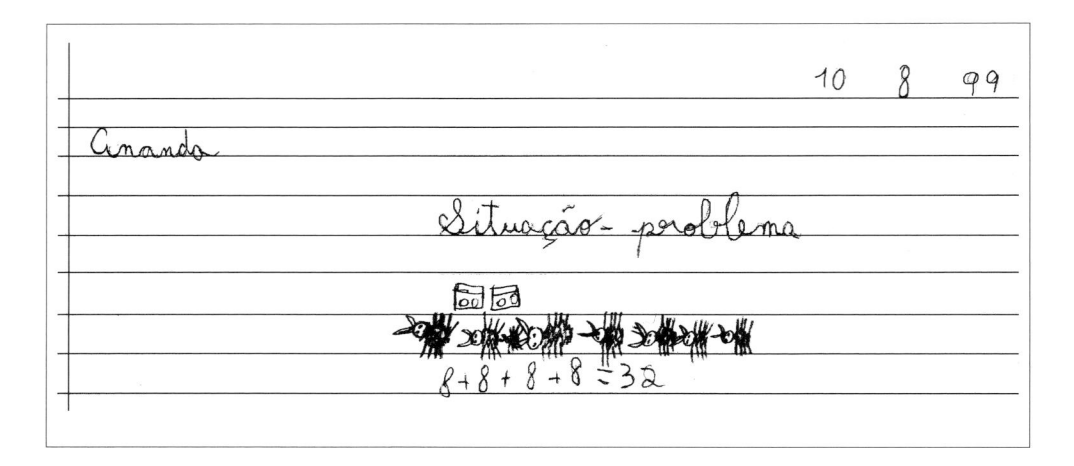

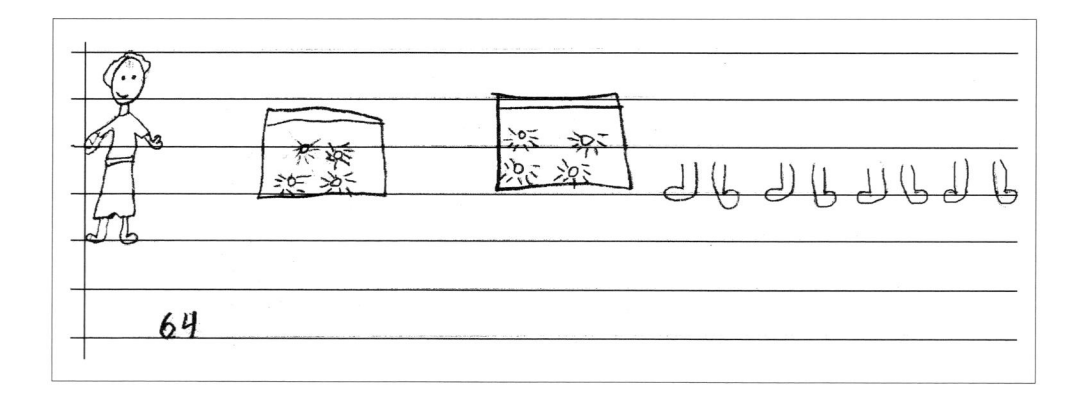

Desenhar por desenhar não se constitui em uma forma de comunicação, pois esta implica interação com outras crianças. Para que isso ocorra, é necessário organizar atividades que garantam apreciação dos desenhos produzidos pelas crianças, ou seja, fazer com que o desenho seja realmente um veículo de transmissão de idéias. Sendo assim, é importante propor situações nas quais desenhar envolva discussão com os parceiros e troca de idéias.

Queremos ressaltar, mais uma vez (ver Capítulos 1 e 2), que não cabe ao professor fazer uma interpretação do desenho da criança para a classe, mas ao contrário criar situações nas quais o desenho será utilizado como recurso de linguagem, cumprindo um papel importante como veículo de comunicação. Desse modo, cada vez mais as crianças passarão a buscar maneiras de interagir com seu interlocutor e, com o tempo, sentirão a necessidade de incluir símbolos e sinais matemáticos para serem mais claras, mais econômicas ou mesmo mais rápidas.

## A CONQUISTA DA LINGUAGEM MATEMÁTICA

Na perspectiva de Resolução de Problemas que desejamos trabalhar, nosso objetivo em relação à aquisição da linguagem matemática modifica-se e amplia-se, pois passamos a considerar a linguagem formal da matemática como uma conquista, complexa e demorada, que se faz por aproximações sucessivas mediadas pelas trocas que ocorrem entre os alunos e entre o professor e os alunos.

Aprender a linguagem escrita da matemática é um dos conteúdos de aprendizagem escolar que se constrói através de seu uso, que se inicia de modo bastante simples e, muitas vezes, inadequado e, paulatinamente, torna-se mais sofisticado e complexo à medida que os alunos têm oportunidade de usar as formas de representação que consideram válidas, de confrontar-se com aquelas utilizadas por outros membros do grupo e de discutir a eficácia comunicativa das diversas representações que usam. Por essa razão, as experiências de cada criança, seu percurso individual e as aprendizagens do grupo não podem ser esquecidas como elementos fundamentais para favorecer a apropriação e o aperfeiçoamento dessa linguagem.

Em um ambiente que privilegie a comunicação, a representação convencional, utilizada por pessoas que dominam a linguagem matemática, também será considerada um procedimento a ser ensinado na escola, devendo aparecer como *mais uma* possibilidade de solução ao problema apresentado, e não como *única*.

Para que a representação convencional seja objeto de análise das crianças, é importante prever no planejamento situações de aprendizagem que lhes permitam descobrir as funções das representações convencionais, isto é, o aluno deve ter oportunidades para verificar que a escrita matemática permite maior economia de esforço e tempo na busca do resultado e, como a linguagem escrita, pode ser entendida por muitas pessoas em todos os lugares. Esse objetivo pode ser trabalhado por meio de comparações entre a escrita na linguagem matemática e aquela presente nas diversas resoluções elaboradas pelas crianças, as quais podem ser realizadas oralmente ou com o corpo, com desenhos, materiais e, até mesmo, com escritas matemáticas ainda incipientes ou imprecisas.

É preciso lembrar que, quando as crianças registram o que pensam e suas soluções para os problemas, não há uma ordenação partindo-se da oralidade para o desenho e do desenho para a escrita; essas três formas de expressão convivem juntas, e as crianças fazem uso de uma ou outra de acordo com suas necessidades e possibilidades.

Colocar isto em prática requer de nós, professores, um planejamento que garanta o espaço para que tais representações possam aparecer e fazer parte do processo de aprendizagem de cada criança. Depois disso, quando as crianças souberem o significado das operações que realizam com números em situações-problema, a próxima etapa envolve a aprendizagem de sinais convencionais e regras que lhes permitirão escrever sentenças matemáticas.

À medida que as crianças apropriam-se de formas mais elaboradas de representação de suas idéias, em especial da escrita, é comum que a escola faça com que abandonem os desenhos, exigindo a utilização de uma linguagem matemática mais formal que, em geral, elas ainda não dominam.

Porém, em nossa experiência, temos visto que em vários momentos, mesmo as crianças que já utilizam a linguagem matemática com maior precisão, sentem a necessidade de voltar ao desenho em qualquer fase da escolaridade. Para tanto, é fundamental que em sala de aula possam – sempre que quiserem ou sentirem necessidade – utilizar o desenho como mais um recurso, seja de auxílio na interpretação de texto, na representação do problema ou em sua resolução.

A decisão de usar desenho ou fazer uma operação matemática deve partir da criança, que o fará de acordo com suas possibilidades e seus conhecimentos, dependendo do contexto ou da estrutura do problema. Isto pode ser observado nas resoluções apresentadas a seguir:

*Maiqui Cat é um pistoleiro. Ele derruba uma garrafa de uísque com 5 tiros. Quantos tiros dará para derrubar 8 garrafas?*[1]

Podemos observar que para os dois primeiros alunos o desenho serviu de apoio para a resolução, enquanto que para os dois últimos ele foi usado apenas para ilustrar a história do problema.

Iniciar um trabalho desse tipo não é simples, pois requer planejamento, reflexão e cuidados. É desse assunto que nos ocuparemos a partir de agora.

## INCENTIVANDO A BUSCA DE DIFERENTES RESOLUÇÕES

Inicialmente, é preciso ser cuidadoso quanto à escolha do problema. Problemas simples, que envolvem conceitos de uma operação matemática, possuem linguagem apoiada em imagens e texto curto, podem ser adequados para crianças de séries iniciais que não conhecem nenhuma técnica operatória, mas não favorecem o aparecimento de diferentes soluções para alunos que conhecem os algoritmos e que os resolvem facilmente, fazendo os cálculos necessários.

---

[1] Exemplo extraído de Gwinner, P. *"Pobremas": enigmas matemáticos*. São Paulo: Vozes, 1990, v.2 e 3.

Observamos que, muitas vezes, os alunos das séries iniciais, habituados a um trabalho mais convencional, resolvem mentalmente um problema que consideram fácil e escrevem qualquer operação que dê o resultado esperado pelo simples fato de achar que algum tipo de conta deve aparecer naquele momento, ou ocupar o espaço da folha reservado para esse fim. No entanto, mesmo no caso de problemas mais elaborados, quando os números envolvidos são pequenos e os alunos têm alguma compreensão do sistema de numeração, as operações são feitas mentalmente por estimativa ou por tentativa. Em qualquer dos casos, podemos notar que a escrita matemática não possui nenhuma significação além de ser o tipo de escrita que a escola considera correta.

Um exemplo bastante comum é a resposta que os alunos apresentam para problemas como: *Tenho 3 figurinhas. Quantas faltam para que eu consiga ter 10 figurinhas?* Em geral, eles escrevem 7 e complementam com a conta 3 + 7 = 10 apenas para confirmar a resposta obtida mentalmente, surpreendendo-se quando o professor exige ou reforça que a conta correta é 10 − 3 = 7.

No entanto, mesmo problemas bastante convencionais podem apresentar várias formas de resolução quando os alunos são incentivados a isso e ainda não dominam as técnicas específicas das operações.

Foi proposto o seguinte problema para alunos de 2ª série que estavam iniciando o estudo do algoritmo convencional da divisão:

> *Uma perua escolar precisa levar 17 crianças para casa. As crianças estão com pressa de ir embora, mas a perua só pode levar 3 crianças dessa escola de cada vez. Quantas viagens a perua terá de fazer para transportar todas as crianças?*

Vejamos como algumas crianças resolveram-no antes de conhecer a técnica operatória da divisão:

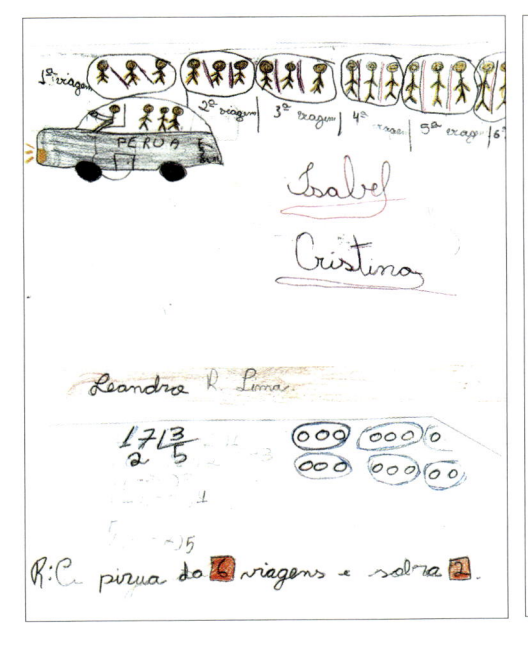

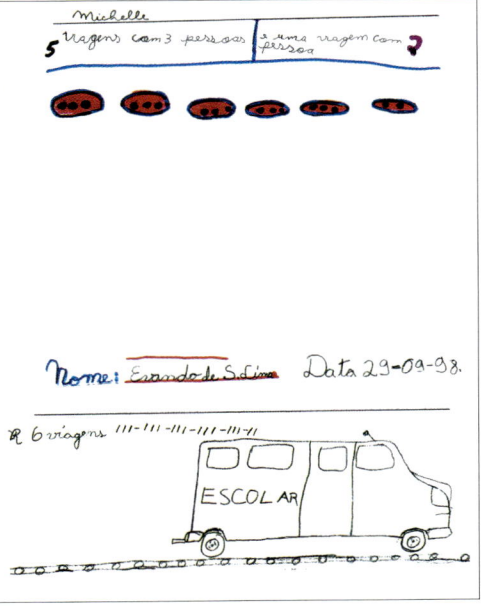

Um outro exemplo da tentativa de encontrar diferentes modos de resolução pode ser observado pelas propostas apresentadas por alunos de 2ª série para resolver um problema convencional de multiplicação quando eles ainda não dominavam a técnica operatória, mas já possuíam alguns conhecimentos sobre ela:

*Uma águia pescadora come 42 peixes por dia. Em 6 dias quantos peixes ela come?*

As resoluções foram as seguintes:

- pela indicação 6 x 42 = 252 e pela explicação dada oralmente *"Fui contando de 40 em 40 e de 2 em 2"*.
- pelo uso da decomposição do número 42 nas ordens do sistema:

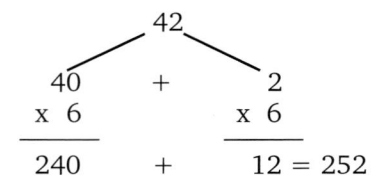

```
              42
           /      \
         40    +    2
        x 6        x 6
        ---        ---
        240   +    12 = 252
```

- por adições sucessivas agrupadas: 42 + 42 + 42 + 42 + 42 + 42

```
                  84  +  84  +  84
                       168  +  84  = 252
```

- pela decomposição em multiplicações mais simples: 3 x 42 = 126
  3 x 42 = 126
  ———
  256

Entretanto, os problemas que envolvem mais de uma operação, os que envolvem o raciocínio combinatório e os não-convencionais são mais adequados para o início desse trabalho, pois naturalmente podem ser resolvidos de várias maneiras diferentes. Vejamos um exemplo proposto a uma 3ª série que já conhecia os algoritmos das operações, ao tentar resolver a situação que é apresentada em uma modalidade textual que não é comum na maioria dos problemas de livro didático.

*Alexis Acauam é um antropólogo. Ele mora com a sua gata, Ânfora. Ela tem 8 gatinhos a cada 4 meses. Se Alexis criasse todos os filhotes de Ânfora, quantos gatinhos ele teria no final de 3 anos?*[2]

No entanto, ao discutir sobre diferentes resoluções para um mesmo problema, surge uma outra questão que merece nossa atenção. Seja por não estarem

---

[2]Exemplos extraídos de Gwinner, P. *"Pobremas": enigmas matemáticos.* São Paulo: Vozes, 1990, v.2 e 3.

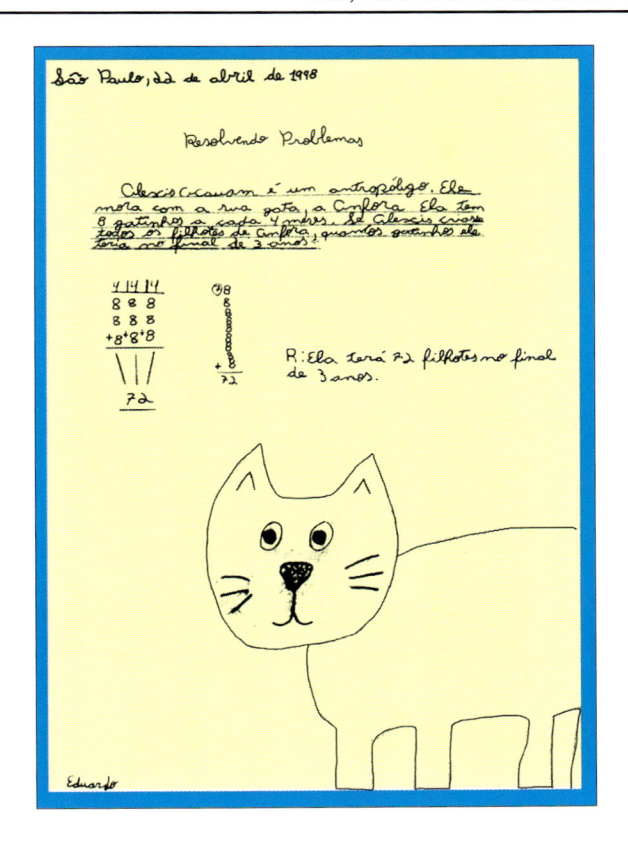

Ler, Escrever e Resolver Problemas | 135

São Paulo, 22 de abril de 1998

**Resolvendo Problemas**

Alexis Ccauam é um antropólogo. Ele mora com a sua gata, a Ânfora. Ela tem 8 gatinhos a cada 4 meses. Se Alexis criasse todos os filhotes de Ânfora, quantos gatinhos ele teria no final de 3 anos?

```
  4 14 14
   8 8 8
   8 8 8
 + 8 8 8
  ‾‾‾‾‾‾
         
    72
```

R: Ela terá 72 filhotes no final de 3 anos.

*Eduardo*

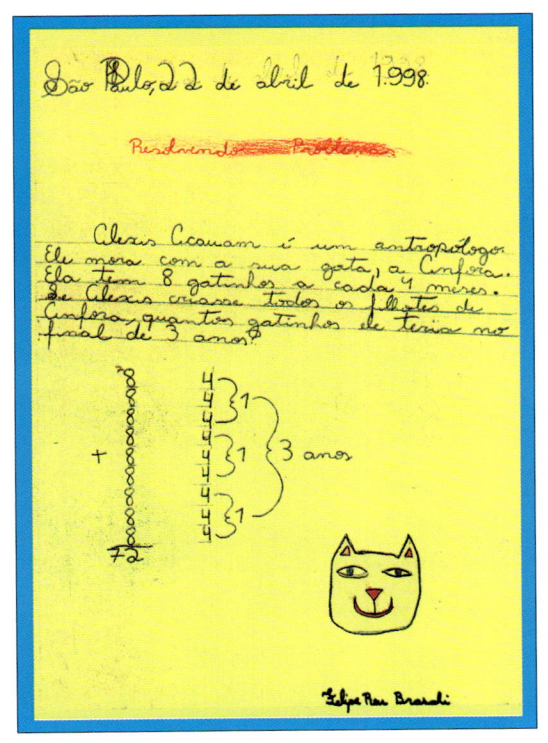

---

São Paulo, 22 de abril de 1.998.

~~Resolvendo Problemas~~

Alexis Ccauam é um antropólogo. Ele mora com a sua gata, a Ânfora. Ela tem 8 gatinhos a cada 4 meses. Se Alexis criasse todos os filhotes de Ânfora, quantos gatinhos ele teria no final de 3 anos?

4 4 1
4 4 1
4 4 1 } 3 anos
4 4 1
4 4 1
4 4 1

72

*Felipe Rau Brandi*

---

Raissa
São Paulo, 22 de abril de 1998

**Resolvendo problemas.**

Alexis Ccauam é um antropólogo. Ele mora com a sua gata, a Ânfora. Ela tem 8 gatinhos a cada 4 meses. Se Alexis criasse todos os filhotes de Ânfora quantos gatinhos ele teria no final de 3 anos?

$$\begin{array}{ccc} 48 & 48 & 48 \\ 48 & 48 & 48 \\ 48 & 48 & 48 \end{array} \qquad \begin{array}{c} 8 \\ \times 3 \\ \hline 24 \end{array} \qquad \begin{array}{c} 24 \\ \times 3 \\ \hline 72 \end{array}$$

R 72 gatinhos ele teria em 3 anos.

*RAISSA*

habituados a resolver problemas, seja por considerarem que a resolução de uma situação é única, nas primeiras propostas os alunos podem não apresentar diferentes formas de resolução. Nesse caso, o que fazer?

É importante planejar ações para estimular as diferentes resoluções, por exemplo:

- No momento da correção, colocamos as alternativas encontradas pelas crianças no quadro e discutimos com elas, para assegurar que todos compreenderam as soluções apresentadas para o problema.
- Se não surgirem várias soluções diferentes, apresentamos um jeito que difere daquele, que pode ter surgido em outra classe ou que tenhamos preparado antes. O professor coloca a solução no quadro para que a classe analise e tente explicá-la.
- Ao terminar a discussão, os alunos devem copiar duas ou três soluções diferentes, anotando o nome dos autores para garantir a autoria e sistematizar o trabalho realizado.

Da próxima vez, um número bem maior de alunos irá buscar um novo modo, não só para ter seu nome no caderno de todo o grupo, mas também porque sente que seu esforço será reconhecido e valorizado pelo professor.

Quando as crianças tiverem solucionado um problema, o professor deve organizar a apresentação das diferentes soluções encontradas no quadro e assegurar um espaço para os comentários dos colegas. Nesse momento, é importante que as discussões não se direcionem para a escolha da melhor solução, caso contrário, da próxima vez, poucos alunos buscarão seus próprios caminhos e muitos tentarão resolver como fez o amigo que foi elogiado. O ideal é que o professor proporcione que a troca de idéias seja valorizada e respeitada. Aos poucos, as crianças começam a ficar mais independentes e a olhar cada vez mais para os problemas como um desafio, e não como um conjunto de dados que devem organizar em um ou mais algoritmos.

Ao trabalhar com procedimentos utilizados pelas crianças para resolver os problemas, é importante ter em mente que estes poderão ser diferentes daqueles que elas usariam para resolver cálculos na forma de algoritmos. Por exemplo, em uma situação envolvendo a multiplicação, as crianças podem resolver o problema através de somas de parcelas iguais ou agrupamentos diversos, misturando adições e multiplicações, conforme foi mostrado nos exemplos anteriores.

Apesar de importante, o trabalho mais sistemático com as operações pode ser feito em paralelo com a proposição de problemas, através do uso de materiais ou jogos, mas não pode tornar-se um obstáculo para o surgimento de diferentes formas de resolução, principalmente se os alunos estiverem no início da escolarização.

## O QUE FAZER COM AS DIVERSAS RESOLUÇÕES APRESENTADAS PELAS CRIANÇAS? INTERFERÊNCIAS PARA AVANÇAR

Uma maneira de contribuir para que o trabalho evolua é realizar o confronto entre as diversas representações que surgem na classe e discutir sua eficácia comunicativa, ou seja, se é ou não possível que os demais membros da classe compreendam o caminho que determinada criança utilizou para chegar à conclusão. Por isso, é importante que se faça uma análise da solução encontrada a fim de verificar se é adequada ou não.

Quando pedimos aos alunos que exponham as diferentes estratégias de resolução encontradas e orientamos as discussões para que eles possam refletir sobre a validade de cada uma delas, cabe também incentivar a análise sobre quais das soluções apresentadas são adequadas à situação proposta, que semelhanças e diferenças existem entre elas, quais são mais simples, etc.

Existem vários tipos de trabalho que podem ser realizadas com esse objetivo. Um deles é fazer um painel de soluções. Essa atividade é realizada a partir da coleta de diferentes soluções apresentadas pelas crianças que, colocadas em um painel, possibilita à classe conhecer os diferentes caminhos encontrados para resolver uma mesma situação. Mesmo que algumas estratégias não estejam completamente corretas, é importante que elas também sejam afixadas para que, através da discussão, as crianças percebam em que erraram e como é possível avançar. A própria classe pode apontar caminhos para que os colegas sintam-se incentivados a prosseguir.

Esse painel, que contém todas as soluções ou apenas parte delas, também pode ser afixado fora da sala de aula. Tal prática faz com que as crianças posicionem-se diante do grupo e opinem sobre os caminhos dos amigos em pequenos grupos que se reúnem ao terminar uma tarefa, na hora do recreio ou antes da entrada.

Em qualquer dos casos, os alunos sentem-se estimulados a expressar a solução encontrada por escrito, uma vez que ela será lida e analisada por um interlocutor real que emite juízos e opiniões sobre sua leitura. Isto faz com que a atividade de escrever sua resolução para um problema ganhe sentido, o que, muitas vezes, a leitura feita apenas pelo professor está longe de garantir.

Vejamos a imagem de um desses painéis, feito após os alunos terem resolvido o seguinte problema:

*Se o chefe Touro Sentado der a seu amigo Touro em Pé um de seus arcos, ambos ficarão com a mesma quantidade de arcos. Porém, se Touro em Pé der um dos seus a Touro Sentado, este ficará com o dobro do que tem seu amigo. Quantos arcos tem cada um?*

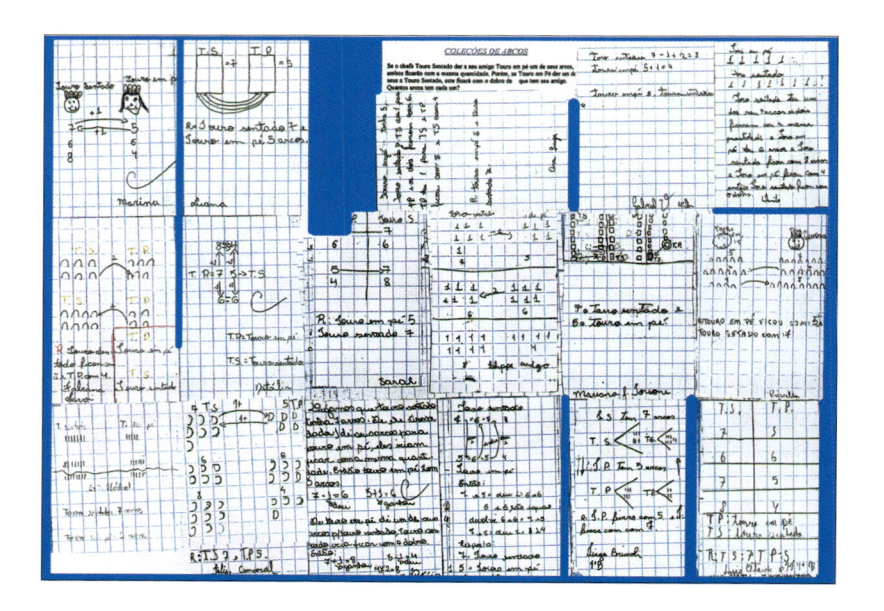

Vamos destacar três das resoluções que aparecem nesse painel:

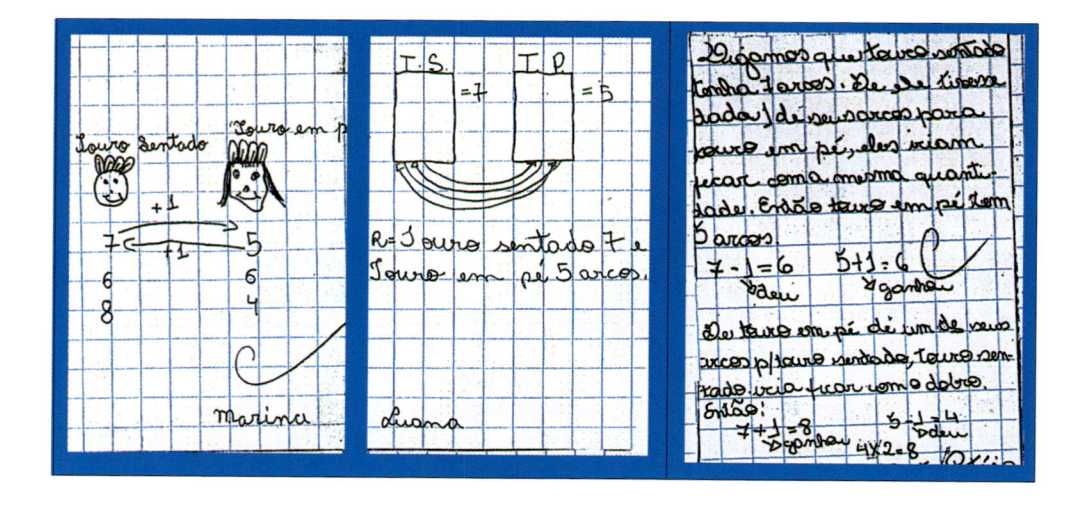

Como foi dito anteriormente, o professor também pode colocar as diferentes soluções no quadro e pedir aos alunos que escolham duas ou três estratégias para copiarem em seus cadernos, colocando o nome do autor. Isto fará com que, da próxima vez em que trabalhar com problemas, o número de crianças estimuladas a apresentar sua solução seja bem maior.

## Avançando a Partir dos Erros

Nesse processo de resolução, quando os alunos são incentivados a expressar livremente seu modo de pensar, é natural que surjam algumas soluções incorretas. Há várias ações que o professor pode realizar diante do erro, porém o mais importante é garantir que haja um clima de respeito e confiança em sala de aula para que as crianças sintam-se à vontade para lidar com o erro. Discutir com o grupo por que a solução está errada é uma das formas de trabalho que contribui muito para que a criança reveja suas estratégias, localize seu erro e reorganize os dados em busca de uma solução correta.

Ao identificar erros que venham acontecendo com certa freqüência, o professor pode selecionar alguns deles e montar uma folha para que as crianças descubram onde está o erro e tentem corrigi-lo através da discussão com os colegas.

Em uma turma de 3ª série, no início do ano, a professora percebeu alguns erros que surgiam quando os alunos resolviam problemas com adição e subtração com recurso. Então, ela elaborou uma atividade a fim de que todos pudessem refletir sobre esses erros. Vejamos a atividade descrita a seguir.

---

*Um ônibus inicia seu trajeto com 15 passageiros. Na primeira parada sobem 22 passageiros e descem 7. Na segunda parada descem 11 pessoas e 27 sobem. Ele rodou mais algum tempo sem subir e descer ninguém e finalmente chegou ao seu destino.*

*Quantos passageiros havia no ônibus quando ele parou?*

Veja como Camila resolveu esse problema:

$$15 + 22 + 27 = 64$$

64 passageiros entraram no ônibus

$$\begin{array}{r} 7 \\ 7 \\ 11 + \\ \hline 81 \end{array} \qquad \begin{array}{r} 8\,1 \\ -6\,4 \\ \hline 1\,7 \end{array}$$

R. Na chegada havia 17 passageiros.

Quando olhou o problema, a professora disse: – *Camila, pense melhor sobre o problema.*
Por que será que a professora fez essa observação?

Após os alunos analisarem a resposta de Camila ao problema, vejamos quais suas percepções e comentários sobre a solução:

> *Porque ela colocou o 7 na dezena e somou como se fosse 70 e por isso errou a conta 3* **Maurício**.
>
> *Porque na conta 2 ela pôs o sete na posição da dezena e então ela se confundiu, errando automaticamente a terceira conta porque deveria ser o número de passageiros que entraram menos os que saíram* **Marina**.

A finalidade dessa atividade é fazer os alunos refletirem sobre o erro de organização das técnicas operatórias. Essa percepção é expressa claramente nas duas respostas que mostramos.

Outra possibilidade diante do aparecimento de uma estratégia inadequada à situação apresentada é o professor sugerir que a classe crie um novo problema que possa ser resolvido por aquela estratégia e comparar os dois: o original com solução inadequada e o criado para se adaptar àquela resolução.

Em uma classe de 4ª série, ao resolver o problema:

> *A cada pulo de uma mãe canguru, seu filho dá três pulos para acompanhá-la. Se a mãe canguru der 26 pulos, quantos pulos dará seu filhote para acompanhá-la?* Pedro apresentou à classe a seguinte resposta no painel de soluções:

```
    26 | 3
   -24   8
   ----
    0 2
```
O filhote dará 8 pulos.

Após discutirem todas as resoluções, os alunos chegaram à conclusão de que a solução de Pedro não era adequada ao problema proposto. A professora organizou a classe para que elaborasse coletivamente um problema que tivesse como resposta a solução de Pedro. O texto ficou assim:

> *Uma fábrica de carros faz um carro a cada 3 horas. Quantos carros vai fazer em 26 horas?*

Essa é uma atividade bem mais complexa e, em um primeiro momento, pode ser coletiva, com o professor escrevendo para o grupo. Os alunos podem, então, perceber que uma solução incorreta em dada situação pode ser adequada para outro problema, ou seja, eles podem interferir e produzir problemas e perceber que o erro pode gerar um novo momento de aprendizagem(ver Capítulo 8).

Uma outra maneira de refletir sobre o erro como etapa importante da tentativa de resolução adequada ou correta de um problema consiste na atividade de transgredir, resolvendo um problema de forma errada. Para isso, as crianças precisam saber como são resolvidos os problemas que irão transgredir, para assim poderem realizar a tarefa com consciência, apontando quais são as ações que não solucionam o problema e por que isso ocorreu. Após serem resolvidos erroneamente, os problemas devem ser trocados entre os alunos para que encontrem e corrijam o erro propositadamente feito pelo colega. Depois disso, os alunos devem ser estimulados a conversar sobre como foram feitas as correções.

Vejamos como uma turma de 4ª série trabalhou com uma proposta dessas, realizada a partir do problema abaixo:

*Uma empresa que produz caixas de embalagens emprega 25 mulheres e 75 homens. Das pessoas que trabalham na empresa, a quarta parte vai a pé para o trabalho.*

*Na empresa são produzidas diariamente 2 centenas de caixas grandes, 38 dezenas de caixas médias e meio milhar de caixas pequenas.*

*Quantas pessoas usam algum tipo de transporte para ir ao trabalho? Quantas caixas são produzidas por dia na semana?*

Vejamos os erros que eles cometeram propositadamente.

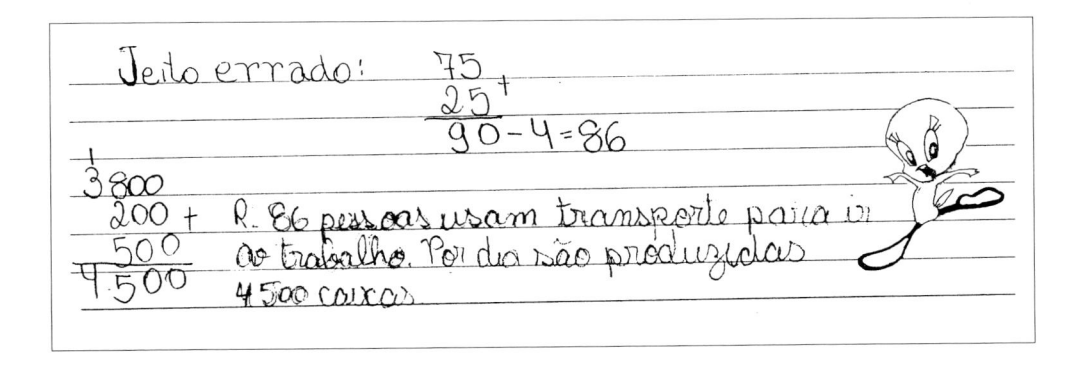

Após trocarem e corrigirem as soluções, os alunos fizeram uma lista sobre os possíveis erros que podem cometer ao resolver um problema como este e deram dicas de como evitá-los:

*Erros:*
- *esquecer que a quarta parte de 100 se faz 100 ÷ 4;*
- *não saber quanto é 38 dezenas de caixa e meio milhar de caixas;*
- *somar errado 200 + 380 + 500;*
- *achar quantas caixas e esquecer de achar o número de pessoas que usam transporte;*
- *fazer 75 + 25 = 90;*
- *fazer 75 + 25 = 100 e esquecer de calcular 100 ÷ 4.*

*Dicas para não errar:*
- *ler com calma;*
- *se não souber como faz quarta parte de 100 olhar no caderno ou perguntar;*
- *acabar o problema e conferir;*
- *pensar bem enquanto faz as contas;*
- *ver se não esqueceu nenhuma pergunta.*

## Conquistando a Resolução Convencional

Trabalhar apenas com discussão das estratégias criadas pelas crianças com problemas isolados não garante a aprendizagem dos conteúdos matemáticos. É necessário que o trabalho com resolução tenha um fio condutor e que haja uma seqüência a ser seguida, a qual possibilite um maior entendimento de determinado conteúdo matemático. Ao trabalhar com multiplicação, por exemplo, é possível partir da discussão do problema de contagem de pernas das aranhas do início deste capítulo e propor uma série de outros problemas, fazendo com que as crianças vivenciem várias situações que podem ser resolvidas através de uma multiplicação, ora aumentando o valor numérico dos dados, ora mudando a pergunta, como nos seguintes exemplos:

*As aranhas de Clóvis tiveram filhotes, agora ele tem 5 caixas. Em cada caixa há 4 aranhas com 3 filhotes cada uma. Se Clóvis tivesse que comprar meias para as aranhas e todos os filhotes, quantas meias ele teria que comprar?*

*Se Clóvis tivesse 32 meias, quantas aranhas ele poderia aquecer no inverno?*

Propor problemas com números maiores cria uma situação na qual o recurso do desenho será dificultado à criança, que é forçada a pensar em outras formas de resolução. Isto pode fazer com que algumas delas não consigam resolvê-los sozinhas, o que pode ser contornado organizando-se o trabalho em pequenos grupos ou em duplas que se apóiam na busca de uma boa estratégia de resolução.

Um outro modo de trabalhar com a linguagem matemática é propor aos alunos que analisem a resolução através do algoritmo convencional. Aqueles que até então estavam resolvendo problemas a seu modo, utilizando desenhos ou outras estratégias de solução, podem conhecer mais uma possibilidade de resolução. As crianças podem ser incentivadas a comparar as diferentes resoluções com a convencional e perceber que esta é muitas vezes mais econômica e mais rápida do que outros procedimentos. Em outras situações, as crianças podem resolver os problemas por desenho, pois o objetivo não é obrigá-la a utilizar apenas a técnica convencional, mas fazer com que conheça um algoritmo que possa ser utilizado sempre que necessário.

Um exemplo desse encaminhamento pode ser dado a partir do problema da perua escolar que citamos anteriormente. Depois que a classe discutiu as diversas formas de resolução que encontraram usando desenhos e escrita, a professora apresentou o seguinte desafio:

*Numa outra classe, ao resolver esse problema, uma criança apresentou a seguinte solução:*[3]

```
 17  | 3
- 3  | 1
----
 14        6 viagens
- 3  | 1
----    +
 11        17 ÷ 3 = 5 e sobram 2
- 3  | 1
----
  8
- 3  | 1
----
  5
- 3  | 1
----
 (2)   (5)
```

*Gostaria que vocês analisassem essa solução em duplas, a qual está correta, e tentassem explicar como ela foi feita, o que os números significam e tudo o mais que acharem importante.*

---

[3] A professora desta classe optou por trabalhar a técnica da divisão pelo processo de estimativa e subtrações sucessivas, também conhecido como algoritmo americano.

Após discutirem intensamente a solução, os alunos produziram explicações como:

*O 17 representa o total de crianças; o 3 quer dizer que se foi 3 crianças; o 1 representa a perua; e o dois é as últimas crianças a irem embora.*

*Entendi que temos 17 crianças e em cada perua só cabe 3 crianças de cada vez.*

*Eu entendi que tinha 17 crianças em 1 perua foram 3 crianças. Depois ficaram 14 crianças e foram 3 crianças. Depois ficaram 11 crianças e foram 3 crianças. Depois ficaram 8 crianças e foram 3 crianças. Depois ficaram 5 crianças e foram 3 crianças. Sobraram 2 crianças e contando quantas vezes ele viajou 5 vezes levando 3 crianças e somando mais 1 viagem no total deu 6.*

Todas as análises foram compartilhadas, a técnica foi analisada e, então, a professora propôs dois novos problemas, sugerindo que a classe tentasse resolver cada um deles de duas maneiras distintas, sendo uma delas através do algoritmo.

Com esse procedimento, a professora não apenas criou a oportunidade para introduzir um algoritmo convencional em uma situação que permitisse a reflexão das crianças sem a dificuldade da resolução, como também continuou a valorizar as soluções individuais. Agindo assim, ela garantiu que tanto os alunos confiassem em sua capacidade quanto permitiu que se apropriassem progressivamente da linguagem matemática convencional.

À medida que os alunos familiarizam-se com os algoritmos, o professor pode pedir que eles retomem as resoluções feitas por desenhos ou técnicas pessoais de cálculo e que resolvam novamente o problema, utilizando as técnicas convencionais. Depois disso, podem ser propostas situações nas quais os alunos possam praticar os conhecimentos adquiridos. Isto não quer dizer que necessitem receber uma lista enorme com problemas para cada técnica operatória, mas que ao longo do ano será necessário propor atividades nas quais esse conhecimento torne-se cada mais familiar ao aluno, procurando proporcionar situações criativas nas quais a exercitação não seja cansativa e enfadonha.

## Escrevendo para Avançar

Outra sugestão que permite o avanço na resolução dos problemas é pedir que as crianças escrevam sobre o que aprenderam por meio das diferentes resoluções apresentadas na classe. Essas escritas podem fazer parte de um espaço reservado no caderno onde as crianças registram o que aprenderam. Esse registro torna-se memória do grupo, e as crianças poderão consultá-lo sempre que necessário.

Propôs-se a uma 4ª série o seguinte problema de lógica (Coquetel, 1990):

> Três mulheres de 30 anos, uma de 25 e uma 32, foram entrevistas e soube-se que:
>
> Duas eram casadas com publicitários, uma com bancário e duas com arquitetos.
> Quatro tem 3 filhos, e uma, dois.
> Miriam não é a mais velha e a mais nova não é Carmem.
> A bancária não casou com o bancário nem é a mais velha que casou com um arquiteto, como a mais nova.
> Lina tem três filhos e não casou com um publicitário, exatamente como Fernanda que não é a mais velha.
> Marta casou com um publicitário e, como Fernanda, não tem dois filhos.
> Fernanda não casou com um arquiteto, e Carmem tem três filhos, cujo pai não é arquiteto.
>
> | Nome | Idade | Nº filhos | Profissão marido |
> |------|-------|-----------|------------------|
> |      |       |           |                  |
> |      |       |           |                  |
> |      |       |           |                  |
> |      |       |           |                  |

Após a discussão das soluções, a professora pediu a cada aluno que escrevesse o que aprendeu ao resolver o problema. Vejamos uma dessas respostas:

*Eu aprendi que tem que prestar bastante atenção, reler o texto, ter uma tabela, tem que ser persistente, anotar o porque das coisas e ter rascunho.*

Sempre que possível, é interessante que as crianças escrevam em equipe, pois assim a própria tarefa exigirá a troca, a comunicação do que se aprendeu. Nesse processo, elas necessariamente terão que dar sua opinião, fazer-se ouvir, fazer-se compreender em uma situação de confronto, na qual terão que argumentar, expor idéias, dar e receber informações.

Um exemplo disso pode ser observado em uma 3ª série que fez um painel de soluções para o seguinte problema:[4]

---

[4]Exemplo extraído de Gwinner, P. *"Pobremas": enigmas matemáticos.* São Paulo: Vozes, 1990, v.2 e 3.

*Otávio é um sapo. Ele come vinte moscas por dia. Quando Otávio se disfarça, ele consegue comer o dobro de moscas. Quando usa óculos espelhados come o triplo do que ele consegue comer disfarçado. Otávio se disfarça duas vezes por semana e nas sextas-feiras usa seus óculos espelhados. Aos domingos jejua. Em uma semana, quantas moscas Otávio come?*[5]

---

[5]Exemplo extraído de Gwinner P. *"Pobremas": enigmas matemáticos.* São Paulo: Vozes, 1990. v.3.

Discutidas as diferentes soluções, a professora solicitou que os alunos produzissem em duplas um texto sobre o que observaram a respeito das diferentes soluções (ver Capítulo 2).

Alguns exemplos dos textos das crianças são estes:

---

O que vocês puderam observar a respeito dessas soluções?

Rafael e André fizeram uma tabela, colocando os dias da semana, como o sapo estava e quantas moscas ele comeu.

Aline e Rafael N. fizeram uma conta, somando todos os dias.

Débora e Júlia fizeram uma conta explicativa, porém não somaram, ou seja, não fizeram uma conta.

Laísa e Elisa fizeram balões, e puseram dois dias disfarçado e um dia com óculos, somaram na cabeça 3×20 que dava 60.

Rafael M. e Felipe S. eles fizeram 3 contas de multiplicação e também tiveram 260 como resultado.

Percebemos que...

Embora as possibilidades sejam diferentes o resultado é igual.

---

Colégio Emilie de Villeneuve
São Paulo, 16 de março de 2000
Nome: Fernanda Baumgarten Ribeiro do Val - 3ª série B

— O que vocês puderam observar a respeito dessas soluções?

Nós observamos que todas as contas são em pé.
Nós descobrimos que todas as contas são diferentes.
Nós percebemos que quem mais usou criatividade foram a Débora e a Júlia.
Nós percebemos que Rafael e Felipe S. foram os únicos que fizeram conta de × e armaram a conta de +.
Nós reparamos que Otávio o sapo já fizeram problemas com ele, e ele está no problema.
Nós reparamos que tem muitas coisas para citar na folha.
Nós vimos que tem pessoas no problema e são essas pessoas pessoas: Rafael, André, Débora, Júlia, Laísa, Elisa, Rafael N. e Felipe S.
Nós vimos que todas as crianças armam conta, e quando armam a conta são todas de +.
Nós vimos que tem crianças bem mais práticas que as outras.
Tem gente mais estudiosos que os outros.

---

— O que vocês puderam observar a respeito dessas soluções?

| semelhanças | diferenças |
|---|---|
| - Que todos fazem contas com os mesmos números. | - Que uns juntam números e os outros não |
| - Que todos falam do mesmo texto | - Que todas as contas são diferentes |
| - Que todos os resultados são os mesmos | - Que nem todos colocaram as respostas |
| | - Que nem todos colocaram o mês no número |
| | - Que nem todos colocaram os dias da semana |

— O segundo, o do Rafael e do André foi o mais interessante, porque foi os únicos que escreveram os dias da semana.

## Os Registros do Professor

Como podemos observar, os diferentes caminhos utilizados pelos alunos revelam muito sobre seu percurso individual enquanto resolvedores de problemas, demonstrando a forma como estão lendo, se compreenderam ou não o problema, de que maneira utilizam os dados em suas estratégias, se levam em consideração a pergunta dada, se sabem operar com os conhecimentos matemáticos necessários para resolvê-lo e o que significa para eles resolver um problema de matemática.

A realização dessa tarefa requer do professor alguma organização para observar e acompanhar o ritmo de seus alunos, e, para isso, registrar é imprescindível para a obtenção de um mapa do que falta construir, do que é preciso revisitar de uma outra forma e do que os alunos já sabem. Observar envolve planejamento, reflexão, avaliação e replanejamento. A cada novo indício, a cada nova pista, a direção do olhar vai sendo colocada na direção correta.

Apenas como exemplo, observemos algumas anotações da professora para a resolução do problema das aranhas proposto no início deste capítulo, mas com a pergunta modificada para: *Quantos **pares** de meias compraria?*

Observações a partir do problema da aranha – 2ª série B

| Alunos | Compreendeu o Problema? | Estratégia utilizada | Considerou a pergunta? | Resposta | Resultado |
|---|---|---|---|---|---|
| Bianca | Sim | Desenho / contagem / soma | Sim, mas não escreveu a resposta | Representou através de uma multiplicação. | Considerou pares de meia (32). |
| Rodrigo | Sim | Desenho / multiplicação | Sim | Representou através de uma multiplicação. | Considerou meias (64) e não pares de meia. |
| Joana | Sim | Desenho / contagem | Sim | Não utilizou uma representação específica. | Não há. Parece considerar pares de meia. |
| Manoel | Sim | Desenho / multiplicação | Sim | Representou através de uma multiplicação. | Considerou pares de meia (32). |

Não é obrigatório que se faça uma tabela para coletar dados sobre a classe. Contudo, é fundamental haver algum tipo de registro que forneça pistas sobre cada aluno e atue como memória desse processo.

## CONSIDERAÇÕES FINAIS

Olhando para a Resolução de Problemas de modo novo, ela passa a ser vista como um objetivo do ensino de matemática que propicia um posicionamento diferenciado diante de situações desafiadoras. A resolução de cada problema é um momento em que as crianças terão a possibilidade de tentar encontrar um caminho próprio, desenvolver relações aritméticas de forma contextualizada e refletir sobre as operações matemáticas. Por outro lado, é preciso assegurar que elas tenham acesso à linguagem matemática por meio de aproximações sucessivas ao longo da escolaridade, garantindo-se uma aquisição equilibrada e gradual.

Para tanto, é preciso que sejam encorajadas a se engajarem ativamente em situações novas. Nesse sentido, acreditamos que trabalhando com diferentes explorações e reformulações, buscando desenvolver o interesse pelo problema, explorando sua linguagem, incentivando e desafiando nossas crianças, estamos contribuindo para que elas sejam muito mais autônomas e capazes de enfrentar os problemas propostos sem medo ou receios.

## REFERÊNCIAS BIBLIOGRÁFICAS

BROUSSEAU, G. Os diferentes papéis do professor. In: Parra, C.; Saiz, I. (Org.).*Didática da matemática: reflexões psicopedagógicas*. Porto Alegre: Artes Médicas (Artmed), 1996.

GÓMEZ-GRANELL, C. A aquisição da linguagem matemática: símbolo e significado. In: TEBEROSKY, A.; TOLCHINSKY, L. (Org.). *Além da alfabetização*. São Paulo: Ática, 1996.

SCHNEIDER, J.; SAUNDERS, K. As linguagens ilustradas na Resolução de Problemas. In: KRULIK, S. E.; REYS, R. (Orgs.). *A Resolução de Problemas na matemática escolar*. São Paulo: Atual, 1998.

ZUNINO, D. L. *A matemática na escola: aqui e agora*. 2.ed. Porto Alegre: Artes Médicas (Artmed), 1995.

REVISTA Coquetel Super, n. 18, 1990.

capítulo

# 8

# Por que Formular Problemas?
### Cristiane H. Chica

Quando o aluno cria seus próprios textos de problemas, ele precisa organizar tudo que sabe e elaborar o texto, dando-lhe sentido e estrutura adequados para que possa comunicar o que pretende.

Nesse processo, aproximam-se a língua materna e a matemática, as quais se complementam na produção de textos e permitem o desenvolvimento da linguagem específica. O aluno deixa, então, de ser um resolvedor para ser um propositor de problemas, vivenciando o controle sobre o texto e as idéias matemáticas.

*Joice e Paula são duas espigas de milho que moram num grande milharal no interior de São Paulo.*

*Resolveram participar de concurso de cabelos.*

*Joice estava radiante em frente do espelho penteando seus cabelos, quando percebeu que eles estavam caindo. Decidiu contá-los. Ela estava com 1247 fios e no chão 320 caídos.*

*Desesperada com a possibilidade de não participar do concurso, foi investigar os fios de Paula.*

*Espiando, notou alguma coisa muito estranha. Paula penteava os cabelos e eles não caíam.*

*Joice teve um ataque, pulou em cima de Paula e puxou seus cabelos. Que surpresa! Paula era careca.*

*Quantos fios de cabelo Joice tem a mais que Paula?*

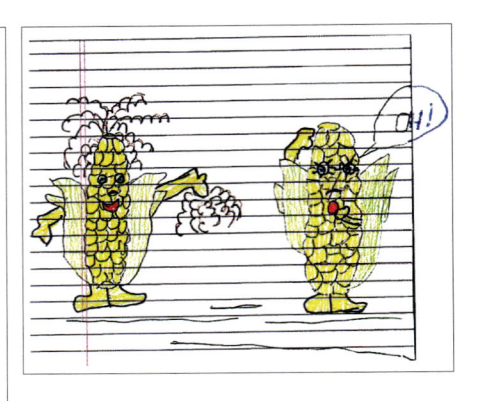

Onde encontraríamos um problema semelhante a ele? Essa produção foi feita por uma criança de nove anos, a partir da seguinte proposta: Criar um problema para a pergunta *Quantos fios de cabelo Joice tem a mais que Ana Paula?*

É importante que, durante sua escolaridade, a criança, como leitora e produtora de textos, possa realizar diferentes experiências com a escrita, em diferentes áreas do conhecimento, inclusive na matemática. Para tanto, é preciso que as crianças reconheçam as diferentes funções da escrita, como permitir expressar idéias, contar histórias, relatar e conservar traços, proporcionar prazer em inventar, construir um texto, compreender seu funcionamento, buscar palavras adequadas a ele, vencer dificuldades encontradas, encontrar o tipo de escrita e a formulação mais adequadas à situação proposta e, finalmente, ver o texto acabado e bem-apresentado (ver Capítulo 2).

Dar oportunidade para que os alunos formulem problemas é uma forma de levá-los a escrever e perceber o que é importante na elaboração e na resolução de uma dada situação; que relação há entre os dados apresentados, a pergunta a ser respondida e a resposta; como articular o texto, os dados e a operação a ser usada. Mais que isso, ao formularem problemas, os alunos sentem que têm controle sobre o fazer matemática e que podem participar desse fazer, desenvolvendo interesse e confiança diante de situações-problema.

Na formulação de problemas, a criança empenha-se em pensar nele como um todo, não se detendo apenas nos números, em algumas palavras-chave ou na pergunta. Ela se familiariza e compreende melhor as características das situações-problema.

No exemplo mostrado inicialmente, vemos que a preocupação da aluna era formular um problema adequado à proposta e, a todo momento, ela procurava articular o texto com os dados e a pergunta, além de construir um cenário de fantasia e descrições que chamam a atenção do leitor. A resolução do problema criado, nesse caso, não necessitava da realização de uma operação, bastaria apenas interpretar os dados.

Como em toda produção de texto, a elaboração de problemas deve ser encarada como algo desafiador e motivador. É preciso estimular a capacidade inventiva e questionadora dos alunos, desenvolvendo na sala um clima de interação e respeito, onde se possa *fazer matemática* através da possibilidade de questionar, levantar hipóteses, comunicar idéias, estabelecer relações e aplicar conceitos. Para que o aluno torne-se um escritor eficaz, a escrita não deve ser então sinônimo de trabalho cansativo, enfadonho ou fracassado.

Trabalhar com formulações de problemas requer paciência, pois tal atividade demanda muitas idas e vindas, cabendo ao professor orientar os alunos sem atropelar o processo de criação. Nesse processo, as intervenções realizadas por ele farão com que os alunos avancem cognitivamente, sendo para isso necessário sacrificar a quantidade de problemas em favor da qualidade de ensino.

## PRIMEIRAS PROPOSTAS DE FORMULAÇÃO DE PROBLEMAS

As primeiras propostas de formulação de problemas devem ser planejadas com muito cuidado, uma vez que as crianças demonstram dificuldade em realizar tal tarefa por estarem acostumadas a somente resolver problemas. Os alunos devem ter contato com diferentes tipos de problemas para resolver antes de propormos que criem seus próprios problemas.

Não se trata de resolver um grande número de problemas e, depois de torná-los bons resolvedores, iniciar as propostas de formulação, mas sim propiciar que tenham uma vivência anterior que lhes permita testar suas hipóteses, conhecer e desenvolver modelos que servirão como ponto de partida para formularem seus próprios problemas (ver os Capítulos 5 e 6).

As primeiras propostas de produção deverão ser mais simples, como as que propomos a seguir:

### A Partir de um Problema Dado, Criar uma Pergunta que Possa Ser Respondida através Dele

Tal exemplo pode ser observado nas produções de crianças de 3ª série quando inventaram perguntas para o seguinte texto:

*Vera comprou 40 rosas vermelhas e 32 rosas brancas para enfeitar as 9 mesinhas da festa de seu aniversário.*

*Quantas rosas Vera comprou?*

*Quantas rosas vão ficar em cada mesa?*

*Se fossem 12 mesas, quantas rosas enfeitariam cada mesa?*

*Em cada mesa metade das rosas murcharam, quantas rosas ficaram em cada mesa?*

*E se Vera tivesse comprado a metade da metade do que ela comprou, quantas rosas ela tinha comprado?*

Nessa atividade, a tarefa do aluno é a de reconhecer no problema os dados disponíveis, a situação criada e evidenciar a existência de um problema através da pergunta a ser inventada. Deparamo-nos, assim, com diferentes tipos de perguntas criadas pelos alunos, por exemplo:

- perguntas que podem ser respondidas pelo próprio texto, ou seja, sua resposta está contida nele;
- perguntas que exigem contagem ou operações a serem realizadas;
- perguntas que, de acordo com os dados oferecidos, não podem ser respondidas (o que não descaracteriza um problema);
- perguntas com novos dados, dos quais depende ou independe a resposta.

Discutir as diferentes perguntas surgidas no grupo, bem como propor aos alunos que resolvam o problema a partir da pergunta formulada pelo amigo, exige maior empenho e favorece a melhoria da qualidade dos textos produzidos ao descobrirem incompreensões ou falta de clareza.

## A Partir de uma Figura Dada, Criar uma Pergunta

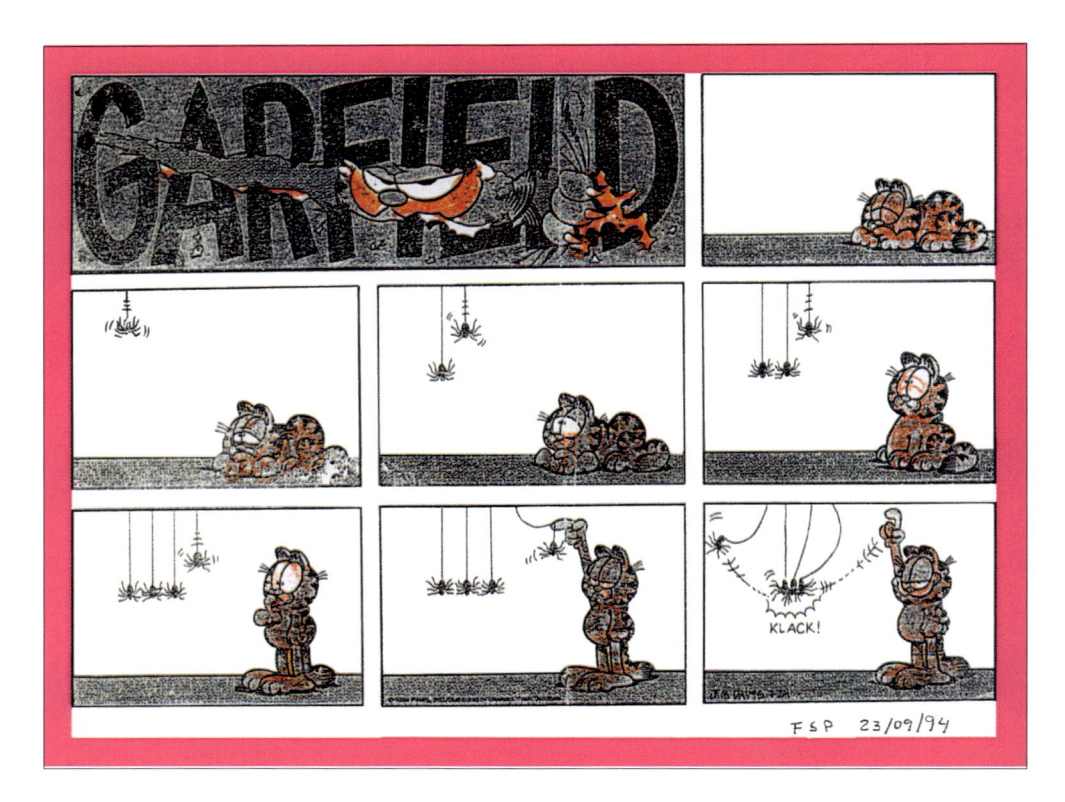

Para os quadrinhos do Garfield (*Folha de S. Paulo*, 23/09/94), alunos de 1ª série propuseram as perguntas a seguir:

*Qual é o tamanho do Garfield?*

*Quantas pernas tem 4 aranhas?*

*Quantas vezes aparece o Garfield?*

*Quantas aranhas tinham?*

*Se uma aranha pode soltar 3 teias. Quantas teias 4 aranhas solta?*

*A quarta aranha está na mesma altura das outras?*

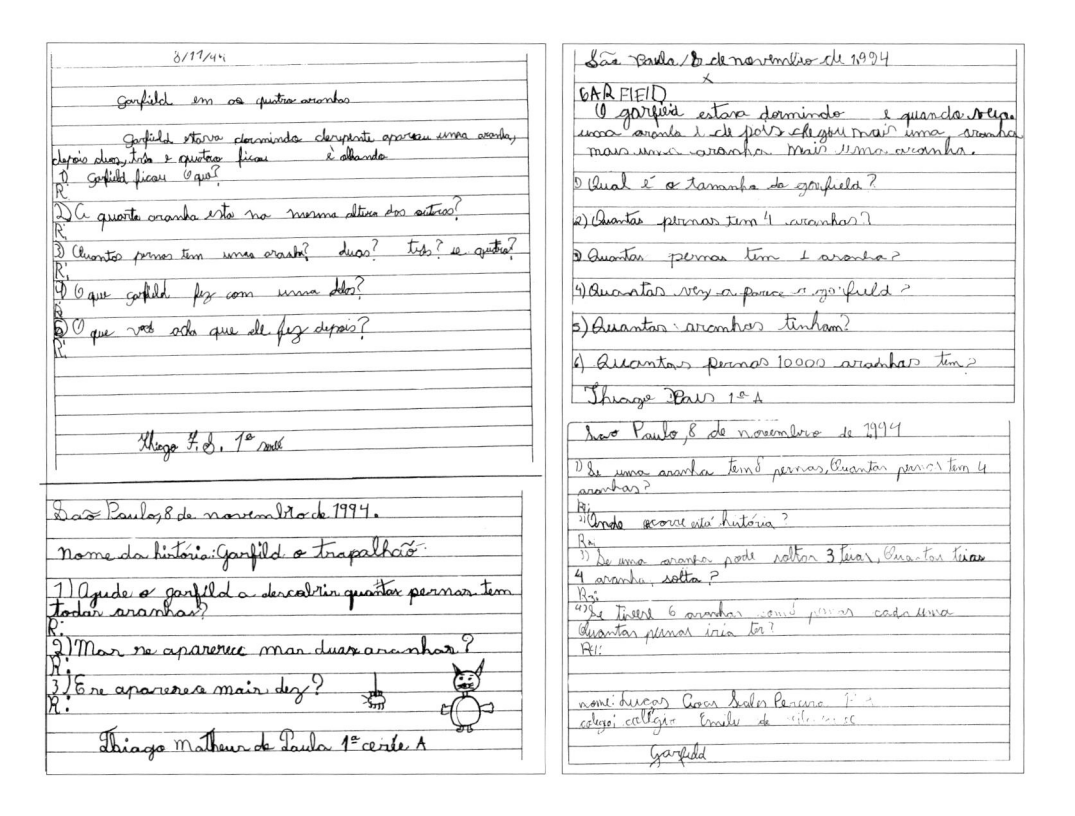

Aqui, em vez de analisarem um texto, os alunos tiveram que observar a cena ou a imagem e retirar dela alguma idéia que pudesse gerar uma pergunta. Essa questão pode tanto ser respondida através do que se vê na figura quanto através de suposições que o aluno pode fazer a partir do que a cena sugere.

A escolha da figura pelo professor é uma tarefa que merece cuidado para não induzir demasiadamente o que ele quer que as crianças perguntem ou respondam. O ideal é que a figura seja de natureza abrangente, interessante, de modo a propiciar a aparição de diversas idéias. Ela não deve estar relacionada apenas à contagem ou às quatro operações para que problemas não-numéricos (sem conceitos numéricos) também apareçam, pois em nosso cotidiano e na própria matemática também nos deparamos com essas situações.

Trabalhando assim, em vez de pensarmos em problemas como sendo desta ou daquela operação, devemos considerá-los como perguntas que as crianças tentam responder pensando por si mesmas. Isto não exige nada além da capacidade natural que toda criança tem de se encantar por desafios.

## A Partir de um Início Dado, Continuar o Problema

Em uma 2ª série, propusemos continuar o texto seguinte para transformá-lo em problema:

> *Uma perua de excursão pode levar 12 passageiros sentados. A minha classe quer fazer um passeio ao jardim Zoológico e...*
>
> *e... contratou 3 peruas para o passeio. Será que vai dar para levar os 34 alunos da classe?*
>
> *e... ela tem 33 alunos e a professora. Quantas peruas vai precisar para o passeio?*
>
> *e... todos os alunos querem ir. A professora, eu e os outros 33 alunos vamos em quantas peruas?*

Nessa proposta, nem todos os dados estão disponíveis na parte inicial do texto do problema; portanto, é preciso colocar outros, relacionar os dados oferecidos com os criados, articular o texto de acordo com a situação iniciada e finalizá-lo com uma pergunta. Tais ações exigem muito do aluno, especialmente no que diz respeito ao sentido de dominar melhor as características do texto de um problema e os conhecimentos matemáticos que ele possui para aplicá-los à situação nova.

No exemplo sugerido, a colocação da pergunta, em sua forma e conteúdo, dá indícios ao professor do caminho já trilhado por esses alunos em sua aprendizagem matemática. No entanto, é natural que muitos alunos usem o repertório de problemas conhecidos como apoio para realizar a tarefa proposta, o que pode ser observado no exemplo dado, em que os alunos produziram textos muito semelhantes aos de problemas convencionais.

## A Partir de um Problema Dado, Criar um Parecido

Analisemos dois exemplos dessa proposta feitos por alunos de 3ª série:

Ler, Escrever e Resolver Problemas

**Problema dado:**

Um homem precisou levar uma raposa, uma galinha e um cesto de milho até a outra margem de um rio. O problema é que ele só pode levar uma dessas coisas de cada vez. Levando o cesto de milho, a raposa comeria a galinha. Se ele levar a raposa a galinha come o milho. Como você faria para resolver este problema?

**Problema criado:**

*A mulher e a ponte*

Uma mulher quer levar um rato, um gato e uma jarra de leite, ela quer atravessar uma ponte, mas a ponte está com risco de se quebrar e ela só pode levar uma coisa de cada vez, se ela levar o rato, o gato toma o leite e se levar o leite, o gato come o rato. O que você faria? Dê o porquê de sua resposta.

**Problema dado:**

Uma academia de esportes funciona de segunda a sábado. A turma de vôlei se reúne diariamente, exceto às quartas. Há jogos de tênis todos os dias, exceto terças e sábados. São oferecidas aulas diárias de pingue-pongue. As aulas de natação são em dias alternados, a partir das segundas. Há aulas de ginástica diariamente a partir das terças.
Qual é o dia mais movimentado da academia?

**Problema criado:**

*Um cinema funciona de segunda a sexta. O filme "O pestinha III" passa todos os dias, menos terça e sexta. Já "Hércules" passa só de quarta e sexta. "Titanic" passa todos os dias. O filme "Uma babá quase perfeita" só passa de segunda, terça, quarta e sexta.*
*Qual dia tem mais sessões no cinema?*

---

São Paulo, 14 de maio de 1998.

Inventar um problema parecido com o da galinha, raposa e do milho.

A Mulher e a ponte

Uma mulher quer levar um rato, um gato e uma jarra de leite, ela quer atravessar uma ponte mas a ponte está com risco de se quebrar e ela só pode levar uma coisa de cada vez, se ela levar o rato, o gato toma o leite e se levar o leite, o gato come o rato. O que você faria? Dê o por quê de sua resposta.

Resposta: Ela tem que levar o gato primeiro, porque o rato não gosta de leite, e então ela deixará o gato preso numa pedra, depois levará a jarra de leite e deixará bem longe do gato depois levará o rato e trancará ele numa cesta levará o leite em cima dela cabeça e amarrará o gato na coleira e irá para casa.

---

Problema

Um cinema funciona de segunda a sexta. O filme "O Pestinha III" passa todos os dias, menos terça e sexta. Já "Hércules" passa só de quarta e sexta. "Titanic" passa todos os dias. O filme "Uma babá quase perfeita" só passa de segunda, terça, quarta e sexta.
Qual dia tem mais sessões no cinema?

R: Quarta-feira.

| FILMES | Seg | Ter | Qua | Qui | Sex |
|---|---|---|---|---|---|
| O pestinha | x | | x | x | |
| Hércules | | | x | | x |
| Titanic | x | x | x | x | x |
| Uma babá quase perfeita | x | x | x | | x |

Ao propormos esse tipo de atividade aos alunos, queremos observar, sobretudo, se eles já estão apropriando-se da estrutura de um problema e se já percebem o que é essencial em sua formulação. Trata-se de produzir pela primeira vez um problema na íntegra.

Essa primeira produção deve ser encorajada para que possa servir de alavanca para escritas mais livres, valorizando o que foi conseguido e criando um ambiente acolhedor e, ao mesmo tempo, de reflexão sobre o que foi feito. Para isso, é preciso que as crianças leiam o que fizeram, relatem dúvidas e debatam sobre incompreensões, semelhanças e diferenças entre os textos apresentados e possam ainda apontar saídas para as dificuldades encontradas.

Cabe aqui deixar claro para o professor que ele deve organizar seu trabalho para que cada aluno mostre em sua produção *em que* o problema formulado é parecido com o problema dado, pois observamos a aparição de diferentes interpretações de *ser parecido*: é parecido na história (personagens, cenário), na operação que se utiliza para resolvê-lo (estrutura matemática), na pergunta que é dada, nas ações desenvolvidas, etc.

Muitas vezes, o professor propõe tal atividade querendo que o aluno faça um problema parecido no sentido que ele, professor, acha que deve ser parecido; contudo, nem sempre os alunos têm essa mesma concepção, o que cria um impasse para ambos. Uma conversa, em geral, esclarece essas interpretações e dá margens para ótimas discussões em sala, podendo acontecer antes ou depois da proposta lançada, dependendo do objetivo que o professor estabeleceu para a atividade.

É importante utilizarmos diferentes tipos de problemas-modelo em nossas propostas, especialmente os não-convencionais(ver Capítulo 6), para que os alunos possam desenvolver diferentes formas de pensar, além da aritmética. Tal atividade estimula os raciocínios divergente, indutivo e lógico-dedutivo, ao mesmo tempo que amplia o repertório textual do aluno com diferentes linguagens e representações nas aulas de matemática.

## ORGANIZANDO O TRABALHO EM SALA DE AULA

Por ser tão desafiante para os alunos, a formulação de problemas deve ser um espaço para eles comunicarem idéias, fazerem colocações, investigarem relações e adquirirem confiança em suas capacidades de aprendizagem. Este é um momento para desenvolver noções, procedimentos e atitudes em relação ao conhecimento matemático.

Por todos esse motivos, a organização da sala de aula deve contribuir para a efetivação de tal espaço. Inicialmente, podemos dispor os alunos em duplas ou trios para produzirem as atividades a fim de que, diante de uma situação nova, eles possam discutir e descobrir uns com os outros a melhor maneira de conduzir suas ações, buscando alternativas, tomando decisões e superando conflitos. Nessa troca, eles enriquecem seus conhecimentos e idéias e, juntos, buscam uma forma de articular o que sabem de acordo com o que está sendo pedido, esforçam-se e planejam cooperativamente. O receio de cometer erros é superado à medida que se tem o outro para compartilhar as dúvidas e as dificuldades surgidas no caminho.

Se os alunos não forem escritores, não significa que não poderemos realizar esse trabalho; ao contrário, propor a criação coletiva é uma boa estratégia para que as crianças resolvam problemas e, nesse caso, o professor poderá tornar-se o escriba da sala e mediador das propostas levantadas, organizando discussões e orientando a elaboração do texto segundo o consenso entre os alunos.

Ainda assim, muitas crianças, quando começam a formular seus problemas, cometem vários equívocos. Temos observado que nesse processo inicial de aprender a produzir textos em matemática, e especialmente problemas, elas freqüentemente criam uma história, em vez de um problema, sem envolver idéias ou conceitos matemáticos, não vêem a necessidade de colocar perguntas e, até mesmo, resolvem o problema no decorrer de sua produção.

Vejamos o exemplo produzido por um aluno de 2ª série:

*Seu Joaquim tinha um grande problema, ele queria vender sua cabra mas ninguém comprava pois disseram que estava muito cara, seu Joaquim então ficou muito triste um amigo dele o ajudou ele tinha um cabrito e levou até a fazenda de seu Joaquim ele já tinha planejado tudo, esperam até que a cabra acasalace e tivesse cabritinhos ai seu Joaquim poderia vender os cabritos pequenininhos, mas não adiantou nada o problema era que continuavam falando do preço estava caro seu Joaquim então teve uma idéia, já que era a única solução (é claro que era a solução) abaixou o preço de 374 para 222, só que ele não conseguiu fazer a conta, ajude o seu Joaquim a fazer a conta e depois escreva quanto deu.*

*R: Seu Joaquim vendeu a cabra por 152.*

## INTERVENÇÕES: COMO AVANÇAR?

É a intervenção do professor que fará com que as crianças progressivamente se apropriem das características de um problema matemático, desde que haja espaço para questionar os problemas produzidos e refletir sobre eles.

É preciso, portanto, clareza da parte de quem ensina do que é um problema matemático. Para nós, problema é toda situação que não possui uma solução evidente, na qual é exigido que o resolvedor combine seus conhecimentos e decida-se sobre como usá-los na busca da solução. Trata-se de situações que permitam questionamentos.

Todavia, que intervenções são necessárias para que o aluno avance na produção de problemas?

Para mobilizar as crianças, é preciso ensinar-lhes a produzir seus próprios problemas e discutir com elas uma melhor maneira para fazê-lo. Para que se sintam autônomas e planejadoras de suas ações, é aconselhável sugerir-lhes que utilizem as estratégias de escrita conforme a proposta do Capítulo 2, no qual são descritas as intervenções em outras situações de escrita em matemática, que resumidamente são as seguintes:

- Fazer um planejamento inicial sobre o que se pretende realizar, o qual pode ser relatado a um colega de classe ou descrito em um rascunho com suas primeiras idéias.
- Redigir da forma mais adequada para isso, relendo e revendo o que foi escrito.
- Expor à apreciação de um leitor, o qual pode ser um colega da sala ou os pais, para detectar o entendimento do que se quis escrever e, em seguida, aprimorar o texto e dar-lhe melhor qualidade.
- Revisar o texto e passá-lo a limpo.

Essas etapas podem ser feitas inicialmente com a classe, em que o professor organiza a discussão com os alunos para ressaltar o quanto a produção alcançou o seu objetivo de comunicar e o quanto o escritor pode controlar a sua própria atividade de produção do texto, tendo a oportunidade de ir e vir, alterar e organizar sua escrita. Depois, a formulação pode ser proposta em duplas e, para os alunos habituados a tal prática, pode ser individual quando pretendemos verificar o que eles já estão sendo capazes de perceber em um problema.

Podemos utilizar estratégias mais específicas para promover o avanço na elaboração de textos dos problemas, como:

- Colocar em transparência, em um cartaz ou no quadro um dos problemas formulados com falta de dados, ou sem pergunta, ou mesmo já resolvido no próprio texto, e discutir com as crianças o que não está bom e o que poderia ser feito para melhorar o texto.
- Reproduzir em uma folha três ou quatro textos de problemas, cada um deles com algum tipo de incorreção, e os alunos deverão identificar as falhas e reescrever os textos de modo mais adequado.

Ler, Escrever e Resolver Problemas | 161

Um exemplo disso está na proposta a seguir, onde o texto original foi reproduzido em uma folha, e os alunos foram orientados a revê-lo, a apontar o que não estava bom e depois, coletivamente, a refazer o texto e copiá-lo como registro do trabalho realizado.

*Seu Juca tinha 374 urços gigantes para vender em sua loja um dia anoite robaram 223 urços, no dia seguinte Juca viu que tinha roubado urços e ficou louco da vida porque aqueles urços custava mais doque mil reais?*

*Seu Juca tinha 374 ursos gigantes para vender em sua loja. Um dia à noite, roubaram 223 ursos. No dia seguinte, seu Juca foi à loja e viu que alguns ursos haviam sumido, então ficou louco da vida, pois teria um grande prejuízo com o roubo. Quantos ursos restaram na loja de seu Juca?*

– Misturar textos de problemas bem-elaborados com problemas que apresentem falhas e pedir aos alunos que separem uns dos outros de acordo com esse critério.
– Na ocorrência de um problema em que a pergunta não esteja de acordo com a resposta dada, podemos propor que os alunos modifiquem o texto de modo que a resposta seja aquela apresentada, isto é, nesse momento, não daremos ênfase à resolução dada e sim ao que alterar no problema para que a resposta dada possa ser aceita. Assim, os alunos poderão perceber que é possível transformar o texto para torná-lo adequado a qualquer situação que propusermos.

Isto pode ser observado na proposta de reformulação do problema de Seu Joaquim e a venda da cabra que apresentamos antes, no qual a proposta incluía a correção da pontuação e uma especial atenção para a pergunta e a resposta colocadas no texto.

**A cabra careira**

*Seu Joaquim tinha um grande problema, ele queria vender sua cabra mas ninguém compra, pois disseram que estava muito cara.*

*Então Seu Joaquim ficou muito triste, um amigo ajudou-lhe. Ele possuía um cabrito, levou até a fazenda de seu Joaquim e esperaram até que os dois cruzassem, assim poderiam vender os cabritos pequeninos.*

*Mas não adiantou nada o problema era que continuavam falando que o preço estava alto.*

*Logo Seu Joaquim teve uma idéia:*

1. *Resolveu abaixar o preço de 374 reais para 222 reais para que surgissem mais pessoas interessadas em compra-la.*
   *Em quanto seu Joaquim abaixou o preço?*
2. *Como a cabra custava 374 reais ele dava um desconto de 222 reais se a pessoa que comprasse desse a ele, em troca 2 litros de leite da cabra por semana.*
   *Por quanto seu Joaquim venderá a cabra?*

Em todas as propostas de interferência feitas, é preciso atenção para que não sejam enfatizados os *erros* dos alunos como falhas inaceitáveis e que estão sendo mostrados para intimidá-los ou desmotivá-los. Ao contrário, queremos que as crianças tenham oportunidades de refletir sobre esses erros, apontar saídas, levantar opiniões, poder debater e criar a necessidade de um grupo para confrontar e melhorar suas produções. As sugestões feitas dependem de um ambiente sadio de trabalho em que o erro possa ser uma nova e rica oportunidade de aprendizagem, para que possamos alcançar o objetivo principal de autonomia do aluno no controle do texto em matemática.

Outra intervenção importante para que os alunos avancem na produção de problemas é criar uma intenção real e um destinatário efetivo para as suas produções. A qualidade das produções de seus textos fica determinada por sua finalidade, o que implica a responsabilidade de se fazer entendido, de expor o seu conhecimento e as suas experiências ao olhar de outros.

Sugerimos que as estratégias para este fim sejam diversificadas:

- propor o sorteio de alguns dos problemas formulados para serem resolvidos por todos da classe;
- trocar problemas entre os alunos para que um resolva o do outro;
- montar uma folha com os problemas criados para que as crianças escolham durante a semana quais irão resolver;
- selecionar alguns problemas formulados e fazer correio entre classes da mesma série;
- montar um banco de problemas em um fichário ou no computador para quem quiser resolvê-los, inclusive os próprios alunos da classe;
- fazer um mural com os problemas mais interessantes escolhidos pela classe, ou colocá-los no jornal da escola ou na internet;
- fazer uma coletânea de problemas, ou seja, um livro de problemas da sala para ser impresso para todos;
- incluir alguns dos problemas formulados na problemoteca da classe (ver Capítulo 6);
- fazer um livro de problemas eletrônico.

Em qualquer uma dessas propostas, as crianças terão que verificar se os problemas estão adequados, se são de boa qualidade e eventualmente, revê-los e trabalhar com eles, realizando reformulações, revendo dados e aprimorando a escrita.

Nesse ponto, é preciso complementar nossas considerações sobre o papel do erro na produção de textos. Dentro da sala de aula, todos os erros são importantes como etapas no processo de aprender; porém, quando vamos divulgar as produções dos alunos para outras classes, os pais, o jornal da escola, em painéis exteriores à classe, os textos devem estar legíveis e corrigidos no que diz respeito à proposta feita para a formulação e, até mesmo, à ortografia das palavras. Isto ocorre porque o leitor estranho ao grupo classe pode tornar-se, aos olhos das crianças, um juiz rígido e intolerante, cuja opinião pode interferir seriamente na auto-estima dos alunos e imobilizá-los para trabalhos futuros.

## AVANÇANDO NAS PROPOSTAS DE FORMULAÇÃO DE PROBLEMAS

Destacamos aqui outras sugestões de formulação de problemas que ampliam aquelas que vimos anteriormente. É possível variar e diversificar as propostas, já que isto traz o novo, o desafio. O que queremos é permitir que cada vez mais os alunos estabeleçam novas relações, que possam refletir sobre suas práticas e desenvolver sua criatividade.

Algumas dessas propostas trabalham especificamente com determinadas dificuldades presentes no trabalho com formulação de problemas, tais como a omissão das perguntas nas situações-problema, a coerência do texto, a criação de problemas não-numéricos, não-convencionais, etc. Sugerimos, porém, que tais atividades sejam trabalhadas após os alunos terem vivenciado as propostas descritas inicialmente.

## Formulando Problemas a Partir de uma Pergunta

Sabemos que a pergunta evidencia a real existência de um problema. Ela direciona o raciocínio a ser realizado, a operação conveniente, a tomada de decisão ou a busca de uma estratégia a ser elaborada.

No entanto, quando nos deparamos com alguns problemas formulados por crianças iniciantes, muitas vezes a pergunta é omitida no texto, como se a criança soubesse o que é para ser feito com os dados disponíveis a tal ponto de julgar desnecessária a elaboração de uma pergunta.

Quando propomos um problema a partir de uma pergunta, evidenciamos para a criança o quanto esta é importante em um problema matemático e as pistas que ela pode fornecer para a elaboração de um problema. Tal aspecto diferencia o problema de um texto comum. Assim, a pergunta pode ser proposta segundo o objetivo do professor em querer ressaltar uma operação, destacar palavras específicas da linguagem matemática, propiciar o surgimento de problemas mais abertos, etc.

É certo que, se quisermos desencadear nos alunos um processo de reflexão, investigação e empenho, não podemos limitar-nos a explorar palavras-chave, em que cabe ao aluno a simples tarefa de identificar a operação apropriada para mostrar a solução e transformar as informações do problema em linguagem matemática. Quando os alunos formulam problemas, queremos muito mais que isso: nosso objetivo é que eles pensem em como combinar os dados a serem inventados, que façam o melhor uso da linguagem materna para isso, que superem os obstáculos e encarem os problemas como um desafio em si mesmos.

Alguns exemplos dessa proposta podem ser observados nos problemas elaborados por alunos de 2ª série para a pergunta: *Quantas... eu tenho a mais que Juca?*

> *Juca tem 17 figurinhas e eu tenho o dobro de figurinhas que ele. Quantas figurinhas eu tenho a mais que Juca?*

> *Na fazenda do meu avô eu tenho 7 cavalos, 14 bois e 23 galos. E na fazenda do Juca ele tem 11 touros, 13 galos e 4 cavalos. Quantos animais eu tenho a mais que Juca?*

> *Eu tenho 503 CDRom e Juca tem 350. Quantos CDRom eu tenho a mais que Juca?*

Ler, Escrever e Resolver Problemas | 165

## Formulando Problemas a Partir de uma Palavra

A palavra pode suscitar no aluno um processo imaginativo, uma situação de sua vida cotidiana que ele interpretará, transformará e transgredirá, na medida em que esta possa estimular iniciativas diversas e diferentes. É um ganho de autonomia que possibilita a expressão do imaginário e a construção do poder sobre a língua e a matemática.

Tal ganho de poder suscita na criança o desejo de criar, o prazer de exercer algo conquistado. Portanto, é preciso propor diferentes tipos de palavras, desde aquelas que tenham maior relação com assuntos matemáticos até outras de caráter geral ou com um apelo à fantasia, à imaginação e, por que não, ao absurdo. Palavras de natureza diferente trazem consigo objetivos diferenciados.

É comum solicitar aos alunos que formulem problemas nos quais apareçam palavras específicas da linguagem matemática, como adição, produto, divisor, fator, dobro, entre outras. Nessas situações, o objetivo do professor é ajudar o aluno a familiarizar-se com termos ou palavras que comumente aparecem em problemas e que, muitas vezes, causam certas dificuldades na resolução, especialmente aquelas que possuem significados diferentes do usado em matemática.

Nesse caso, as produções das crianças não terão aquele peso imaginativo descrito no início, uma vez que essas palavras exigem um problema mais conciso em idéias, claro e objetivo, o que também é um dos objetivos da formulação de problemas.

No entanto, os exemplos abaixo mostram que as crianças, muitas vezes, podem surpreender-nos. Este é o caso de alunos de 3ª série com grande familiaridade de formular problemas; ao propormos que criassem um problema com as palavras dias e horas logo após o estudo de medidas de tempo, com especial atenção para o número de horas do dia, obtivemos as seguintes produções:

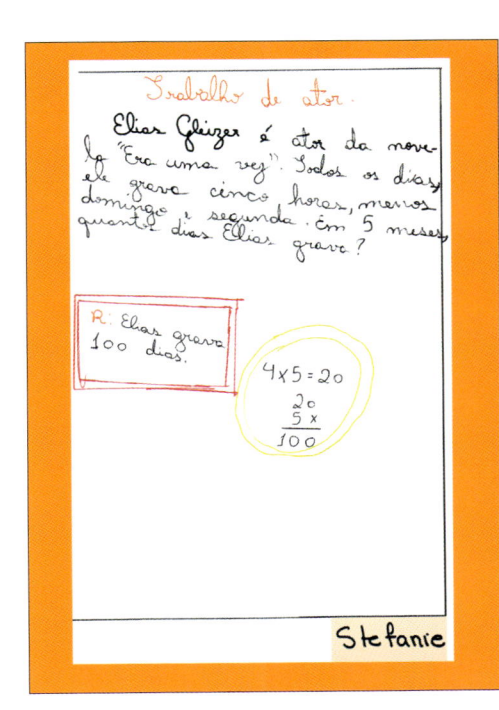

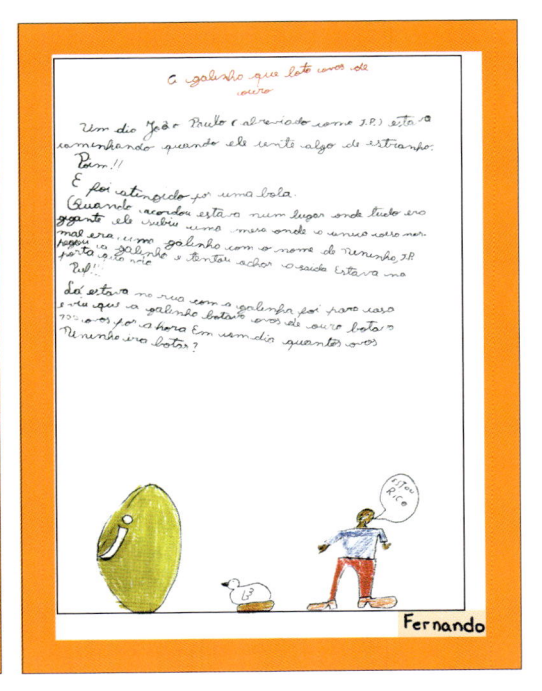

### Trabalho de ator

*Elias Gleizer é ator da novela 'Era uma vez'. Todos os dias ele grava cinco horas, menos domingo e segunda. Em 5 meses, quantos dias Elias grava?*

### A galinha que bota ovos de ouro

*Um dia João Paulo (abreviado como J.P.) estava caminhando quando ele sente algo de estranho.*

*Poim!!*

*E foi atingido por uma bola.*

*Quando acordou estava num lugar onde tudo era gigante ele subiu numa mesa onde a única coisa normal era uma galinha com o nome de Nininha. J.P. pegou a galinha e tentou achar a saída. Estava na porta quando*

*Puf!!*

*Lá estava na rua com a galinha foi para casa e viu que a galinha botava ovos de ouro, botava 100 ovos por 1 hora. Em um dia quantos ovos Nininha irá botar?*

## Formulando Problemas a Partir de uma Resposta Dada

O enfoque dessa produção está na resolução do problema. Em muitas propostas de formulação de problemas, o enfoque encontra-se basicamente no texto, em sua articulação e em seu sentido, sendo que resolver é outra etapa desse processo. Contudo, nessa proposta de trabalho, não separamos formulação de resolução a ponto de excluir uma em detrimento da outra. É preciso trabalhar cada uma delas de maneira significativa e motivadora, realizando explorações para que o aluno possa criar o maior número possível de relações entre elas.

A resposta dada pode ser de cunho numérico, ou seja, um número, uma palavra ou uma frase. Em cada uma das situações, há certa intencionalidade em sua proposta. É bastante diferente pensar em escrever um problema no qual a resposta seja um número ou toda uma frase.

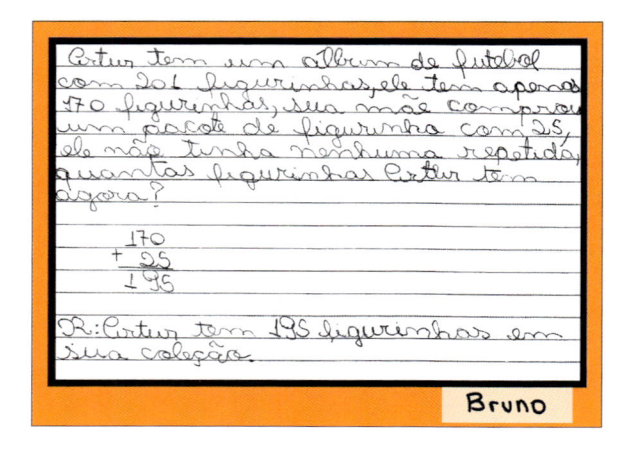

Problema para a resposta: 195.

Ler, Escrever e Resolver Problemas

> O jardineiro da escola plantou 172 flores.
> Ele arrumou um jardim bem grande e ele tinha que plantar ainda duas fileiras com 76 margaridas em cada. Quantas margaridas e flores ele tem ao todo?
>
> Camila G.

Problema para a resposta: O jardineiro plantou 204 plantas.

No primeiro caso, aparecem diversas formas de realização do problema que, em geral, os alunos relacionam ao resultado de alguma operação aritmética envolvendo quantidades que se deve adicionar, subtrair, multiplicar, dividir ou combinar uma ou mais operações. Nesse sentido, evidenciar os diferentes caminhos trilhados por cada aluno é de grande importância. Por outro lado, quando queremos que os alunos avancem na numeração utilizada na resolução de problemas, propor um número maior faz com que pensem em que situações um número assim aparece e como operar com ele.

No segundo caso, o texto da resposta traz restrições que o aluno deve considerar na elaboração do texto do problema, especialmente na pergunta que deve ser orientada pela resposta solicitada.

Confrontando opiniões na classe e discutindo esse tipo de resposta, podemos levar os alunos a interpretarem os problemas surgidos e analisá-los com mais cuidado, superando comportamentos como considerar que os problemas são sempre numéricos, que sempre têm solução, que todos os dados estão no texto e que estes devem ser usados na sua resolução. Para que os alunos consigam realizar essa tarefa, é preciso que conheçam alguns problemas não-convencionais.

Enfim, qualquer que seja o objetivo do professor, devemos ajudar os alunos a perceberem que um problema pode ter ou não dados numéricos ou suficientes, que relação existe entre os dados numéricos e outros elementos do texto e, principalmente nesse tipo de proposta, se a resposta é coerente com o problema.

## Formulando Problemas a Partir de uma Operação

Podemos realizar essa proposta de duas maneiras: dando apenas o nome da operação ou a própria operação em si, com os números estabelecidos, que não precisa ser necessariamente uma só, mas várias ou até mesmo uma expressão numérica.

Além da elaboração do texto de um problema, quando propomos esse tipo de atividade a ênfase está em verificar se os alunos compreendem as idéias matemáticas relacionadas às operações. Isto significa que se a operação dada é, por exemplo, uma adição, o texto do problema deve envolver as idéias de juntar ou de acrescentar quantidades.

Os exemplos a seguir foram formulados por alunos de uma 4ª série e fazem parte de um livro de problemas montado por eles com as melhores produções do ano (ver Capítulo 2).

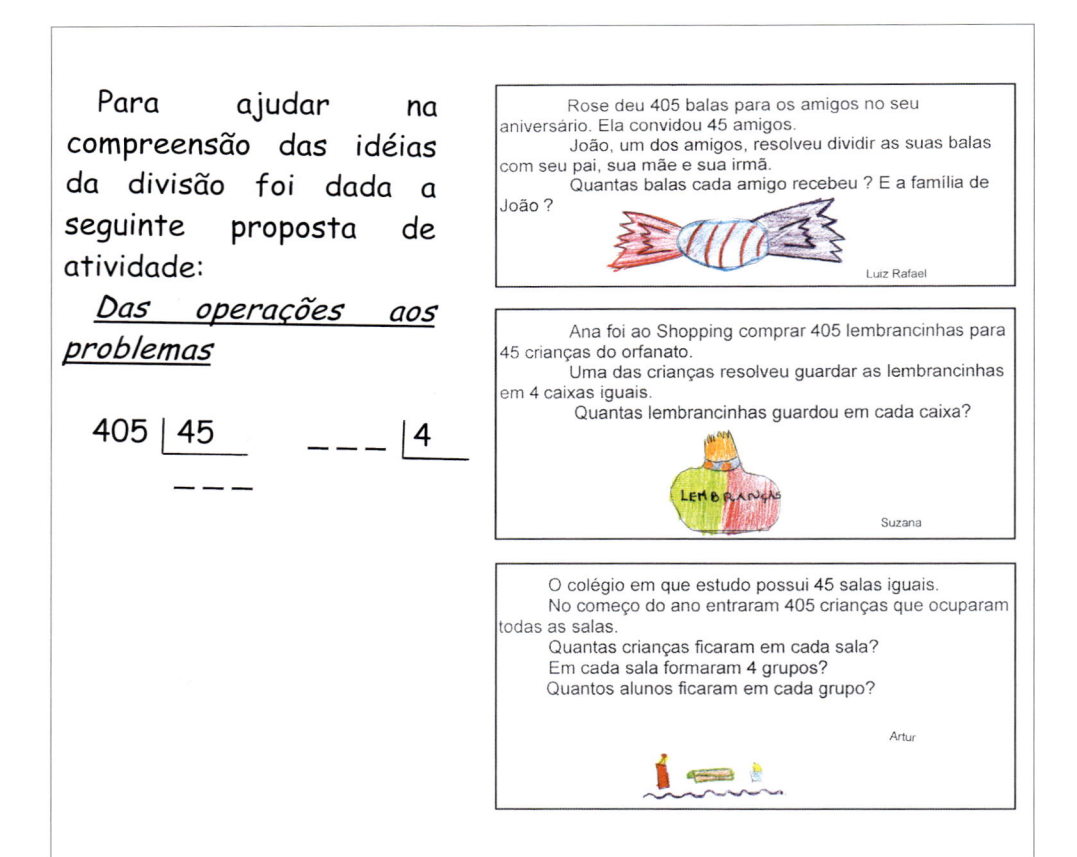

---

Para ajudar na compreensão das idéias da divisão foi dada a seguinte proposta de atividade:

*Das operações aos problemas*

405 | 45          _ _ _ | 4
_ _ _

Rose deu 405 balas para os amigos no seu aniversário. Ela convidou 45 amigos.
João, um dos amigos, resolveu dividir as suas balas com seu pai, sua mãe e sua irmã.
Quantas balas cada amigo recebeu? E a família de João?

Luiz Rafael

Ana foi ao Shopping comprar 405 lembrancinhas para 45 crianças do orfanato.
Uma das crianças resolveu guardar as lembrancinhas em 4 caixas iguais.
Quantas lembrancinhas guardou em cada caixa?

Suzana

O colégio em que estudo possui 45 salas iguais.
No começo do ano entraram 405 crianças que ocuparam todas as salas.
Quantas crianças ficaram em cada sala?
Em cada sala formaram 4 grupos?
Quantos alunos ficaram em cada grupo?

Artur

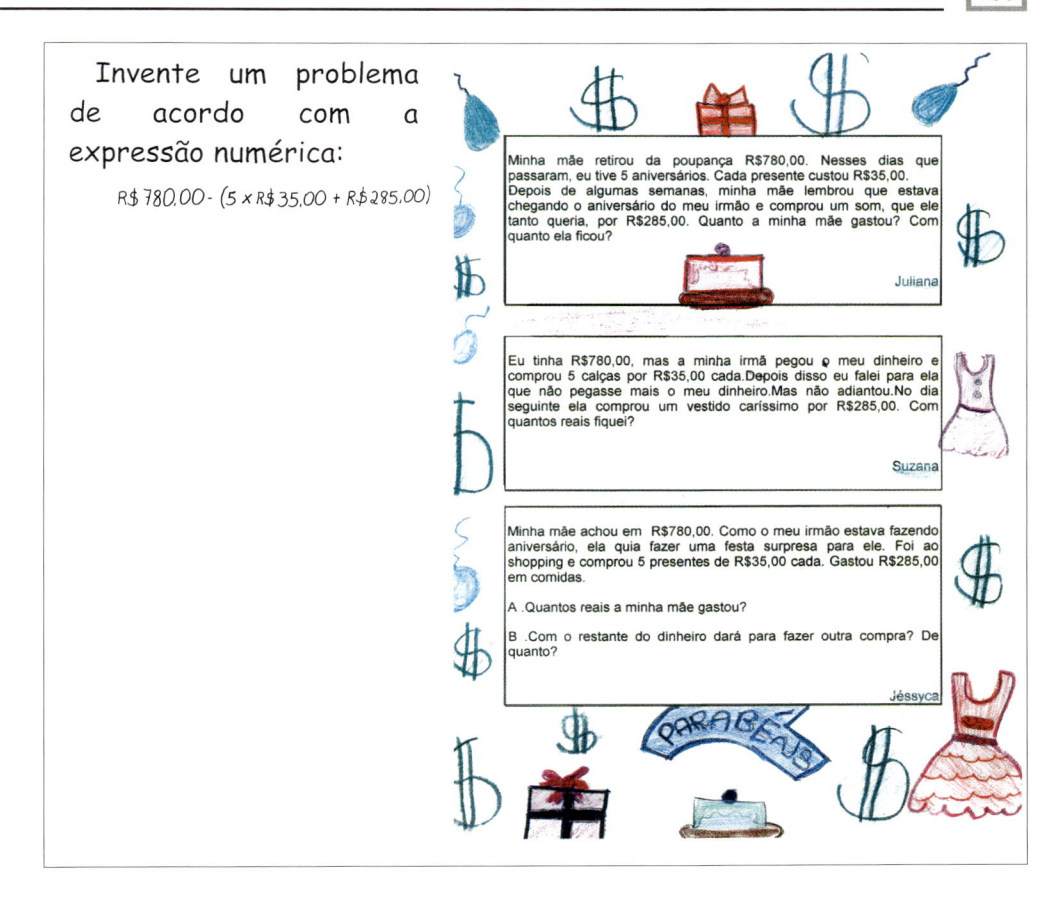

Invente um problema de acordo com a expressão numérica:

R$ 780,00 - (5 × R$ 35,00 + R$ 285,00)

> Minha mãe retirou da poupança R$780,00. Nesses dias que passaram, eu tive 5 aniversários. Cada presente custou R$35,00. Depois de algumas semanas, minha mãe lembrou que estava chegando o aniversário do meu irmão e comprou um som, que ele tanto queria, por R$285,00. Quanto a minha mãe gastou? Com quanto ela ficou?
>
> Juliana

> Eu tinha R$780,00, mas a minha irmã pegou o meu dinheiro e comprou 5 calças por R$35,00 cada. Depois disso eu falei para ela que não pegasse mais o meu dinheiro. Mas não adiantou. No dia seguinte ela comprou um vestido caríssimo por R$285,00. Com quantos reais fiquei?
>
> Suzana

> Minha mãe achou em R$780,00. Como o meu irmão estava fazendo aniversário, ela quia fazer uma festa surpresa para ele. Foi ao shopping e comprou 5 presentes de R$35,00 cada. Gastou R$285,00 em comidas.
>
> A. Quantos reais a minha mãe gastou?
>
> B. Com o restante do dinheiro dará para fazer outra compra? De quanto?
>
> Jéssyca

Apesar de essa ser a proposta mais tentadora aos olhos dos professores, não aconselhamos iniciar de modo algum por ela, nem podemos enfatizá-la demais, para não reforçar no aluno a idéia de que todo problema deve ser resolvido por meio de um algoritmo. Acreditamos que a diversidade de situações-problema, as diferentes explorações, as diversas intervenções e a prática das discussões é que irão auxiliar os alunos na construção do seu conhecimento.

Para o professor, é importante observar, tanto nesse tipo de produção como nos demais, o conhecimento que os alunos já possuem sobre um problema matemático, a linguagem mais conveniente para cada situação, bem como discutir e levantar semelhanças e diferenças entre os textos apresentados.

## Formulando Problemas a Partir de um Tema

Entendemos por tema algum assunto em que os alunos estejam envolvidos e que possibilite, ao propormos a formulação de problemas a partir dele, que os alunos possam efetivamente utilizar seus conhecimentos em sua produção. Dessa forma, a resolução de problemas deixa de ser um conteúdo isolado no currículo, tornando-se parte integrante e significativa deste.

Um tema pode ser abordado pelos alunos de vários aspectos e pontos de vista. Por isso, é preciso encorajar e respeitar toda atividade feita pelo aluno, pois ela é importante para o desenvolvimento de sua autonomia.

As crianças podem estar agrupadas, em trios ou duplas, conforme o que se pretende observar, ou então em grupos maiores, dependendo do tema e propondo-se a cada grupo um subtema do tema escolhido.

Esse tipo de proposta também permite ao professor inserir a atividade em projetos que esteja desenvolvendo com seus alunos. A variedade de textos e enfoques que surgem aqui é grande, então uma boa sistematização poderia ser um cartaz, uma apresentação dramatizada do problema, ou mesmo uma proposta de troca de problemas entre os alunos para que resolvam o que seu amigo criou. Nesse momento, os alunos poderão fazer críticas, dar opiniões e sugestões sobre o texto de seus colegas, bem como verificar e rever o que não estava adequado em seu problema.

Nesse tipo de proposta, é comum surgir um problema com excesso de dados ou um problema não-convencional, em que o aluno tem a possibilidade de refletir sobre a adequação e utilização dos dados apresentados em seu problema.

No exemplo a seguir, propôs-se a alunos de 3ª série, após terem lido vários contos de mistério e estarem empolgados com o assunto, que criassem individualmente um problema cujo tema escolhido foi *assombração*:

### O PROBLEMA QUE ASSOMBRA

Houve uma festa no castelo assombrado do Conde Drácula lá no alto da colina. Muitos monstros estiveram presentes: o lobisomem, 3 múmias do Saara, 15 bruxas dos Estados Unidos, 4 bruxas da Inglaterra, 6 monstros peludos, 7 monstros da lagoa suja, 3 mulheres-sapo do pântano, o monstro sem cabeça da França, nosso amigo Frankstein, a Mona Morty, 5 duendes do mal, e como não podiam faltar fantasmas de todo o mundo, sendo 35 do Ocidente e 24 do Oriente. Também estiveram presentes 12 caveiros que fizeram o som da moçada. Quantos foram convidados pelo Conde Drácula para sua festa de aniversário de 1.500 anos?

*michelle*

**O problema que assombra**

*Houve uma festa no castelo assombrado do Conde Drácula lá no alto da colina. Muitos monstros estiveram presentes: o lobisomem, 3 múmias do Saara, 15 bruxas dos Estados Unidos, 4 bruxas da Inglaterra, 6 monstros peludos, 7 monstros do lago sujo, 3 mulheres-sapo do pântano, o monstro sem cabeça da França, nosso amigo Frankstein, a Dona Morte, 5 duendes do mal, e como não poderiam faltar fantasmas de todo o mundo, sendo 35 do Ocidente e 24 do Oriente. Também estiveram presentes 12 caveiras que fizeram o som da moçada. Quantos foram convidados pelo Conde Drácula para sua festa de aniversário de 1500 anos?*

É importante observar como as crianças, muitas vezes, concebem o problema como um texto, atribuindo-lhe até mesmo título. Criam um ambiente (cenário), seus personagens e produzem em seus questionamentos a necessidade de o leitor reler o problema e eliminar informações que não são necessárias para resolvê-lo, como se vê, por exemplo, nesse caso em que o Conde Drácula fazia 1500 anos. Em um segundo momento, o professor pode propor às crianças que elaborem perguntas que possam ser respondidas utilizando-se as informações supérfluas de seus textos.

No próximo exemplo, o tema dado era mais específico e relacionado ao conteúdo que estava sendo trabalhado nas aulas de matemática.

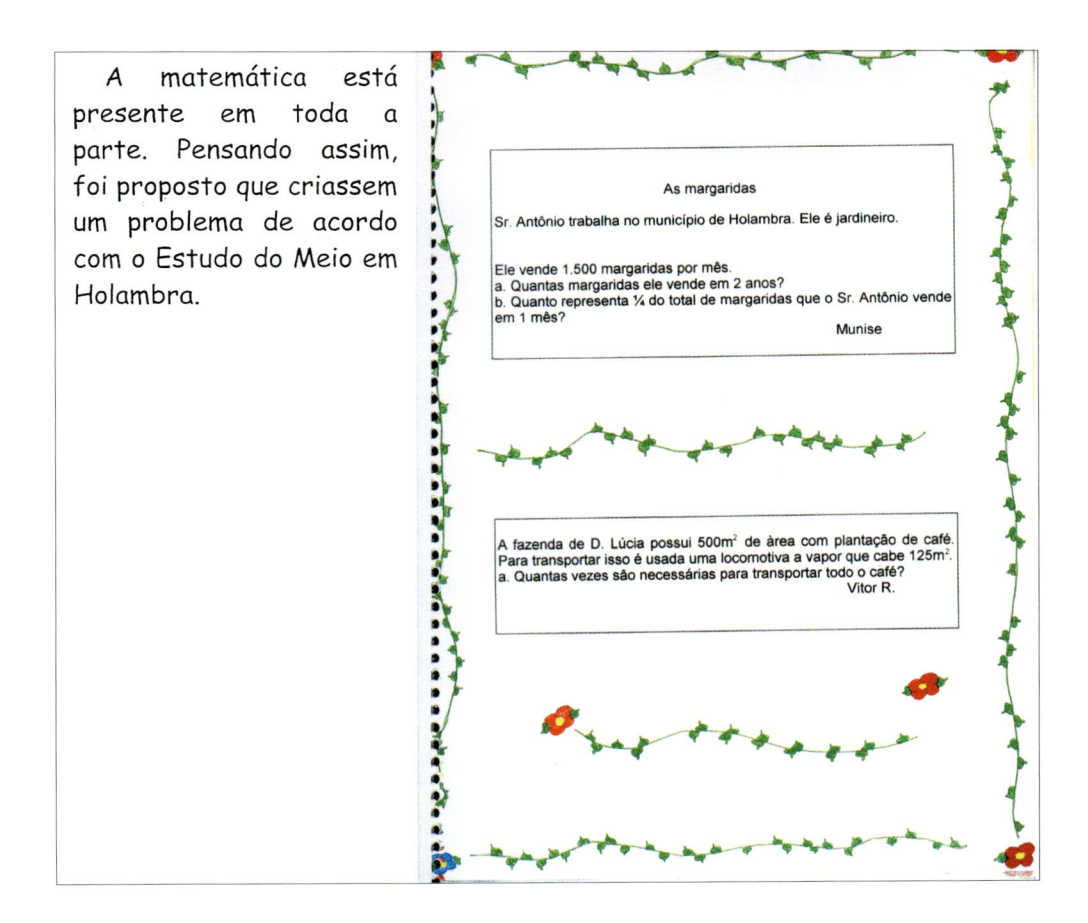

A matemática está presente em toda a parte. Pensando assim, foi proposto que criassem um problema de acordo com o Estudo do Meio em Holambra.

**As margaridas**

Sr. Antônio trabalha no município de Holambra. Ele é jardineiro.

Ele vende 1.500 margaridas por mês.
a. Quantas margaridas ele vende em 2 anos?
b. Quanto representa ¼ do total de margaridas que o Sr. Antônio vende em 1 mês?

Munise

A fazenda de D. Lúcia possui 500m$^2$ de área com plantação de café. Para transportar isso é usada uma locomotiva a vapor que cabe 125m$^2$.
a. Quantas vezes são necessárias para transportar todo o café?

Vitor R.

Julgamos necessário ressaltar que, nessa proposta de escrita dos problemas, as crianças escrevem de maneira significativa, não sendo conveniente violar sua criatividade, especialmente quando se trata de produzir algo que mexa com suas emoções e os mundos criados por elas. É mais adequado deixar as intervenções do professor para outras propostas de formulação quando o objetivo for alcançar uma maneira mais convencional de escrever problemas, solicitando, então, que os alunos sejam mais claros, objetivos e concisos em seus textos.

## Formular Problemas com Determinado Tipo de Texto

Uma forma interessante de aproximar a produção de problemas da língua materna é propor a criação de problemas que tenham uma certa estrutura textual, como um poema, ou problema com rima, uma charada ou um conto.

Nesse caso, a imaginação das crianças e a preocupação com a escrita são mais importantes que a estrutura matemática, que não deve ser descuidada, mas que também não deve impedir o trabalho prazeroso envolvido em tal ação criativa.

Os exemplos que seguem mostram um pouco dessa possibilidade de trabalho quando propusemos a alunos de 3ª série criar desafios numéricos e geométricos, semelhantes aos enigmas do tipo *O que é? O que é?* que as crianças tanto apreciam decifrar.

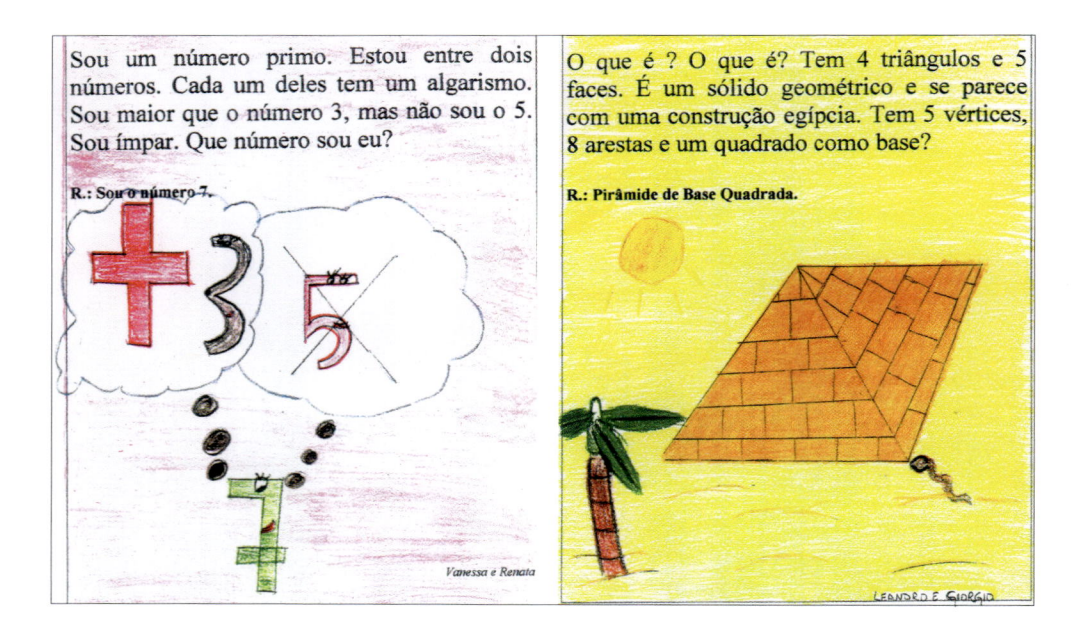

> Sou um número primo. Estou entre dois números. Cada um deles tem um algarismo. Sou maior que o número 3, mas não sou o 5. Sou ímpar. Que número sou eu?
>
> R.: Sou o número 7.
>
> *Vanessa e Renata*

> O que é? O que é? Tem 4 triângulos e 5 faces. É um sólido geométrico e se parece com uma construção egípcia. Tem 5 vértices, 8 arestas e um quadrado como base?
>
> R.: Pirâmide de Base Quadrada.
>
> *Leandro e Giorgio*

## CONSIDERAÇÕES FINAIS

As propostas lançadas são sugestões que propiciam nortear os caminhos pelos quais o professor pode trabalhar com formulação de problemas. Cada proposta deve ser realizada de acordo com o que o professor observa nas produções de seus alunos, pois o trabalho com formulação de problemas permite intervenções imediatas e tomadas de decisões praticamente simultâneas.

No entanto, não devemos desenvolver todas as propostas de uma só vez, na mesma semana e ao mesmo tempo. A diversidade trará novidades. As atividades devem estar ligadas aos objetivos que o professor traça e aos problemas que percebe em sua classe, podendo, assim, criar outras tantas propostas que levem os alunos a atingirem o que está sendo proposto. É certo que a atividade de formular problemas deve estar presente em todo o curso, e não apenas em algumas aulas, por mera curiosidade. Deve ser um trabalho diversificado, pertinente e valorizado.

Formular problemas é uma ação mais complexa do que simplesmente resolver problemas. Aliás, ela traz consigo a resolução, na medida em que é preciso lidar com as dificuldades da linguagem matemática, da língua materna e da combinação de ambas segundo a finalidade do que foi proposto.

Para o professor, a formulação de problemas é um instrumento de avaliação o tempo todo, pois fornece indícios de que os alunos estão ou não dominando os conceitos matemáticos. Através dos dados obtidos, o professor pode planejar as novas ações de ensino que deseja desenvolver com seus alunos.

Finalmente, esperamos que o professor tenha percebido que o objetivo maior da formulação de textos de problemas é a formação de um indivíduo autônomo frente aos problemas, capaz de enfrentar obstáculos e de desenvolver suas habilidades de argumentação, observação, dedução e, principalmente, seu espírito crítico. Queremos que nossos alunos sejam agentes de suas aprendizagens, que se tornem leitores e escritores em matemática, que produzam algo que tenha sentido e utilidade para eles.

## REFERÊNCIAS BIBLIOGRÁFICAS

BARNETT, J.C. et al. Problemas dos livros didáticos: complementado-os e entendendo-os. In:.
KRULIK, S.; REYES, R.E. *A Resolução de Problemas na matemática escolar*. São Paulo: Atual, 1997.
POZO, J.I. *A solução de problemas*. Porto Alegre: Artes Médicas (Artmed), 1998.

# capítulo 9

# A Informática e a Comunicação Matemática

Estela Milani

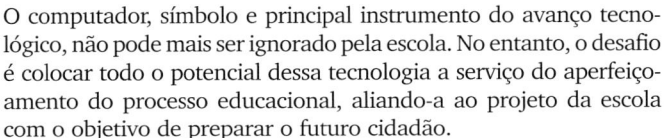

O computador, símbolo e principal instrumento do avanço tecnológico, não pode mais ser ignorado pela escola. No entanto, o desafio é colocar todo o potencial dessa tecnologia a serviço do aperfeiçoamento do processo educacional, aliando-a ao projeto da escola com o objetivo de preparar o futuro cidadão.

Neste capítulo, abordamos a importância da utilização da informática no ensino de matemática, relatando algumas experiências em que o computador desempenhou papel relevante como instrumento de motivação, ferramenta na execução de tarefas e até recurso essencial.

A informática alterou sensivelmente o modo e a qualidade de vida em todo o mundo. A utilização de satélites e o advento da internet, rede mundial de informações via computador, tornaram a comunicação mais fácil e rápida, possibilitando-nos saber em tempo real o que ocorre de um extremo ao outro do planeta.

Se, por um lado, o avanço tecnológico trouxe progressos, por outro exige o desenvolvimento de novas competências, as quais vão muito além do lidar com a máquina. A velocidade desse avanço faz com que grande parte dos conhecimentos adquiridos por alguém no início de sua vida profissional logo se torne ultrapassada.

Aprender continuamente e responsabilizar-se por essa aprendizagem tornou-se uma exigência, pois o futuro delineado pelo avanço tecnológico, embora ainda desconhecido em detalhes – 70% das carreiras que serão importantes por volta do ano 2010 ainda não existem – aponta novos caminhos, com novas formas de pensar e agir e com a tecnologia informática, certamente, estando presente.

O computador, símbolo e principal instrumento desse avanço, não pode ficar fora da escola. Ignorá-lo significa alienar o ambiente escolar, deixar de preparar os alunos para um mundo em mudança constante e rápida, educar para o passado e não para o futuro. O desafio é colocar todo o potencial dessa tecnologia a serviço do aperfeiçoamento do processo educacional, aliando-a ao projeto da escola com o objetivo de preparar o futuro cidadão.

O uso de tecnologia na escola não é novidade. Retroprojetor, projetor de *slides*, televisão, vídeo e calculadoras integram o ambiente da sala de aula, complementando e até mesmo, algumas vezes, substituindo o quadro-negro, o giz e o lápis. Recém-chegado à escola, o computador é um importante recurso, ao qual a escola não pode fechar as portas.

Todavia, a implantação de recursos de informática na escola não pode ser confundida com a simples instalação de computadores, a utilização da internet ou o uso indiscriminado de *softwares* para treinar procedimentos. Essa tarefa exige reflexão e traz algumas dificuldades. A carência de materiais de qualidade, como livros e *softwares* em língua portuguesa, e o custo de equipamentos e suprimentos de informática são algumas delas.

No entanto, os avanços tecnológicos e o aumento da quantidade de usuários, ao proporcionarem a redução do preço dos equipamentos e a utilização de computadores em rede, bem como ao possibilitarem o compartilhamento de arquivos, *softwares*, impressoras e outros periféricos, resolvem em parte o problema do custo. Não há necessidade de equipamentos de última geração, pois a experiência mostra que a qualidade dos resultados depende mais da maneira como são utilizados do que de sua sofisticação ou idade.

Se bem empregada, a tecnologia informática pode trazer valiosas contribuições ao processo ensino-aprendizagem, mas sua aplicação envolve, muitas vezes, mudanças na estrutura do ambiente escolar. E também não se deve esperar que ela seja a solução de todos os problemas educacionais.

Algumas vantagens da utilização adequada da informática no ensino são:

- O computador exige que o aluno tenha participação ativa.
  A utilização da informática favorece, ao mudar o "estilo" das aulas, a mudança de papéis do aluno e do professor. O cenário no qual o professor tem papel ativo e o aluno passivo pode ser alterado quando se utiliza o computador como ferramenta de aprendizagem, pois não é o computador que ensina o aluno. Ele é a ferramenta com a qual o aluno executa uma tarefa, desenvolve e comunica uma idéia, elabora um texto, pesquisa em um banco de dados ou resolve problemas.
- A visualização rápida dos trabalhos favorece a criatividade e a auto-correção.
  Com o computador, por sua agilidade e seus recursos, o aluno pode facilmente mudar de idéia, testar várias hipóteses, tentar diferentes caminhos e estratégias, obtendo da máquina a imagem rápida como resposta a suas tentativas. Isto permite ousar com mais facilidade, fator que pode favorecer o desenvolvimento da autonomia e da criatividade.
- Cada aluno tem a possibilidade de trabalhar em seu próprio ritmo.
  Quando o computador é usado como ferramenta, a aula não é igual para todos. Cada aluno pode construir seus conhecimentos segundo seu próprio estilo de aprendizagem, expressar suas idéias ou resolver um problema de acordo com o seu grau de conhecimento e interesse, no seu ritmo.
- Texto, imagem, som e movimento podem ser articulados, criando uma verdadeira trama de combinações.
  São muitos os programas que permitem o uso simultâneo de texto, imagem e som. O processador de textos *Word*, provavelmente um dos mais populares, permite a combinação de texto e imagem. Outros programas, de uso também simples, permitem associar o som a tais elementos. Desse

modo, a expressão de um raciocínio ou uma idéia (pelo aluno ou pelo professor) pode ser facilitada com o uso desses recursos.
- O computador facilita o registro, o arquivamento e a troca de informações.
Não há dúvidas quanto à capacidade de arquivamento dos computadores. Milhões de informações podem ser arquivadas com facilidade em um disquete. Arquivar, consultar, modificar e copiar os trabalhos de todos os alunos de uma classe ou de uma escola torna-se uma tarefa possível e simples quando se utiliza o computador.
- Tarefas mecânicas e cansativas podem ser executadas rapidamente.
De modo geral, toda tarefa repetitiva pode ser realizada pela máquina, poupando o tempo do usuário. Desenhar várias vezes um polígono, apagar um texto, recortar e colar, copiar, mudar parágrafos de lugar ou passar a limpo podem ser, em determinados contextos, tarefas mecânicas e, nesses casos, podem ser realizadas pela máquina.

Lévy (1993) propõe o uso criativo do computador, deslocando-se a preocupação do objeto – computador, programas, módulos técnicos – para o projeto, o ambiente cognitivo, a rede de relações humanas que se quer instituir, as competências intelectuais que serão desenvolvidas, as relações entre diferentes áreas do conhecimento. O que se observa, porém, é que o uso do computador como recurso didático ainda está centrado na máquina, como um recurso para armazenar informações, ou automatizar cálculos, e não como parte de uma tecnologia intelectual.

Uma das maneiras de alterar essa situação é enfatizar a *ação criativa*. Os alunos passam de meros receptores de informações a alimentadores da máquina, tornando-se criadores de produtos que ficam armazenados e podem ser utilizados por qualquer pessoa, principalmente se a escola conta com os recursos da internet.

Nessa perspectiva, a máquina pode tornar real o que foi imaginado. Ela pode aprimorar e complementar as mais diversas produções dos alunos, sejam elas textos ou imagens, as quais podem ser acrescidas de ilustrações, outros textos e até mesmo sons. Porém, o mais importante, é que através da escolha adequada de *softwares* que não sejam fechados o aluno pode inserir sua contribuição de idéias, pesquisas e reflexões em trabalhos que facilitarão cálculos, escritas e desenhos. Tais produções, nas mais diversas linguagens, podem tornar-se memória do trabalho feito e adquirir um grande número de leitores e críticos.

Portanto, é preciso saber como, quando, onde e por que utilizar o computador, estabelecendo-se estratégias bem claras e definidas, distinguindo-se as tarefas em que o seu uso é fundamental daquelas em que sua contribuição é pequena ou circunstancial.

Nesse contexto de utilização criativa dos computadores, é preciso levar em conta a internet como mais um recurso de trabalho e fonte de informação, favorecendo o desenvolvimento de habilidades e ajudando a tornar a aprendizagem um processo coletivo.

Frederic M. Litto (1996, p. 85-110) diz que "as novas tecnologias de comunicação nos permitem individualizar a aprendizagem, deixando cada aluno navegar sobre vastos repositórios de informação textual, imagética e sonora, isolando os assuntos que lhe agradam, aprofundando-se nas categorias que se afinam com o seu saber individual de aprendizagem".

A internet tem uma organização própria, não sofre filtragem ideológica ou censura e o usuário pode seguir sua intuição e curiosidade na busca de informações continuamente atualizadas. Há, portanto, necessidade de habilidades como selecionar, organizar e analisar essas informações para utilizá-las adequadamente. Nesse momento, o professor desempenha um papel fundamental, pois é ele quem planeja e coordena o trabalho.

Ao contrário dos adultos, que precisaram adaptar-se ao computador, muitas vezes com dificuldade, as crianças têm facilidade e gostam de usá-lo. Seymour Papert (1994) chama o computador de *máquina das crianças* e diz que elas são a *geração da informática*. Esse fascínio e a necessidade de diversificar recursos para atender às diversas formas de aprender são fatores que não podem ser desconsiderados.

Por outro lado, atividades que podem ser executadas com lápis e papel ganham nova vida quando realizadas com o computador. Não se trata de substituir esses recursos, e sim de utilizar a máquina como ferramenta que complementa e facilita o ensino para alcançar a aprendizagem. Por que não aproveitar o interesse que o computador desperta nas crianças para torná-lo um aliado nas tarefas de ensinar e aprender?

Neste capítulo, relatamos resumidamente algumas experiências nas quais foram utilizados recursos de informática nas aulas de matemática para criar um ambiente favorável à investigação, à descoberta e à comunicação de idéias. O professor encontrará algumas sugestões que, aliadas à sua experiência profissional, poderão auxiliá-lo na tarefa de desenvolver no aluno as competências e habilidades necessárias a uma nova realidade, construída em boa parte pelas mudanças geradas pela tecnologia.

## NOSSAS EXPERIÊNCIAS

*Você conhece um bom* software *para ensinar este ou aquele conteúdo?*

Essa pergunta, muito comum, mostra como o emprego de recursos de informática na escola ainda está associado ao uso de *softwares* para desenvolver determinado conteúdo ou treinar algoritmos. Tal fato torna evidente que, na maioria das vezes, o foco está na máquina e na utilização de *softwares*, apresentando-se desassociado do projeto educacional.

A resposta de que não existe *software* bom para ensinar este ou aquele conteúdo pode chocar, mas a verdade é que, mais importante do que o programa, é o modo como ele será utilizado. Nenhum *software* é válido por si só; as interferências que o professor fará e o ambiente criado a partir delas determinarão a qualidade do trabalho. O uso de um excelente *software* não é garantia de um bom trabalho, assim como um *software* ruim não produz, obrigatoriamente, maus resultados.

Alguns *softwares* foram criados especificamente com fins educacionais e outros, como o *Word*, o *PowerPoint*, o *PaintBrush*, o *Excell,* etc., embora sejam de uso genérico, também podem ser utilizados na escola com ótimos resultados.

Deve-se selecionar um *software* da mesma maneira que se escolhe um filme, um livro ou simplesmente parte deles para preparar ou ilustrar uma aula, ou desenvolver um projeto. Assim, o professor pode usar partes de um programa, até mesmo uma só tela, dependendo dos objetivos que estabeleceu e das metas que deseja alcançar.

Um exemplo disso pode ser visto na experiência de um professor que tinha como objetivo que seus alunos elaborassem um problema a partir de uma cena (ver Capítulo 8) e, para isso, usou uma tela do *software Math Blaster:*

Essa tela deu origem a textos de problemas semelhantes a:

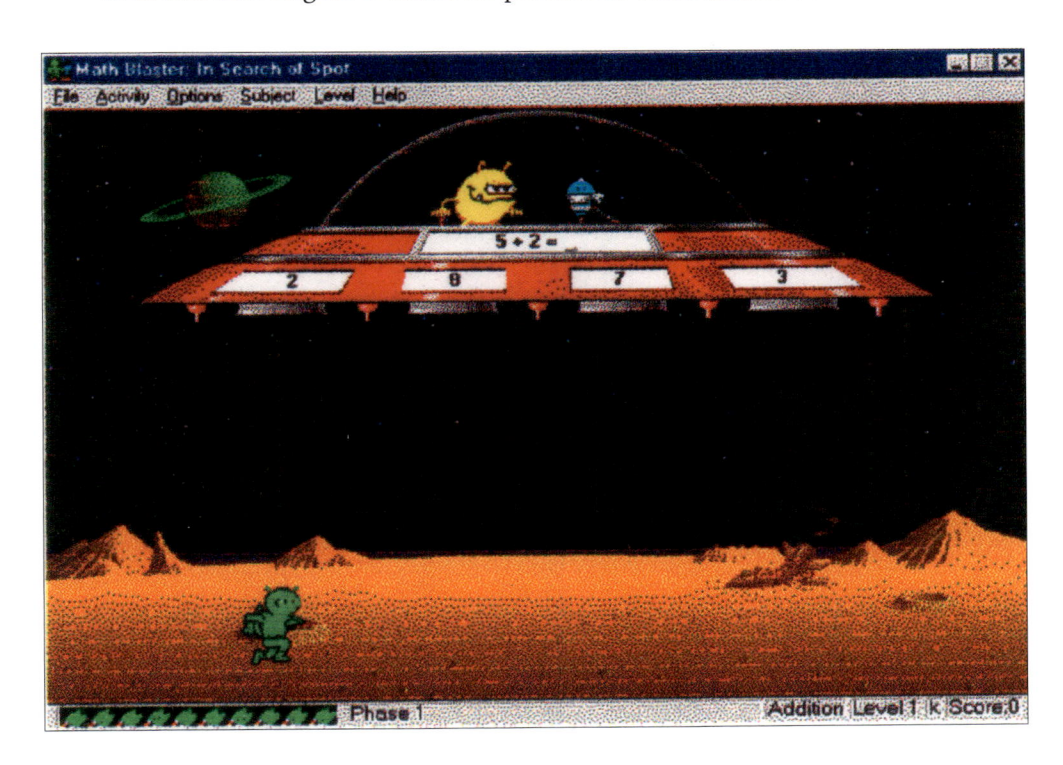

*O monstro de boné tem 5 antenas escondidas, quantas antenas os dois monstros no disco voador têm?*

Tal atividade poderia ser proposta sem o uso da máquina. No entanto, com o auxílio do computador, foi possível ter a riqueza da imagem, suas cores e a elaboração do texto do problema e sua correção quantas vezes fosse preciso, de forma rápida, no corpo do próprio programa que continha a imagem para depois imprimir texto e imagem.

Outra opção de trabalho a partir de um *software* convencional, cujo objetivo é o treinamento ou a fixação de técnicas, é propor que os alunos o modifiquem. Isto pode ser feito a partir de uma tela, ou das regras do jogo, ou ainda alterando-se a operação envolvida ou os números. Por exemplo, em um tipo de programa bastante comum[1], que tem como objetivo o treinamento das tabuadas, é possível criar um problema a partir de uma tela como a seguinte e de questões do tipo:

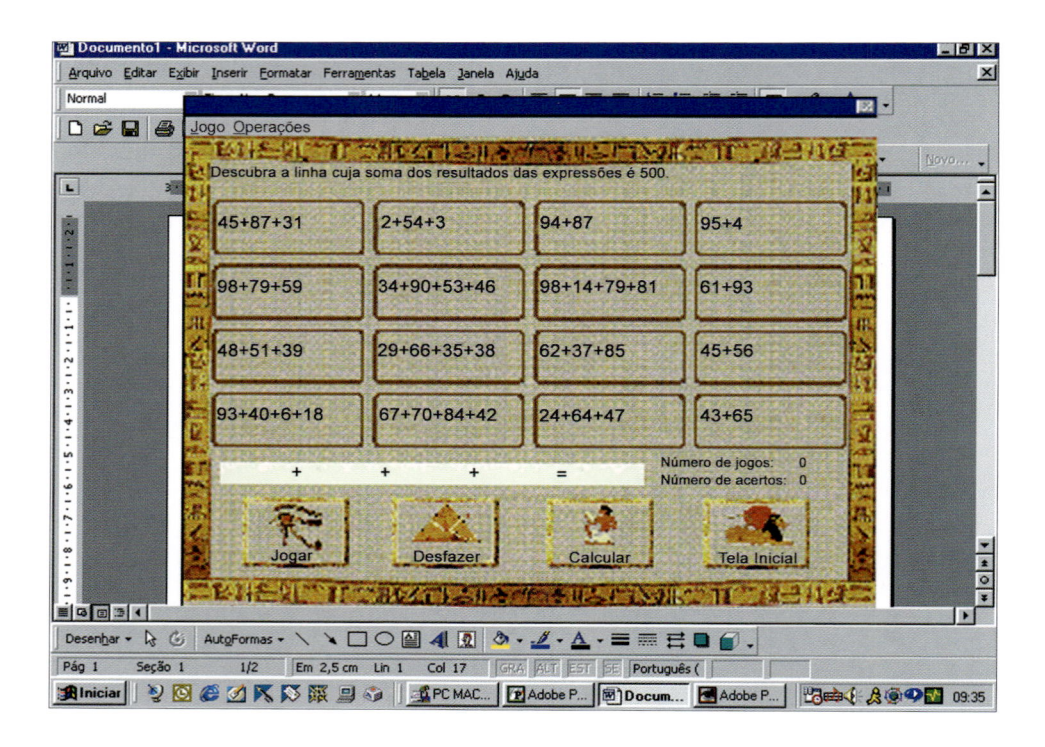

[screenshot de software com tela "Jogo Operações": Descubra a linha cuja soma dos resultados das expressões é 500.

| 45+87+31 | 2+54+3 | 94+87 | 95+4 |
| 98+79+59 | 34+90+53+46 | 98+14+79+81 | 61+93 |
| 48+51+39 | 29+66+35+38 | 62+37+85 | 45+56 |
| 93+40+6+18 | 67+70+84+42 | 24+64+47 | 43+65 |

Número de jogos: 0
Número de acertos: 0

Jogar — Desfazer — Calcular — Tela Inicial]

- Que mudanças devemos fazer na tela se quisermos alterar a soma dos resultados de 590 para 960?
- Que números devem aparecer nas casas para que a soma dos resultados das expressões da terceira linha seja 100?
- Crie uma tela parecida com esta na qual apareçam também os números 0,5; 1,2 e 2,5.

Esses exemplos assemelham-se às explorações possíveis de um texto de problema convencional combinadas à formulação de problemas pelos alunos (ver os capítulos 5 e 6), mas com a riqueza de recursos da máquina.

Estes são apenas alguns usos que se pode fazer de um *software* e ilustram também o fato de que não há necessidade de usar um *software* do começo ao fim, ou seja, é possível desenvolver um bom trabalho usando apenas uma parte dele. Ninguém, nem os técnicos em informática mais experientes, pode conhecer todo o acervo de programas existentes. Existem catálogos e revistas que tratam do assunto e até *softwares* que orientam os usuários na pesquisa. Um bom técnico em informática envolvido no ambiente escolar pode ajudar nessa tarefa.

---

[1] Software *Matemática – uma aventura do pensamento* da Editora Ática para 5ª série.

O importante na escolha dos programas é que ela esteja fundamentada na proposta pedagógica de matemática e que os objetivos do trabalho determinem o *software* e não o contrário. Em outras palavras, o trabalho não pode estar subordinado a um *software*, mas este deve ser um dos recursos de que o professor disporá para atingir os objetivos que estabeleceu.

## LIVRO ELETRÔNICO DE PROBLEMAS

A produção de textos matemáticos pode ganhar nova dinâmica quando o computador é utilizado. Na experiência de confeccionar um *livro eletrônico de problemas* foram utilizados dois *softwares*: o *PowerPoint* e o *Microsoft Word*.

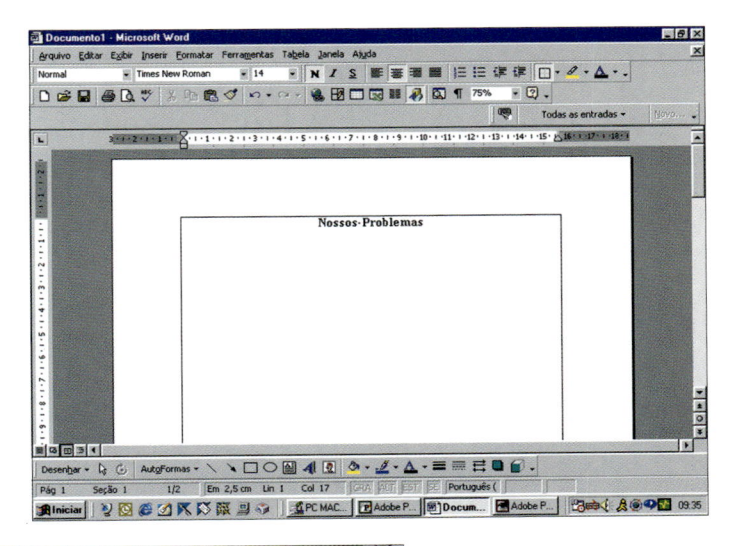

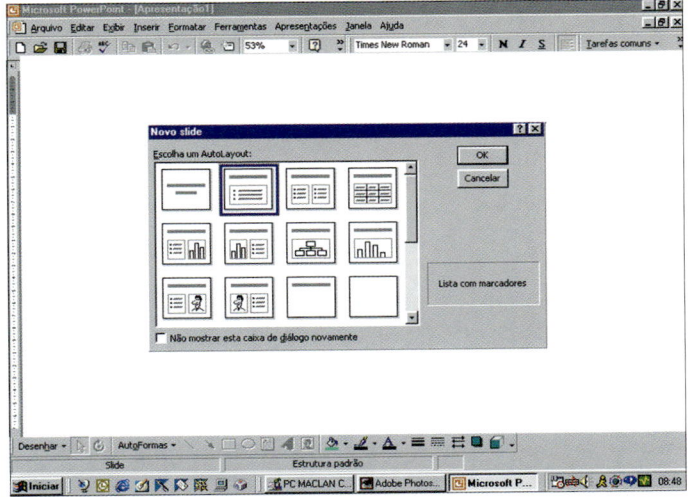

Telas introdutórias do *Word* e do *PowerPoint*.

O *Word*, por ser amplamente conhecido, é provavelmente o processador de textos mais utilizado em todo o mundo pela simplicidade e facilidade de operação. Com ele é possível desenhar e inserir figuras, objetos e símbolos, inclusive matemáticos, importar imagens e gráficos de programas que trabalham associados a ele, trabalhar com tabelas, escolher entre muitas fontes de tipos gráficos. Além disso, esse programa é prático no que diz respeito à gravação, à atualização e à revisão de arquivos.

Outro aspecto positivo é que dispõe de um comando de revisão de texto que aponta erros ortográficos, sublinhando as palavras erradas e dando sugestões para correção. Dessa forma, o erro ortográfico é facilmente corrigido pelo aluno, que pode destinar mais tempo à elaboração, à discussão e à resolução dos problemas, bem como à produção de textos.

A combinação desses dois *softwares* simplifica a tarefa de inserir objetos, o que permitiu que alguns problemas fossem elaborados a partir da utilização de um banco de imagens que faz parte do próprio *Word* e de fotos extraídas de jornais e revistas com o auxílio do *Scanner*.

Em grupos, os alunos organizaram, escreveram e ilustraram os problemas inventados por eles. A figura a seguir mostra um destes problemas.

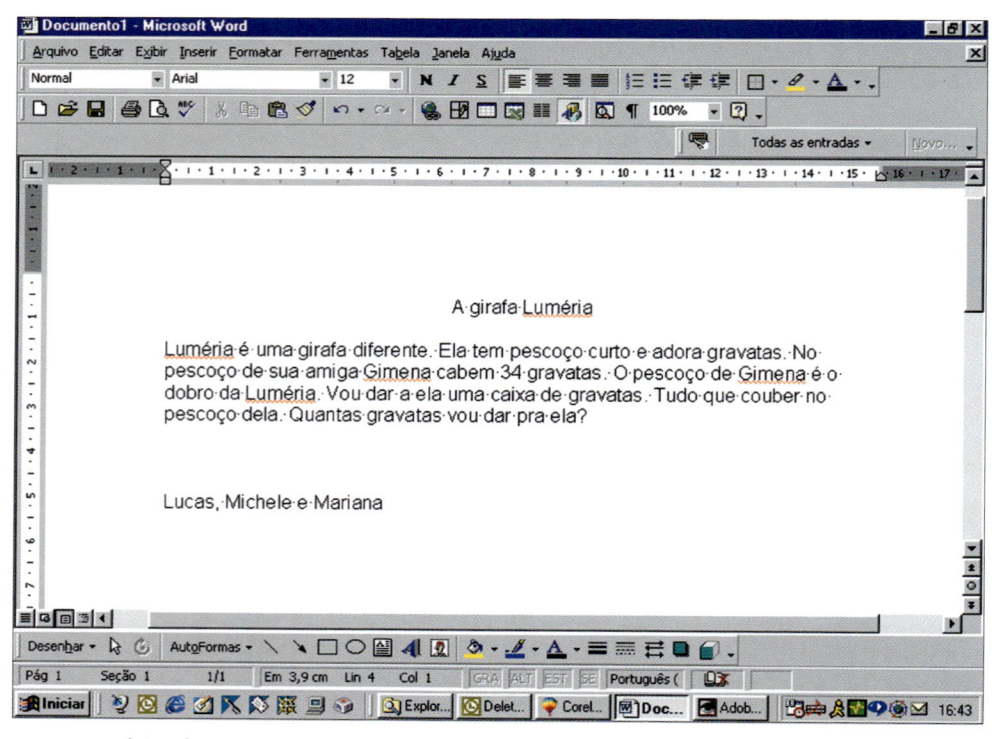

*Luméria é uma girafa diferente. Ela tem pescoço curto e adora gravatas. No pescoço da sua amiga Gimena cabem 34 gravatas. O pescoço de Gimena é o dobro da Luméria. Vou dar a ela uma caixa de gravatas. Tudo que couber no pescoço dela. Quantas gravatas vou dar para ela?*

Se é perfeitamente possível confeccionar um livro de problemas manualmente, porque usar o computador? É evidente que a parte mais importante do projeto foi o processo de elaboração e resolução de problemas. A aplicação dos recursos da informática veio ao encontro dessa importância, permitindo modificações, correções e enriquecimento através do emprego de figuras, imagens e fotos, com a apresentação dos resultados na tela, passo a passo.

Além disso, é interessante observar que os alunos não só não se intimidam diante do computador, como também demonstram entusiasmo em usá-lo em suas tarefas. Tal motivação permitiu um avanço na formação de leitores e cidadãos por meio do uso de informações e imagens contidas em jornais, revistas e situações da vida real.

Outra vantagem do livro eletrônico foi possibilitar o intercâmbio das produções dos alunos com outras classes com facilidade e rapidez. Diminuiu-se o tempo, o custo e a mão-de-obra necessários para editar e imprimir livros pelo processo tradicional, sem as dificuldades de atualização e manutenção de todos os livros produzidos pelas classes e para a troca entre elas.

O *software PowerPoint,* instalado em rede, facilitou a discussão coletiva de um determinado problema, o qual podia ser colocado nas telas de todos os computadores simultaneamente. A troca de opiniões sobre a produção de um aluno gerou o aprimoramento do trabalho individual com muita rapidez e facilidade.

Esse ambiente permitiu a comunicação de idéias matemáticas e aumentou a capacidade de aprender dos estudantes, enquanto o professor pôde agir mais livremente, facilitando e encorajando as discussões entre os alunos em um exercício de autonomia e criação.

## PROJETOS E INFORMÁTICA

Os projetos ganham espaço nos planejamentos como possibilidades para que o aluno aprenda em situações que exigem participação ativa, compromisso, responsabilidade, criatividade, trabalho cooperativo e respeito às diferenças.

Um projeto é uma situação de aprendizagem na qual os alunos têm grande margem de liberdade para interferir, transformar e complementar a proposta inicial desde que de forma negociada com seus colegas e professor. Nesse sentido, o computador vem para auxiliar e favorecer as mudanças que se fizerem necessárias, quantas vezes isso for preciso.

A importância do recurso à máquina está também no fato de que ela pode auxiliar a execução do projeto, facilitando a busca de informações e permitindo o aperfeiçoamento do produto final, com imagem, texto, som. Além disso, um grande número de pessoas pode ter acesso às produções dos alunos, seja no formato de um jornal, de um livro ou pela internet.

## PROJETO ERA UMA VEZ UMA MENINA

O projeto *Era uma vez uma menina* foi proposto para alunos de 4ª série a partir da leitura do livro com mesmo título, de Walmir Ayala, com ilustrações de Milton DaCosta e publicado pela Editora Berlendis. O livro conta a história de uma menina que tem uma relação muito forte com a mãe. Sua imaginação encontrava na mãe uma grande estimuladora, que nunca dizia copie, e sim imagine.

A escolha desse livro levou em conta critérios como valores, assunto, adequação da linguagem, apresentação visual, qualidade gráfica e, principalmente, a possibilidade de articulação de conceitos entre diversas áreas do conhecimento.

Com relação à matemática, a escolha ocorreu pelo fato de as ilustrações possibilitarem o estudo do conceito de simetria, o qual foi explorado e aprimorado a partir da observação de simetrias na natureza e nas obras do artista Milton DaCosta que ilustram o livro.

A opção por desenvolver o projeto combinando literatura infantil, matemática e arte com recursos de informática foi feita para facilitar a conexão entre diversas áreas do conhecimento, rompendo, assim, com o tradicional isolamento de vários conteúdos. Dessa maneira, foi possível criar situações que favorecessem o desenvolvimento de habilidades como leitura, escrita, análise, observação e síntese, essenciais no processo ensino-aprendizagem, enquanto era desenvolvido o conceito de simetria.

No desenvolvimento desse trabalho, foram utilizados dois *softwares*, o *PaintBrush* e o *Storybook Weaver*. O primeiro é um programa de desenho aberto e versátil, com o qual é possível criar figuras, recortar, colar, girar, apagar, ampliar, pintar com pincel, *spray* ou lápis, produzir textos, etc. O segundo (Inventor ou Contador de Histórias), com versão original em inglês, é um programa com o qual se pode ler ou escrever uma história, incluir diversos tipos de sons e ilustrá-la com imagens extraídas de um banco de imagens organizado em várias categorias de fácil acesso que incluem animais, pessoas, objetos, elementos da natureza e cenários, cada uma dividida em subcategorias.

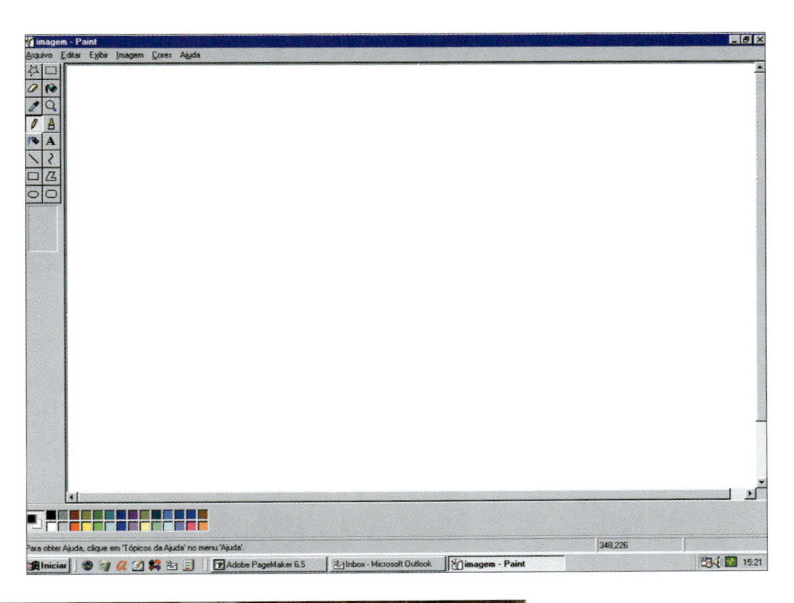

Telas introdutórias do PaintBrush e do Storybook Weaver.

Na fase de leitura do livro, os conceitos matemáticos que seriam objeto do trabalho não foram abordados, para garantir o pleno entendimento do texto e o prazer da leitura. Depois disso, todas as ilustrações foram *escaneadas,* copiadas e transferidas para a memória do computador, formando um banco de imagens no *PaintBrush*.

Na primeira atividade de utilização do computador, cada aluno escolheu uma obra no banco de imagens, fez interferências livremente, usando os recursos do programa, e produziu um texto a respeito da tarefa. Os alunos foram estimulados a interpretar as imagens produzidas pelo artista, experimentando diferentes formas de expressão, com o objetivo de prepará-los para decodificar as inúmeras imagens que os cercam e desenvolver a sua sensibilidade.

A figura abaixo mostra um destes trabalhos. A aluna expressa seus pensamentos e sentimentos, fazendo uma analogia ao texto do livro. "Nesta tarde, não havia ninguém por perto, ela deixou que a metade insatisfeita seguisse com o vento. Quis sentir a liberdade da outra metade...".

*Quando não tiver ninguém por perto, metade de mim vai fugir pra onde não tem violência e nem poluição.*

Essa atividade também serviu para os alunos familiarizarem-se com o *software*, aprendendo a dominar o teclado e os comandos. Assim, o uso do computador foi essencial no desenvolvimento dessa proposta. O banco de imagens permitiu que cada aluno escolhesse aquela que desejasse – a utilização de cópias coloridas em papel para cada aluno, de todas as ilustrações do livro, tornaria o trabalho lento e oneroso –, evitou a padronização, permitiu que se pudesse recomeçar, mudar ou corrigir a tarefa a qualquer momento, o que seria praticamente impossível de fazer manualmente. Permitiu, ainda, o registro e o arquivamento de todos os trabalhos, construindo uma memória das produções da classe.

## EXPLORANDO O CONCEITO DE SIMETRIA

O estudo de *simetria* em matemática justifica-se pela possibilidade de tratar as propriedades geométricas de figuras sob o ponto de vista do movimento com relação a um eixo ou ponto. As figuras simétricas mantêm entre si forma e medidas de comprimento e de ângulos, ou seja, são iguais ou, mais precisamente, são congruentes apesar de ocuparem diferentes posições no espaço.

A simetria está presente na natureza, nas artes visuais e plásticas, fazendo parte dos conceitos de beleza e de equilíbrio que nossa cultura valoriza. Enquanto desenvolve o ser sensível e estético, a observação da existência ou não de simetrias entre figuras, objetos e imagens permite ampliar nossa percepção geométrica, possibilita identificação, ampliação e descoberta de propriedades das figuras geométricas.

No projeto, o conceito de simetria foi explorado, inicialmente, através de atividades com dobraduras, desenhos e jogos, enquanto os alunos familiarizavam-se com o livro e com a utilização dos *softwares* nas primeiras atividades a partir dos desenhos de DaCosta armazenados no banco de imagens.

Depois disso, o professor solicitou que cada um escolhesse uma ilustração para identificar a simetria de reflexão e traçar seu eixo usando o *PaintBrush* para, a seguir, produzir um pequeno texto sobre o assunto. Na produção desses textos, individual ou coletiva, também foi utilizado o computador. Essa estratégia permitiu ao professor verificar se os objetivos propostos estavam sendo alcançados a fim de, se necessário, alterar ou fazer modificações no planejamento original.

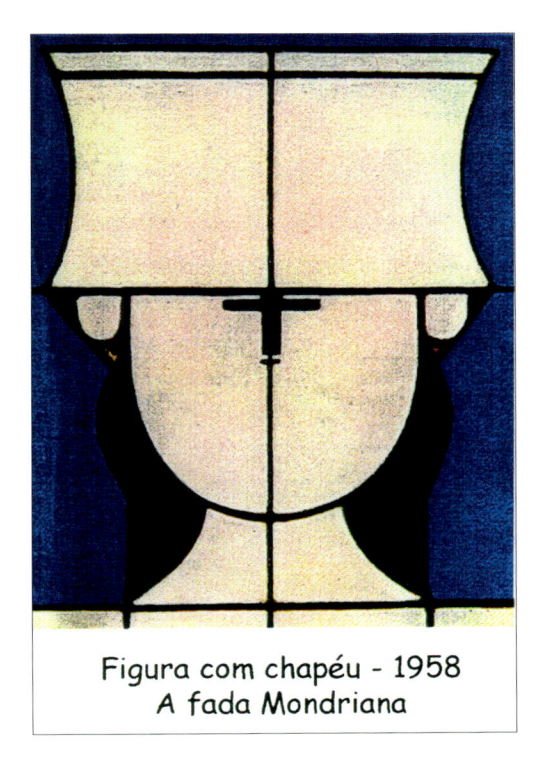

Figura com chapéu - 1958
A fada Mondriana

*Acho que o pintor Milton DaCosta gosta de pintar quadros que têm simetria porque é mais fácil. Tudo que tem de um lado tem do outro, é só espelhar.*

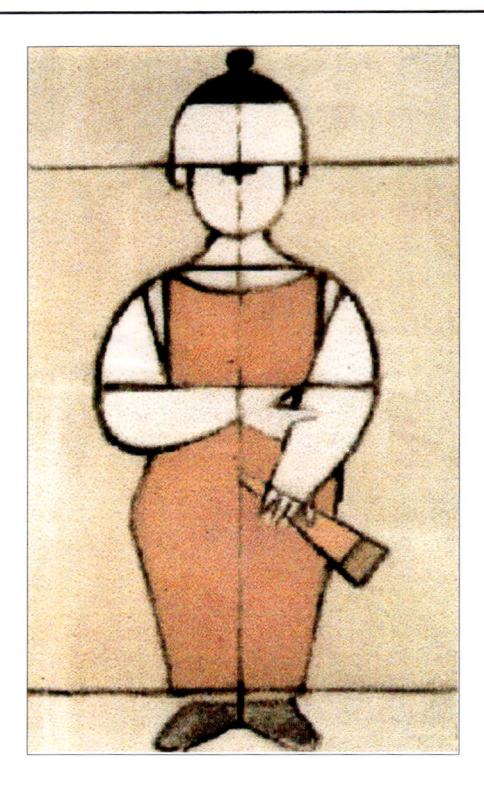

*O quadro não tinha simetria, mas eu queria que tivesse, então eu mudei. Só que não deu muito certo, olhando bem dá pra ver que ainda não tem simetria.*

Podemos observar que, nesse caso, o aluno reconhece que a figura não apresenta simetria, mas não explica as razões dessa conclusão. O texto ofereceu uma boa oportunidade para que o professor solicitasse aos alunos que explicassem por que a figura não apresentava simetria. Como os computadores estavam ligados em rede, a figura que estava na tela do aluno pôde ser compartilhada e analisada por todos. A assimetria apresentada no trabalho foi assim explicada pela classe:

*... porque dobrando na linha as partes não se encaixam.*

*... porque um lado está diferente do outro. A mão aparece de um lado e não aparece do outro.*

*... porque um lado do eixo de simetria é diferente do outro lado.*

As interferências do professor fizeram com que os alunos fossem aprimorando a linguagem oral e escrita, de modo a expressarem com clareza o conceito de simetria e usarem as palavras sobreposição e eixo de simetria.

Uma vez que a noção de possuir ou não um eixo de simetria estava presente nas observações dos alunos, foram planejadas outras atividades, como jogos e dobraduras, para que eles pudessem explorar e sistematizar as propriedades da simetria de reflexão – conservação das distâncias, dos ângulos e da forma.

Para facilitar as reflexões dos alunos sobre o conceito de simetria, um especialista preparou, no *PaintBrush*, uma tela com malha quadriculada na qual era possível desenhar livremente, usando os recursos do *software*. O professor, utilizando essa tela, preparou várias atividades nas quais os alunos deveriam desenhar uma figura simétrica à figura dada a partir do eixo de simetria que foi propositadamente colocado fora da figura e em diversas posições.

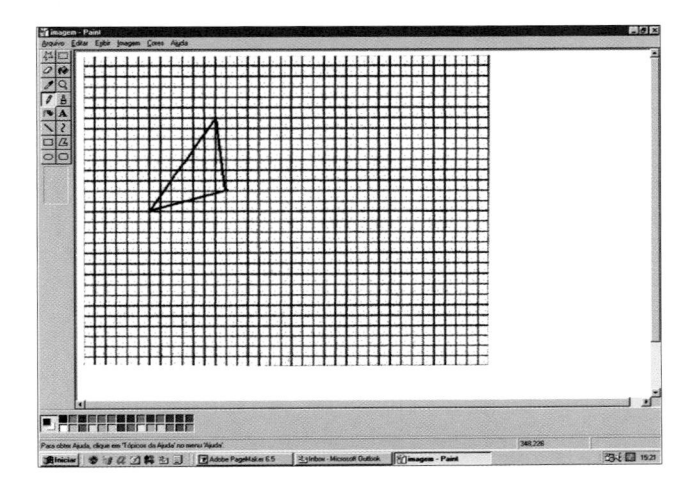

Depois, em uma atividade realizada em duplas, cada aluno deveria desafiar o seu colega a desenhar a figura simétrica à outra, que ele havia construído sobre a malha a partir do eixo de simetria já definido. A figura abaixo mostra um destes trabalhos.

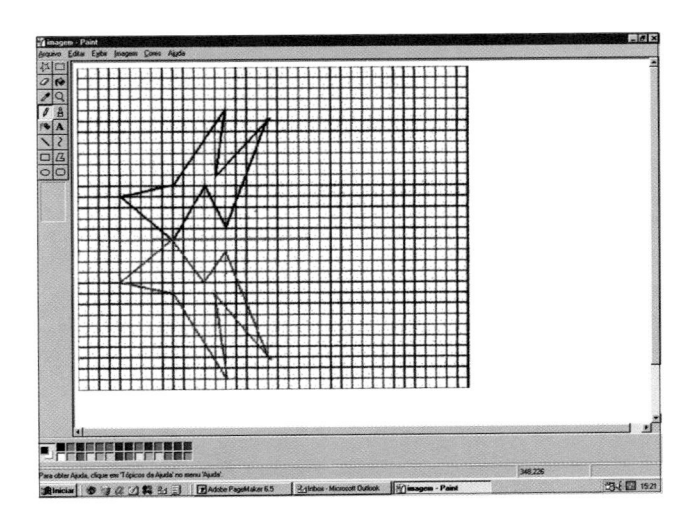

Foi interessante observar que, desafiados, muitos alunos esforçavam-se em propor aos colegas figuras "complicadas" e com o eixo colocado em posições que dificultavam a obtenção da figura simétrica.

Nesse caso, as vantagens do uso do computador são inegáveis. Sua utilização permitiu a exploração da simetria em diversas figuras, possibilitando descobertas. Os alunos puderam fazer rapidamente as modificações e as correções nas figuras, imprimir os trabalhos para testar a simetria e gravar suas produções para retomar em outro momento.

## PRODUZINDO UM CARTÃO

Para completar o projeto, os alunos decidiram criar um cartão que seria enviado a destinatários escolhidos por eles e que contivesse uma figura simétrica. Essa figura seria construída a partir das figuras do banco de imagens que não apresentassem simetria de reflexão.

Os recursos do *software* permitiram modificar a figura escolhida para construir outra que apresentasse a propriedade de simetria e que fosse complementada com um pequeno texto. Eis dois desses cartões ao lado das imagens de Dacosta que deram origem a elas.

DaCosta,
Era uma vez uma menina (Figura – 1951).

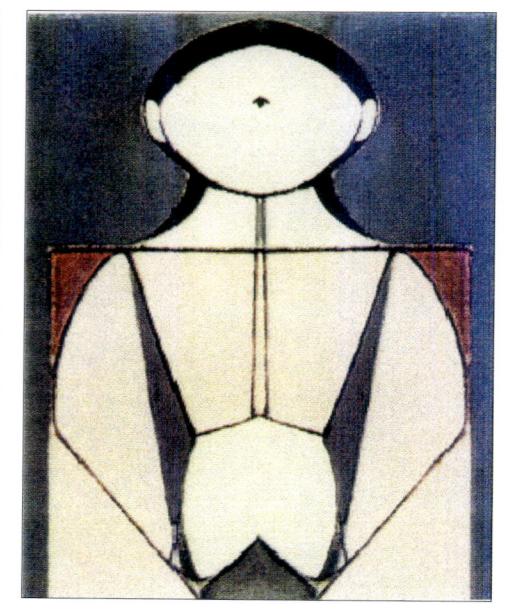

Mãe:
Essa "obra prima" é em sua homenagem!
Isso é a nossa amizade (de mãe e filha).
Duas caras, duas vidas!

Te amo muito!
Ass.: Carol
21/05/1997

DaCosta,
Moça com sombrinha (estudo - 1995).

Mãe, eu queria que você fosse duas como nessa simetria.

Léo

Para transformar uma figura que não apresentava simetria, os alunos tiveram que imaginar um eixo de simetria, recortar a figura a partir desse eixo, apagar a parte não desejada, copiar, inverter e colar no lugar adequado a outra parte, formando outra figura. Muitas habilidades e conhecimentos foram adquiridos e colocados em ação para a realização do trabalho.

Como salientamos inicialmente, a atividade exigiu que os alunos tivessem participação ativa, usassem a imaginação para combinar texto e imagem e permitiu que cada um trabalhasse em seu próprio ritmo.

## REESCREVENDO A HISTÓRIA

O *Storybook Weaver* foi utilizado para os alunos reescreverem *Era uma vez uma menina* colocando-se como personagens da história. As figuras a seguir mostram algumas páginas produzidas por um aluno na fase inicial do trabalho, quando eram escolhidos o cenário, a moldura e os objetos.

Os alunos não tiveram dificuldade no uso do *software,* e o fato de os comandos serem em inglês não impediu que fizessem um bom trabalho. As histórias criadas foram fartamente ilustradas e fazer isso não é uma tarefa tão simples quanto parece. Para inserir um elemento qualquer no cenário – objeto ou pessoa – é necessário ampliá-lo ou reduzi-lo para adequá-lo ao ambiente, e isto exige que o aluno exercite suas noções de proporcionalidade, estabeleça um planejamento, selecione informações e organize o espaço.

> Era uma vez uma menina...
> Era uma vez Rebeca...
>
> Rebeca
>
> 4ª série A - 1997

Rebeca é uma menina atenciosa e cuidadosa.
Ela é baixinha, bonitinha e agradável.

Rebeca quer ser uma excelente "ARQUITETA".

Ler, Escrever e Resolver Problemas | 193

A tarefa de recriar o livro com a utilização do *Storybook Weaver* seguiu um planejamento prévio feito pelo professor. Não foi um plano rígido e imutável, mas com mudanças e adaptações que permitiram aos alunos incluir dados pessoais, coletados, anotados e organizados através de conversas com os pais e das suas próprias lembranças.

No processo de se colocarem como personagens da história, os alunos precisaram relembrar acontecimentos, coletar dados sobre sua história de vida, suas ligações afetivas, permitindo, assim, despertar a consciência de sua individualidade e desenvolver a capacidade de lidar com as diferenças, fatores muito importantes para aumentar a auto-estima e criar condições de cidadania. Todos ao alunos manifestaram satisfação em participar do trabalho e realizaram-no com independência.

Como a leitura e a escrita são habilidades que se desenvolvem com a prática, durante a reescrita da história constatou-se o que era esperado nas produções dos alunos, ou seja, surgiram textos muito curtos, muito longos ou dissociados do tema central. O professor atuou como orientador e fez as interferências necessárias para que seus alunos escrevessem melhor (ver Capítulo 2), pois seu principal objetivo era auxiliar a formação de bons produtores de textos.

Era uma vez um menino...
Era uma vez Pedro...

Pedro

4ª série B - 1997

Ele gosta de ter muitos amigos e de comer arroz, feijão, batata, hamburger, etc...
Ele não gosta de ficar sem amigos e de comer jiló.

É natural que se pergunte pela avaliação. Como avaliar esse tipo de trabalho? Avaliar, nesse caso, não significa atribuir nota. O processo é avaliado continuamente, pois a ênfase está na observação da capacidade do aluno em se expressar claramente, na possibilidade de o professor fazer interferências, corrigir distorções, observar a trajetória, auxiliar na superação de dificuldades e analisar o progresso de cada aluno, e não sua capacidade de memorização de fatos e de repetição de respostas corretas.

## PROJETO DINHEIRO, PRA QUE DINHEIRO?

O projeto *Dinheiro, pra que Dinheiro?* foi realizado durante um semestre com alunos de 2ª série. O tema foi escolhido porque se julgou importante que eles estudassem o sistema monetário do país e, especialmente, porque o assunto vinha sendo objetos de grande curiosidade entre os estudantes.

O objetivo principal foi estimular a descoberta de formas diversificadas para os alunos compreenderem conceitos e noções matemáticas, fazer com que percebessem como ela está presente em suas vidas e utilizar o ensino e a aprendizagem de matemática para auxiliar os alunos a ampliarem suas competências.

Foram escolhidos vários recursos para o trabalho e propostas atividades nas quais os alunos pudessem tomar iniciativas, sentissem-se capazes de vencer dificuldades e tomassem consciência de seus progressos. Todas as tarefas propostas exigiram uma combinação de habilidades para serem executadas, variando de situações relativamente direcionadas pelo professor a outras em que os alunos podiam agir livremente, decidindo o que e como fazer.

## ESTUDANDO NOSSO DINHEIRO

Os objetivos iniciais do trabalho eram fazer com que os alunos conhecessem cédulas e moedas, descobrissem as relações entre elas, soubessem a origem do dinheiro, que sua evolução acompanhou o progresso científico, social e tecnológico da humanidade, entendessem as várias formas de trocas comerciais e lidassem com conceitos como preservação da moeda e inflação.

Na primeira etapa, para levantar os conhecimentos prévios dos alunos, suas curiosidades sobre o assunto e envolvê-los no projeto, foi pedido que escrevessem o que sabiam sobre dinheiro, o que achavam que significava sistema monetário e o que gostariam de saber mais a respeito. Todas as questões foram expostas, e eles selecionaram as mais comuns ou as que consideravam mais interessantes.

O tipo de trabalho foi decidido com a participação dos alunos. Discutiu-se como deveriam ser respondidas as perguntas e combinou-se iniciar a pesquisa sobre a origem do dinheiro e dos sistemas monetários, a evolução da moeda brasileira, como e onde o dinheiro é produzido. Os alunos pesquisaram várias fontes – livros, revistas, internet, jornais –, leram textos selecionados e começaram a produzir seus próprios textos para registrar os conhecimentos obtidos. Em função de seu entusiasmo, o projeto evoluiu para a edição de um livro com o objetivo de compartilhar a história do dinheiro com um público mais abrangente. A figura abaixo mostra a capa do livro produzida com o *software Power Point*.

## A ENTRADA DO COMPUTADOR

Decidida a edição do livro, e aproveitando-se a atração que o computador exerce sobre as crianças e a familiaridade dos alunos com a máquina, foi pensado que eles mesmos poderiam alimentá-la com as informações necessárias, transformando-se de simples usuários em criadores do produto. Nasceu a idéia de um livro eletrônico.

A primeira etapa dessa fase foi planejar que informações iriam para o livro, como ele seria organizado, buscar imagens, decidir quem escreveria o quê. Professores e alunos valeram-se do auxílio da equipe de informática da escola, e a articulação entre os três grupos permitiu que o uso da máquina fosse diário e não só em dias da aula de informática, nos quais se faz apenas o que é determinado pelo professor ou monitor.

A evolução dos alunos foi sensível, especialmente no que se referiu à organização do material, à produção de textos e à seleção de informações. Saber que o público leitor seria numeroso, de idades variadas, e não ter controle sobre quem poderia ler o livro fez com que todos observassem a precisão das informações, o fato de escrever bons textos e exigiu a seleção cuidadosa de imagens e a preocupação estética da convivência de texto e imagem.

Outro cuidado foi distribuir as tarefas segundo as aptidões de cada um. Algumas deveriam ser feitas por todos, outras eram opcionais, o que permitiu que todas as crianças desenvolvessem com sucesso as atividades de acordo com seus gostos e preferências. Foram descobertos talentos, preferências e habilidades especiais que serviram, posteriormente, para auxiliar alunos com dificuldades específicas.

O trabalho, que já havia transposto os limites da matemática, ganhou caráter interdisciplinar, envolvendo arte, história, geografia e filosofia. Além disso, permitiu que fossem desenvolvidas habilidades de leitura, produção de textos, coleta e análise de dados, formulação de perguntas e hipóteses.

A convivência com os técnicos permitiu aos alunos perceberem as características da profissão, os recursos da máquina e como usá-los para resolver problemas de forma adequada. Foram os técnicos que organizaram as informações dos alunos nas máquinas, mas estes sugeriam as mudanças, as adequações e apontavam falhas. Trabalharam como analistas do desenvolvimento do projeto na informática.

Do surgimento do dinheiro

**EVOLUÇÃO DA MOEDA**

- Plantação para o consumo próprio
- Troca de marcadorias (escambo)
- Comércio mudo:
    Sem contato pessoal, era deixada a mercadoria e se retirava outra em troca
- Avaliação dos produtos naturais como moeda da época
    Peles de animais,
    Pesca
    Agricultura,
    Boi.

## Slide 1

- Ouro, prata, cobre, níquel etc
Artigos apreciados por todos;
No início eram unidades de peso e para se evitar a falsificação no peso levaram as autoridades a fazer moedas em forma de disco.

## Slide 2

- Surgimento dos 1ºs Banqueiros e a moeda papel.
As pessoas depositavam os valores e moedas em seus cofres recebendo recibos. Com o tempo notaram que esses bilhetes circulavam livremente e podiam ser trocados por ouro.

à Casa da Moeda e Banco Central

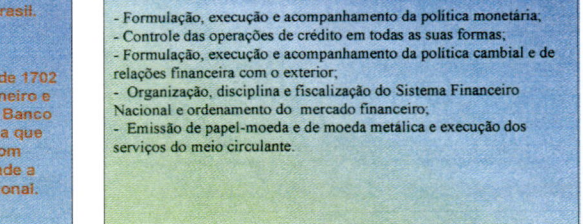

## Casa da Moeda

Fundada em 8 de março de 1694 com a finalidade de transformar em moeda todo o ouro e prata do Brasil.

Instalada desde 1702 no Rio de Janeiro e vinculada ao Banco Central, é ela que fabrica com exclusividade a moeda nacional.

## PRINCIPAIS FUNÇOES DO BANCO CENTRAL

- Formulação, execução e acompanhamento da política monetária;
- Controle das operações de crédito em todas as suas formas;
- Formulação, execução e acompanhamento da política cambial e de relações financeira com o exterior;
- Organização, disciplina e fiscalização do Sistema Financeiro Nacional e ordenamento do mercado financeiro;
- Emissão de papel-moeda e de moeda metálica e execução dos serviços do meio circulante.

conheceu-se a história do dinheiro no Brasil

## Moedas Antigas

Dobrão de Ouro
1726

Pataca de Prata
1726

## Notas Atuais
1994

chegando aos cuidados que se deve ter para não receber dinheiro falso

Ler, Escrever e Resolver Problemas | 197

**Ver para Crer**

Fiquem atentos e observem quando receber um dinheiro

- Marca d'água
- Fio de segurança
- Imagens coincidentes
- Microimpressões
- Marca tátil
- Imagem latente
- Fibras coloridas

até que o livro ficou pronto.

A convivência entre os grupos e a reflexão sobre o dinheiro, sua história, seus usos e seu papel social e sobre outros temas históricos e da atualidade permitiram a abordagem de questões sobre convívio social, ética e cidadania, temas hoje extremamente importantes para qualquer educador e qualquer escola que tenham consciência de sua função de formar os profissionais e os cidadãos do próximo século.

## A EDUCAÇÃO DO CONSUMIDOR

Paralelamente ao trabalho com o livro, foi estabelecida outra frente de desenvolvimento do projeto para tornar o aluno melhor usuário do dinheiro, aprimorar suas noções sobre o valor do mesmo, estabelecer relações de valor entre as cédulas e moedas do Real e discutir a inflação. Foram organizadas atividades que permitiam aos alunos lidar com dinheiro em situações que simulassem o cotidiano e buscou-se o envolvimento dos pais. Entre essas atividades, foi muito importante a visita a um supermercado.

Para planejar a visita, organizou-se com os alunos uma lista de supermercados conhecidos na região e pediu-se que conversassem com os pais sobre como escolhiam o supermercado, que cuidados tomavam na hora de comprar os produtos e se faziam um planejamento do que comprariam e por quê. Na classe, após todos relatarem e discutirem os resultados dessa conversa, foi solicitado um texto a respeito do que consideravam mais importante fazer antes de ir ao mercado e como deveriam agir quando fossem efetivamente comprar.

A atividade a seguir é comum em muitas escolas: os alunos, juntamente com os professores, montaram um supermercado com o objetivo de desenvolver habilidades de Resolução de Problemas, estimativa e cálculo mental.

Nessa fase, a equipe de informática que acompanhava o projeto teve a idéia de incluir no trabalho o SUPERDOM virtual. Ela pesquisou na internet um supermercado virtual e verificou como funcionava, como se fazia para comprar e como funcionavam as telas.

Tela de abertura

Aprendendo a comprar

O supermercado SUPERDOM virtual foi montado com base na organização do supermercado na escola e em informações dos professores sobre os tipos de atividades que poderiam ser incluídas para que os alunos ampliassem sua familiaridade com o sistema monetário e pudessem rever temas nos quais haviam tido dificuldade.

Com lista de compras

Carteira e cédulas para prever quanto seria gasto

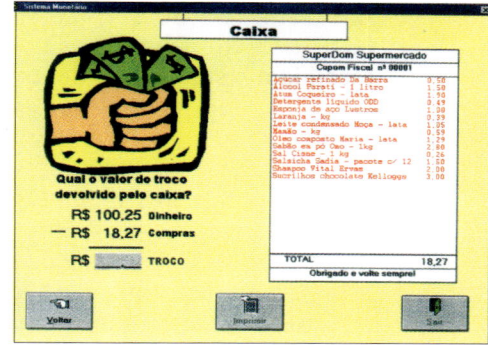

Seções

Tíquete de caixa

À medida que o projeto transcorria, os alunos ficavam cada vez mais empolgados em aprender e demonstravam maior iniciativa, indo além do que era solicitado nas tarefas e explorando novas aplicações do computador de forma independente. O texto abaixo mostra um pouco da opinião deles:

## Um novo aprendizado

Eu aprendi que no começo existia o comércio mudo. No trabalho sobre o Sistema Monetário a gente trabalha sobre dinheiro, notas, moedas e números.

A primeira moeda que surgiu foi uma moeda com buraco no meio (rosquinha). Antigamente as pessoas sentiam a necessidade da troca, por exemplo: eles pegavam uma coisa em troca de outra e levavam para casa. No tempo da minha avó, eles levavam leite em troca de pão.

Mais para frente, as pessoas que tinham ouro, davam-no para pessoas de confiança, que eram chamados de banqueiros e, para eles terem certeza disso, eles davam um recibo.

Depois da moeda com furo no meio, veio o dobrão de ouro e a pataca de prata, em 1726. O papel moeda surgiu em 1810.

*Mayra*

Os professores atuaram como engenheiros do conhecimento. Durante aproximadamente quatro meses, serviram de guia, prestando atenção às habilidades e às dificuldades dos alunos. Perceberam que os alunos teriam que criar, improvisar, raciocinar, decidir, selecionar informações, e foram agentes da liberdade e administradores da curiosidade.

## PARA FINALIZAR

Acreditamos que os exemplos e as sugestões anteriores motivem os professores a planejarem outros projetos e melhores situações de aprendizagem para seus alunos, permitindo um avanço em relação ao simples uso de *softwares* educativos.

A construção de um ambiente que privilegie a comunicação e inclua recursos de informática permite ao aluno aprender de forma significativa. No entanto, se as atividades propostas organizarem-se de modo a incentivar o trabalho solidário, em um exercício coletivo de memória, imaginação, percepção e desenvolvimento de competências, temos certeza de que estaremos traçando novos caminhos para a orientação e o reconhecimento de cada indivíduo neste mundo do conhecimento em constante transformação.

## REFERÊNCIAS BIBLIOGRÁFICAS

CROCHIK, J.L. *O computador no ensino e a limitação da consciência*. São Paulo: Casa do Psicólogo, 1998. (Coleção Psicologia e Educação.)

VALENTE, J. (Org.). *Computadores e conhecimento: repensando a educação*. Campinas: Gráfica Central da UNICAMP, 1993.

GARDNER, H.; VEENEMA, S. *Multimedia and multiple intelligences*, 1996. (Mimeo.)

LÉVY, P. *As tecnologias da inteligência*. Rio de Janeiro: Editora 34, 1993.

LITO, F.M. Repensando a educação em função de mudanças sociais e tecnológicas recentes. In: OLIVEIRA, V.B. (Org.). *Informática em psicopedagogia*. São Paulo: Editora Senac, 1996.

OLIVEIRA, V.B. (Org.). *Informática em psicopedagogia*. São Paulo: Editora Senac, 1996.

PAPERT, S. *A máquina das crianças: repensando a escola na era da informática*. Porto Alegre: Artes Médicas (Artmed), 1994.

PAPERT, S. *O futuro do pensamento na era da informática*. Rio de Janeiro: Editora 34, 1993.

SANDHOLTZ, J. et al. *Ensinando com tecnologia*. Porto Alegre: Artes Médicas (Artmed), 1997.

SMOLE, K.C.S. *A matemática na educação infantil: a teoria das inteligências múltiplas na prática escolar*. Porto Alegre: Artes Médicas (Artmed), 1996.

# Referências Bibliográficas

ABRANTES, P. *Avaliação e educação matemática*. Rio de Janeiro: MEM/USU GEPEM, 1995. v.1. (Série: Reflexões em Educação Matemática.)

BARNETT, J.C. Problemas dos livros didáticos: complementando-os e suplementando-os. In: KRULIK, S.; REYS, R. (Orgs.). *A resolução de problemas na matemática escolar*. São Paulo: Atual, 1997.

BORASI, R. The invisible hand operating in Mathematics instruction: students' conceptions and expectations. In: *Problem posing: reflections and applications*. London: Edited by Stephen I. Brown and Marion Walter. LEA Lawrence Erlbaaum Associates, Publishers, 1993, p. 83-91.

BOUTINET, J. P. *Antropologia do projecto*. Lisboa: Instituto Piaget, 1990.

BRANCA, N. A Resolução de Problemas como meta, processo e habilidade básica. In: *A resolução de problemas na matemática escolar*. São Paulo: Atual, 1997.

BROUSSEAU, G. Os diferentes papéis do professor. In: PARRA, C.; SAIZ, I. (Orgs.). *Didática da matemática: reflexões psicopedagógicas*. Porto Alegre: Artes Médicas (Artmed), 1996.

BÜRGES, B.; PACHECO, E. *Série problemas matemáticos*. São Paulo: Moderna, 1998.

BUSHAW, D. *Aplicações da matemática escolar*. São Paulo: Atual, 1997.

COLL, C. et al. *O construtivismo na sala de aula*. São Paulo: Ática, 1997.

COLL, C. *Psicologia e currículo*. São Paulo: Ática, 1996.

CROCHIK , J. L. *O computador no ensino e a limitação da consciência*. São Paulo: Casa do Psicólogo, 1998. (Coleção Psicologia e Educação.)

CURRICULUM AND EVALUATION Standards for School Mathematics. USA: NCTM, 1989.

DANTE, L. R. *Didática da resolução de problemas de matemática*. São Paulo: Ática, 1996.

DANYLUK, O. Aprendendo a ler o discurso matemático. *Leitura, teoria & prática,* ano 10, n. 18, p. 17-21, 1991.

ELLIOT, P. C.; KENNEY, M. J. (Orgs.). *Communication in Mathematics K-12 and Beyond*. Reston: NCTM, Yearbook 1996.

FREIRE, M. O que é um grupo? In: *A paixão de aprender*. 2. ed. Petrópolis: Vozes, 1993. p. 59-68.

GARDNER, H.; VEENEMA, S. *Multimedia and multiple intelligences*, 1996. (Mimeo.)

GARDNER, H. *Inteligências Múltiplas: a teoria na prática*. Porto Alegre: Artes Médicas (Artmed), 1995.

_____. *Inteligência: múltiplas perspectivas*. Porto Alegre: Artes Médicas (Artmed), 1998.

GÓMEZ-GRANELL, C. A aquisição da linguagem matemática; símbolo e significado. In: TEBEROSKY, A.; TOLCHINSKY, L. (Orgs.). *Além da alfabetização*. São Paulo: Ática, 1996.

HERNÁNDEZ, F. *Transgressão e mudança na educação: os projetos de trabalho*. Porto Alegre: Artes Médicas (Artmed), 1998.

HOUSE, P.; COXFORD, A. (org.). *Connecting mathematics across the curriculum*. Reston, NCTM, 1995 Yearbook.

JOLIBERT, J. *Formando crianças produtoras de textos*. Porto Alegre: Artes Médicas (Artmed), 1994. v.2.

KAUFMAN, A. M. et al. *Alfabetização de crianças: construção e intercâmbio*. 7. ed. Porto Alegre: Artes Médicas (Artmed), 1998.

KAUFMAN, A. M.; RODRIGUEZ, M. E. *Escola, leitura e produção de textos*. Porto Alegre: Artes Médicas (Artmed), 1995.

KLEIMAN, A. *Oficina de leitura: teoria e prática*. Campinas: Pontes/UNICAMP, 1993.

KRULIK, S.; REYS, R. (Orgs.). *A resolução de problemas na matemática escolar*. São Paulo: Atual, 1997.

LANDSMANN, L. T. *Aprendizagem da linguagem escrita: processos evolutivos e implicações didáticas*. São Paulo: Ática, 1995.

LERMA, I. S. Comunicacion, lenguaje y matemáticas. In: *Teoria y practica en educacion matematica*. Sevila: Linares, Sánchez y Garcia, 1990.

LEVY, P. *As tecnologias da inteligência: o futuro do pensamento na era da informática*. Rio de Janeiro: Ed. 34, 1993.

MACHADO, N. J. *Epistemologia e didática*. São Paulo: Cortez, 1995.

_____. *Matemática e língua materna*. São Paulo: Cortez, 1995.

MARINA, J, A. *Teoria da inteligência criadora*. Lisboa: Editorial Caminho, 1995. (col. Caminho da Ciência.)

_____. *El misterio de la voluntad perdida*. Barcelona: Anagrama, 1997.

MILLER, L. D. Making the connection with language. *Arithmetic Theacher*, NCTM, v.40, n. 6, p. 311-316, fev. 1993.

NEMIROVSKY, M. Ler não é o inverso de escrever. In: *Além da alfabetização*. São Paulo: Ática, 1996.

NORWOOD, K.; CARTER, G. Journal Writing: an insight into students'understanding. *Teaching Children Mathematics*, p. 146-148, nov. 1994.

OLIVEIRA, V. B. (Org.). *Informática em psicopedagogia*. São Paulo: Editora Senac, 1996.

PAPERT, S. *A máquina das crianças: repensando a escola na era da informática*. Porto Alegre: Artes Médicas (Artmed), 1994.

_____. *O futuro do pensamento na era da informática*. Rio de Janeiro: Editora 34, 1993.

PARRA, C.; SAIZ, I. (Orgs.). *Didática da matemática: reflexões psicopedagógicas*. Porto Alegre: Artes Médicas (Artmed), 1996.

PERRENOUD, P. *Construir as competências desde a escola*. Porto Alegre: Artmed, 1999.

_____. *Pedagogia diferenciada: das intenções à ação*. Porto Alegre: Artmed, 2000.

PIRES, C. M. C. *Currículos de matemática: da organização linear à idéia de rede*. São Paulo: FTD, 2000.

POLYA, J. *A arte de resolver problemas*. Rio de Janeiro: Interciências, 1977.

POZO, J. I. (Org.). *A solução de problemas*. Porto Alegre: Artes Médicas (Artmed), 1998.

SACRISTÁN, J. G.; PÉREZ GÓMEZ, A. L. *Comprender y transformar la enseñanza*. Madrid: Morata, 1997.

SANDHOLTZ, J. et al. - *Ensinando com tecnologia*. Porto Alegre: Artes Médicas (Artmed), 1997.

SCHNEIDER, J.; SAUNDERS, K. As linguagens ilustradas na Resolução de Problemas. In: KRULIK, S.; REYS, R. (Orgs.). *A resolução de problemas na matemática escolar*. São Paulo: Atual, 1997.

SEE/ Departamento de Ensino de Primeiro Grau. *Ensinar e Aprender- Língua Portuguesa*. Impulso Inicial. Paraná: SEE/CENPEC, 1997. v.1 e 2.

SEF/ Secretaria de Ensino Fundamental. *Parâmetros Curriculares Nacionais*: Introdução. Brasília: MEC/SEF, 1997.

SMOLE, K. C. S. *A matemática na educação infantil - A teoria das inteligências múltiplas na prática escolar*. Porto Alegre: Artes Médicas (Artmed), 1996.

_____. *Inteligência e avaliação: da idéia de medida à idéia de projeto*, maio, 2001. (Tese de doutorado apresentada à FEUSP.)

SOLÉ, I. *Estratégias de leitura*. Porto Alegre: Artes Médicas (Artmed), 1998.

STEINBRING, H.; BUSSI, M.G.; SIERPINSKA, A.(org) *Language and communication in Mathematics classroom*. Reston: NCTM, 1998.

TEBEROSKY, A.; TOLCHINSKY, L. (Orgs.). *Além da alfabetização*. São Paulo: Ática, 1996.

USISKIN, Z. Mathematics as a language. In: *Communication in mathematics*. Virginia: NCTM, Yearbook, 1996.

VALENTE, J. (Org.). *Computadores e conhecimento: repensando a educação*. Campinas: Gráfica Central da UNICAMP, 1993.

ZUNINO, D. L. *A matemática na escola: aqui e agora*. 2.ed. Porto Alegre: Artes Médicas (Artmed), 1995.

**edelbra**
Impressão e Acabamento
E-mail: edelbra@edelbra.com.br
Fone/Fax: (54) 3520-5000
Impresso em Sistema CTP